本书由国家社科基金教育学一般项目"教育硕士专业学位研究生培养质量现状及保障措施研究"（项目编号：BIA150112）资助出版

全日制教育硕士培养质量研究

QUANRIZHI JIAOYU SHUOSHI
PEIYANG ZHILIANG YANJIU

彭万英　唐卫民　著

知识产权出版社
全国百佳图书出版单位
—北京—

图书在版编目（CIP）数据

全日制教育硕士培养质量研究/彭万英，唐卫民著. —北京：知识产权出版社，2021.9

ISBN 978-7-5130-7605-0

Ⅰ.①全… Ⅱ.①彭… ②唐… Ⅲ.①研究生教育–研究–中国 Ⅳ.①G643

中国版本图书馆 CIP 数据核字（2021）第 134370 号

内容提要

本书从高等教育利益相关者的视角出发，以顾客满意度和全面质量管理理论为分析框架，对我国全日制教育硕士培养质量进行考察，全面分析全日制教育硕士培养存在的问题，并通过系统梳理全日制教育硕士培养院校优秀个案及总结美、英、日等国教育硕士培养质量内外部保障措施的经验启示，从政府、全国教育专业学位教育指导委员会和培养院校三个层面制定出我国全日制教育硕士培养质量的保障措施。本书可供从事全日制教育硕士专业学位研究生教育教学、管理及研究工作的人士阅读参考。

责任编辑：曹靖凯　　　　　　　　　责任印制：孙婷婷

全日制教育硕士培养质量研究

彭万英　唐卫民　著

出版发行：	知识产权出版社有限责任公司	网　　址：	http://www.ipph.cn
电　　话：	010-82004826		http://www.laichushu.com
社　　址：	北京市海淀区气象路 50 号院	邮　　编：	100081
责编电话：	010-82000860 转 8763	责编邮箱：	laichushu@cnipr.com
发行电话：	010-82000860 转 8101	发行传真：	010-82000893
印　　刷：	北京九州迅驰传媒文化有限公司	经　　销：	各大网上书店、新华书店及相关专业书店
开　　本：	720mm×1000mm　1/16	印　　张：	21.5
版　　次：	2021 年 9 月第 1 版	印　　次：	2021 年 9 月第 1 次印刷
字　　数：	350 千字	定　　价：	98.00 元

ISBN 978-7-5130-7605-0

出版权专有　侵权必究

如有印装质量问题，本社负责调换。

目　录

第一章　绪　论 ………………………………………………………… 1

第二章　研究理论基础 ………………………………………………… 24
　　第一节　利益相关者理论 …………………………………………… 24
　　第二节　顾客满意度理论 …………………………………………… 28
　　第三节　全面质量管理理论 ………………………………………… 33
　　第四节　高等教育质量保障 ………………………………………… 36

第三章　全日制教育硕士总体分布及调查设计 ……………………… 39
　　第一节　全日制教育硕士培养概况 ………………………………… 39
　　第二节　调查设计 …………………………………………………… 62

第四章　全日制教育硕士调查概况 …………………………………… 74
　　第一节　导师概况 …………………………………………………… 74
　　第二节　学生概况 …………………………………………………… 90
　　第三节　访谈专家概况 ……………………………………………… 104
　　第四节　被调查对象对全日制教育硕士培养质量的总体认知 …… 109
　　第五节　本章小结 …………………………………………………… 119

第五章　全日制教育硕士培养条件调查 ……………………………… 121
　　第一节　对导师和任课教师的调查 ………………………………… 121
　　第二节　被调查对象对教学资源及培养经费的认知 ……………… 145

第三节　被调查对象对管理体制、学制及合作等的认知…………158
　　第四节　本章小结………………………………………………………167

第六章　全日制教育硕士培养过程调查……………………………170
　　第一节　生源质量调查…………………………………………………170
　　第二节　培养目标定位调查……………………………………………177
　　第三节　课程教学调查…………………………………………………181
　　第四节　案例教学和实践教学调查……………………………………192
　　第五节　本章小结………………………………………………………197

第七章　全日制教育硕士培养成效调查……………………………199
　　第一节　学位论文质量调查……………………………………………199
　　第二节　毕业生总体质量调查…………………………………………202
　　第三节　毕业生综合素养调查…………………………………………206
　　第四节　本章小结………………………………………………………237

第八章　全日制教育硕士培养存在问题及分析……………………239
　　第一节　全日制教育硕士培养条件方面存在的问题…………………239
　　第二节　全日制教育硕士培养过程中存在的问题……………………245
　　第三节　全日制教育硕士培养成效中存在的问题……………………252
　　第四节　本章小结………………………………………………………254

第九章　全日制教育硕士培养个案研究……………………………256
　　第一节　个案院校简介…………………………………………………256
　　第二节　沈阳师范大学管理体制改革的实践…………………………258
　　第三节　沈阳师范大学培养模式改革实践……………………………264
　　第四节　沈阳师范大学实践教学模式改革实践………………………268
　　第五节　本章小结………………………………………………………272

第十章　全日制教育硕士培养质量保障措施 274
第一节　教育硕士培养质量保障的国际视野 274
第二节　我国全日制教育硕士培养质量的保障措施 319
第三节　本章小结 326

参考文献 329
后记 335

第一章 绪 论

一、问题提出

2020年9月25日,国务院学位委员会、教育部印发了《专业学位研究生教育发展方案(2020—2025)》,明确提出要"大力提升专业学位研究生教育质量"。作为专业学位研究生教育的一种类型,我国从1997年开始设置并招收在职教育硕士研究生,2009年开始招收全日制教育硕士研究生,且招生规模逐年增大。据统计,2018年全日制教育硕士招生人数已达到22183人。[1] 随着教育硕士专业学位规模的不断扩大,其教育质量引起了学术界的广泛关注,学者们对全日制教育硕士培养质量及保障等问题进行了深入研究,因此,系统梳理全日制教育硕士培养质量及保障的相关研究成果,整理分析该领域近年来的研究情况及发展趋势,必将对全日制教育硕士培养质量乃至全日制专业学位硕士培养质量提升具有启发和借鉴价值。

二、研究价值

(一)学术价值

关于教育硕士专业学位研究生培养质量的研究,在我国兴起的时间并不长,对于如何全面诊断我国目前教育硕士专业学位研究生培养质量的现状,如何培养高质量的教育硕士研究生等问题,都有从理论上进行探讨的必要。该研究有助于我们理解教育硕士专业学位研究生培养质量的内涵和特点,有利于丰富教育硕士专业学位研究生教育的相关理论;有利于进一步探讨教育

---

[1] 全国教育专业学位教育指导委员会. 教育专业学位教育概况[EB/OL]. (2016-01-12)[2020-10-26]. http://edm.eduwest.com//viewnews.jsp?id=41.

硕士人才培养的内在与外在的规律，促进教育硕士研究生教育的完善与发展，深化对教育硕士人才培养的认识；能够丰富教育硕士专业学位研究生教育的质量保障理论。

（二）应用价值

国务院学位委员会、教育部印发的《关于加强学位与研究生教育质量保证和监督体系建设的意见》中明确提出："加强质量保证和监督体系建设，在学位与研究生教育事业发展中具有重要作用。面对高层次人才培养的新形势，提高质量是研究生教育改革和发展最核心最紧迫的任务，亟须进一步完善与研究生教育强国建设相适应、符合国情和遵循研究生教育规律的质量保证和监督体系。"教育部2015年工作要点中也明确指出：要"深化专业学位研究生培养模式改革，加快建设研究生质量保障体系"。在这一宏观背景下，通过本书的研究，能够全面分析当前我国教育硕士专业学位研究生培养质量的现状，分析培养中存在的主要问题，探析影响教育硕士研究生培养质量的因素，最终提出保障教育硕士培养质量的措施与思路，为全国140所培养单位提供可借鉴的范式，为解决我国教育硕士专业学位研究生培养中存在的问题及发展提供实践依据，从而提高教育硕士专业学位研究生的培养质量，提高专业学位声誉，增强教育硕士专业学位研究生的竞争力。

三、核心概念界定

①教育硕士专业学位：教育硕士是专业学位的一种类型。专业学位是针对社会特定职业领域的需要，培养具有较强的专业能力和职业素养、能够创造性地从事实际工作的高层次应用型专门人才而设置的一种学位类型。专业学位（Professional Degree）是相对于学术型学位（Academic Degree）而言的学位类型，专业学位和学术学位的本质区别主要在于人才的培养目标、知识结构、培养模式及人才质量标准的不同。

教育硕士专业学位是具有特定教育职业背景的专业性学位，主要培养面向基础教育教学及其管理工作需要的高层次人才。该学位获得者要掌握某一学科领域的坚实基础理论和系统的专门知识，同时还要懂得现代教育的基本理论和学科教学或教育管理的理论及方法，具有运用所学理论和方法解决学科教学问题或管理实践中实际问题的能力，能比较熟练地阅读本专业的外文资料。教育硕士专业学位分设学科教学（数学、物理、化学、生物、地理、思政、语文、历史、英语、音乐、体育、美术），教育管理，心理健康教育，小学教育，学前教育，特殊教育，科学与技术教育，现代教育技术，职业技术教育等20个学科领域。

②培养质量：根据质量管理学的定义与原理，质量形成于生产及服务的全过程，是指产品或服务成功地满足用户需要目标的程度。研究生教育本质上也是一个生产及服务的过程。本书中的教育硕士专业学位研究生培养质量的内涵包括两个层面：其一是指在特定的培养目标与规格的指导下，全日制教育硕士在培养条件、培养过程和培养成效三个方面的质量现状。培养条件质量主要考察教师队伍、管理体制、教学资源、社会合作等层面的质量现状；培养过程质量主要考察培养目标定位，招生选拔，培养模式（培养方案、课程教学、实践教学、学位论文）等方面的质量现状；培养成效质量主要考察学生专业素质提升及社会用人单位对学生评价的现状。其二是对上述三个维度的现状进行的质量保障措施，具体包括两个方面：国内外经验借鉴和具体的质量保障措施。

四、文献综述

我国教育硕士专业学位研究生教育尽管起步较晚（1996年开始设置在职教育硕士专业学位，2009年开始招收全日制教育硕士），但是由于国家政策的导向，近年来对教育硕士专业学位教育的研究逐年增多，由最初对专业学位的认识探讨到现在对各个专业层面及领域的研究。笔者通过使用所在学校图书馆的检索工具，主要对学术著作类和论文类的研究文献进行综述。

（一）学术著作类

目前能够检索和查阅到的有关教育硕士专业学位研究生方面的著作不足30部，其中最具有代表性的著作有3部：其一是由全国教育硕士专业学位教育指导委员会编写的《教育硕士专业学位建设的理论与实践》（人民教育出版社，2010），对教育硕士专业教育的有关政策、理论和实践进行了系统的回顾和梳理，对于总结经验、进一步完善教育硕士专业学位教育制度、推动教育硕士专业学位教育事业发展具有重要的指导意义；其二是由蔡铁权、楼世洲、谢小芸编著的《教育硕士专业学位论文写作指导》(浙江大学出版社，2005)，具体介绍了教育硕士专业学位论文概述、论文的撰写以及论文撰写的规范；其三是由王凤杰编著的《教育硕士视阈下的中学历史教学改革探究》(吉林大学出版社，2013)，从教育硕士视阈对历史教师主体性缺失、教学模式创立及相关问题等做了详细、深入研究和探讨。而其余的研究成果主要是论文集，有学生的学位论文集、院校的办学实践及教师认识、优秀教学设计和案例评析选编等。例如：华中师范大学研究生院主编的论文集《在职教育硕士培养模式的创新与实践》(世界图书广东出版公司，2012)；叶芃主编的论文集《教育硕士教育教学改革与实践探索第1辑、第2辑》(湖北人民出版社，2013；2014)；梁景和、齐军华主编的《教育硕士培养模式研究》(学苑出版社，2006)；陶永华编写的《思想政治教育专业优秀教育硕士教学设计与案例评析》(安徽师范大学出版社，2014)；刘晓华主编的《教育硕士专业学位研究生优秀成果选》(北京交通大学出版社，2015)；楼世洲、蔡铁权、徐今雅主编的《教育硕士优秀教学设计选编》(浙江大学出版社，2008)；高玉葆、苏丹主编的《基础教育理论与实践研究 天津师范大学教育硕士优秀论文集》(天津教育出版社，2007)；满宝元主编的《建构与探索山东师范大学教育硕士专业学位论文选粹》(山东人民出版社，2007)，等等。目前还未发现一部有关教育硕士研究生培养质量研究的著作。

(二) 期刊论文类

对期刊类的文献是基于中国知网（CNKI）上检索出的1998年至2020年相关领域研究文献。先以"教育硕士"为主题词检索出相关文献两千多篇，然后在结果中手动剔除与培养质量及保障研究无关的文献，得到关于教育硕士培养质量及保障的中文研究文献723篇。本书的研究使用CiteSpace可视化分析软件对文献进行深度分析，以期对相关研究领域的现状、热点及趋势进行系统研究。

1. 研究现状

这部分期望从文献发表的年份、作者、所在机构等相关文献的自然属性来分析教育硕士培养质量及保障研究的基本状况，同时，期望通过对关键词的词频、共现、突现等的分析，对相关研究领域的研究内容和基本状况能有

第一章 绪 论

进一步的深入了解。

（1）发表年份

通过对文献发表的时间分布进行统计分析，可以了解教育硕士培养质量及保障相关研究的进展状况（见图1-1-1）。可以看出，相关研究大体经历了三个阶段：第一阶段是1998—2005年的探索阶段，1997年教育硕士专业学位设立，1998年与教育硕士培养质量相关的第一篇论文发表；第二阶段是2006—2010年的升温阶段，2006年，全日制教育硕士培养质量开始被学者们关注，这一时期相关研究有了较大发展，发表的研究文献有了较明显的增长，2010年相关论文发表数量为21篇；第三阶段是自2011年至今的兴盛阶段，2011年相关论文数量迅速增长到47篇，比上年增幅超过一倍，之后增速虽然放缓，但仍保持较快增长势头，到2016年达到峰值，之后发文量虽有所下降，但在2019年又有较大幅度回升，说明我国学者对于这一领域的研究保持持续的关注，也可以说，教育硕士培养质量及保障措施的相关研究一直是教育硕士培养领域的主要研究热点。

图1-1-1 我国教育硕士培养质量及保障相关文献年度发表数量变化

(2) 文献作者

从文献作者发文篇数的统计（见表 1-1-1）来看，总体上作者分布比较分散，董芳在该领域发文最多，共发表 5 篇论文。数据显示，虽然不少学者对于该研究领域都发表过论文，但是平均发文篇数不高，且持续发文的作者更少。

表 1-1-1 作者发文篇数（部分）

发文篇数	作者	首次发文年度
5	董芳	2011
4	周淑芳	2006
	焦晶	2017
	杜志强	2011
3	徐丽	2011
	钟振国	2015
	刘光成	2017
	张斌贤	2014
	蒋桂芳	2011
	张囡囡	2009
	吴迪	2014
	张慧	1999
	孟庆男	2014
	刘兰英	2018
	王云秀	2015

笔者还对发文作者的网络合作进行了分析，目的是看在这一研究领域中作者合作研究的情况（见图 1-1-2）。作者网络密度为 0.0016，作者群之间联系较为松散，多数处于孤立状态。相对而言，较大的合作组有以周淑芳、周其国，董芳、杜志强，张慧，刘光成等为中心的合作组，但大多数作者还是采用单独研究的方式，因此目前国内该研究领域合作群体有待进一步发展和完善。

第一章 绪论

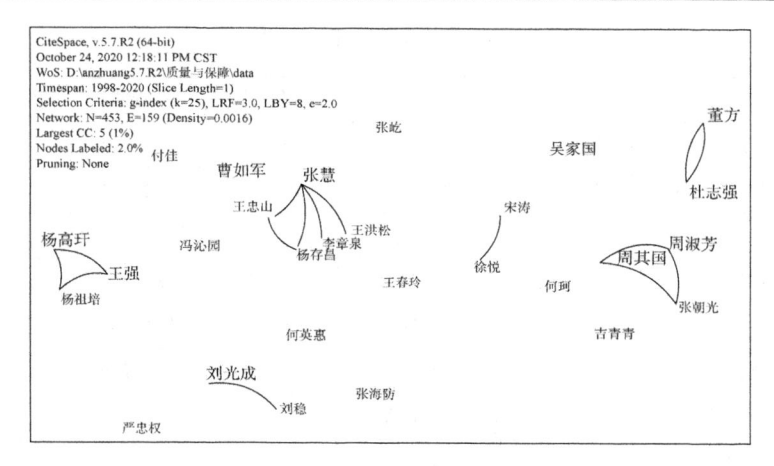

```
CiteSpace, v.5.7.R2 (64-bit)
October 24, 2020 12:18:11 PM CST
WoS: D:\anzhuang5.7.R2\质量与保障\data
Timespan: 1998-2020 (Slice Length=1)
Selection Criteria: g-index (k=25), LRF=3.0, LBY=8, e=2.0
Network: N=453, E=159 (Density=0.0016)
Largest CC: 5 (1%)
Nodes Labeled: 2.0%
Pruning: None
```

图 1-1-2 研究作者共现

（3）研究机构

从研究机构发文分布情况来看，北京师范大学、东北师范大学、沈阳师范大学、山东师范大学等是这一研究领域中的核心机构。但若以二级单位为对象来看，研究机构较为分散，其中北京师范大学分散在研究生部、教育学部等，东北师范大学分散在教育科学学院、文学院等，沈阳师范大学分散在教育科学学院、教育硕士研究生院等，山东师范大学分散在教育学院、教育硕士管理中心等。因此，在研究机构分布上存在着高校相对集中、二级单位相对分散的状况。从研究机构网络合作情况看，网络密度为 0.0013，显示研究机构之间非常松散，多数处于孤立状态，大数合作群是同一高校二级单位之间的合作，高校与高校之间的合作较少。

（4）关键词

①关键词词频及共现分析。本研究通过对关键词的词频分析和共现分析总结了教育硕士培养质量及保障这一研究领域的研究内容及内容之间的关联性。本研究将时间切片设置为 1 年，得到关键词词频表（部分词频见表 1-1-2）。结果显示，本研究关键词节点共 545 个，连线 1030 条，网络密度为 0.0069。除了"教育硕士""全日制教育硕士"等作为该领域研究对象的关键词被提及次数较多以外，"专业学位""培养模式""课程设置""实践教学""培养质量"等出现频次也较高，体现了该研究领域所关注的研究重点。

表 1-1-2　热点关键词频次（部分）

关键词	频次	关键词	频次	关键词	频次
教育硕士	337	培养	30	双导师制	17
全日制教育硕士	160	培养质量	30	教育实习	11
专业学位	90	研究生教育	26	教育硕士研究生	11
培养模式	61	实践能力	25	实践性	11
课程设置	42	农村教育硕士	25	人才培养	11
实践教学	34	案例教学	24	专业学位研究生	10
全日制	32	教育硕士培养	21	学位论文	10
对策	31	问题	21	培养方案	10
教育硕士专业学位	30	培养目标	21	教育硕士专业学位研究生	10

为了进一步分析研究内容的特点，笔者又分别以"教育硕士""全日制教育硕士"为中心关键词进一步分析其内部的关键词词频及共现情况。结果显示，在与"教育硕士"相关的研究中，研究者更关注"培养质量""培养模式""培养目标""培养方案""课程设置""师资队伍""案例教学""实践教学"以及"实践能力"等方面；在"全日制教育硕士"相关研究中，研究者更关注"培养质量""培养模式""双导师制""课程设置""实践教学""基地建设"等内容。

②关键词聚类共现时间分析。为了进一步研究教育硕士培养质量及保障这一研究领域相关研究主题在时间上的变化，本研究利用 CiteSpace 软件构建关键词时线图，其中，模块值 $Q = 0.6616 > 0.3$，平均轮廓值 $S = 0.8937 > 0.7$，表明聚类结果合理。结果显示，共有 11 类研究内容，其中，#1 "教育硕士"、#3 "课程设置"、#4 "实践教学"、#6 "培养模式"、#7 "师资队伍"基本贯穿于整个研究时间线，说明研究内容始终受到关注；#9 "培养方案"在研究中期开始出现，近期不活跃，说明曾受到关注，但只是一个阶段的研究热点；#11 "体系构建"在研究的中后期出现，并且持续至今，说明这是近期较受关注的研究问题，进一步分析发现，"全日制教育硕士人才培养体系""保障体系"等是频次较高的关键词。

2. 研究热点

为了更深入地分析教育硕士培养质量及保障这一领域的研究内容、热点、进展等问题，笔者又对文献进行了定性分析。

相关研究主题概括为以下 4 类：

（1）从培养条件角度进行研究

从培养条件角度进行的研究主要包括"培养模式""师资队伍""教学资源""实践基地""案例资源库"等关键词。对教育硕士培养条件的研究是学者们所关注的重点之一，主要是从教育硕士培养的政策经验、培养模式以及所需资源等角度出发来研究如何通过不断完善外部条件提升全日制教育硕士的培养质量及保障这一核心问题。2016 年，教育部下发了《关于加强师范生教育实践的意见》（以下简称《意见》），其中提到应加强对师范生的教育实践培养、全面推行教育实践"双导师制"、完善多方参与的教育实践考核评价体系、协同建设长期稳定的教育实践基地、切实保障教育实践经费投入等九项要求。可以看出，其中多项都是针对培养条件保障所提出的要求。这方面研究围绕《意见》中的主要问题，集中在以下三个方面。

首先，在政策制度方面，周其国等[1]具体分析了农村教育硕士政策，提出目前教育硕士培养出现招生难、工作安排难、经费落实难等一系列矛盾，因此需要重构政策问题，修正政策目标，优化政策方案，强化政策执行，加强政策监控。刘建银[2]在分析教育硕士多样化培养模式政策的形成过程和原因的基础上，构建了更为合理、可行的我国未来教育硕士培养模式的制度框架。陈丹宇等[3]则具体介绍了杭州师范大学"全程·融合·协同"的新型全日制教育硕士研究生培养体系，有效提高了教育硕士的培养质量，促进了高质量就业，同时也提升了社会的关注度和认可度。

其次，在师资队伍方面，学者们更多集中在对于"双导师制"的研究

---

[1] 周其国，张朝光，周淑芳. 农村教育硕士政策分析［J］. 教育与职业，2008（15）：13-15.

[2] 刘建银. 我国教育硕士培养模式多样化问题的政策思考［J］. 学位与研究生教育，2011（1）：29-34.

[3] 陈丹宇，严从根，万林华. 全程·融合·协同：全日制教育硕士专业学位研究生培养体系改革探索［J］. 学位与研究生教育，2020（3）：35-38.

上。李炎芳和但昭彬[1]认为，教育硕士教师须以理论的实际运用为中心来组织教学，体现专业学位教学的特点，因此需要建立主体交互式培训体系和专兼职结合的教育硕士专业学位师资队伍，全面提高教师素质。袁芳和刘涛[2]认为，教育硕士的培养必须围绕"教师职业定向性"这一特征展开，开展"双导师制"，并在此基础上构建实施"阶段互融式"实践教学模式，提升全日制教育硕士的专业实践能力和教师职业能力。刘丽艳和秦春生[3]分析了全日制教育硕士专业学位研究生教育中双导师制的实施状况，基于协同和融合的视角，提出了完善全日制教育硕士研究生双导师机制的策略。

最后，在资源保障方面，研究主要集中在实践基地建设和经费投入方面。全日制教育硕士研究生是未来中小学教师队伍的主力军，因此，学习和积累实际教学经验就需要不断完善实践基地建设，从而提升学生实践教学能力。张怀斌等[4]认为，在教育硕士实践基地的操作层面要突破教育知识传授，走向教育知识共生；突破传统学校格局，构建教师学习共同体；突出惯例复制传统，发展理论—实践交融式专业发展思维，从而全面提升教育硕士人才培养的质量与效能。同样，经费投入以及教学资源也是在教育硕士培养中是至关重要的外部保障，丁爽[5]对教育硕士培养案例资源库的资源跟踪评价机制进行了深入研究，认为应加强案例资源的建设和投入，为教师和学生提供高质量的案例资源，充分发挥案例教学的优势，提高培养质量。刘猷洁[6]则分析了目前教育硕士培养过程中经费不足、课程体系不完善等问题，

---

[1] 李炎芳，但昭彬. 我国教育硕士专业学位师资队伍建设研究 [J]. 教育研究, 2002 (12): 65-69.

[2] 袁芳，刘涛. 基于"双导师制"的全日制教育硕士专业学位研究生实践教学模式的探索研究 [J]. 教育观察, 2017, 6 (21): 131-133.

[3] 刘丽艳，秦春生. 协同与融合：全日制教育硕士研究生培养中的双导师制研究 [J]. 学位与研究生教育, 2016 (12): 54-58.

[4] 张怀斌，孙二军，海春花. 专业学位教育培养实践基地建设探析——以全日制教育硕士为例 [J]. 中国高校科技, 2018 (Z1): 66-67.

[5] 丁爽. 教育硕士培养案例资源库的资源跟踪评价研究 [D]. 沈阳：沈阳师范大学, 2013.

[6] 刘猷洁. 普通高校全日制教育硕士培养调查研究 [D]. 长沙：湖南师范大学, 2014.

第一章　绪论

认为经费投入是培养质量保证的动力来源，完善培养制度，既要多渠道的筹措经费，又必须合理配置培养经费。

（2）从培养过程角度进行研究

从培养过程角度进行的研究主要包括"培养目标""培养方案""实践教学""案例教学"等关键词。应该说，培养过程一直是教育硕士培养质量与保障这一研究领域讨论比较热烈、受关注程度比较高的研究问题，主要集中在以下四个方面。

首先，关于培养目标的制定。学者们普遍认为，培养目标的制定非常关键，决定了之后培养过程的方向。张慧和王洪松[1]认为，教育硕士培养目标是面向基础教育需要的应用型高层次人才。刘合荣[2]认为，教育硕士培养目标需要明确定位在一流教师培养或名师队伍建设上面，以利于引领基础教育教师队伍向专业化方向发展。徐鑫[3]以 H 大学为案例，剖析教育硕士研究生的具体培养方案，认为全日制教育硕士专业学位必然以其职业性为核心，强调理论和实践的有机结合，强调应用性和实践性的特征。因此可以看出，学者们认为，全日制教育硕士研究生的培养目标是针对社会需要，培养具有较强专业能力和职业素养，能够创造性地从事教育工作的高层次应用型专门人才，高校的培养方案以及整个培养过程都应根据培养目标及要求进行设计。

其次，关于实践教学。实践教学是教育硕士培养过程特殊性的集中体现，加强实践性教学环节，增强学生的实际教学能力，是教育硕士培养质量提升的关键所在。苏丹和王光明[4]认为，教育硕士培养单位越来越重视实践教学，并将实践教学能力培养放在各培养环节的核心地位，比如天津师范大

---

[1] 张慧，王洪松. 对我国开展教育硕士专业学位试点工作的认识与思考 [J]. 山东教育科研，1999（9）：3-5.

[2] 刘合荣. 略论教育硕士培养目标 [J]. 湖北第二师范学院学报，2011，28（4）：81-84.

[3] 徐鑫. 全日制教育硕士专业学位研究生的培养模式研究 [D]. 武汉：湖北工业大学，2018.

[4] 苏丹，王光明. 全日制教育硕士实践教学体系的构建研究——以天津师范大学为例 [J]. 教育探索，2014（5）：32-33.

学建立了"见习—实习—学位论文"实践教学主线以及"关键两翼"全日制教育硕士实践教学体系。牛晓瑞❶通过调查分析了广西全日制教育硕士对实践教学的满意度，并从教师、学生、课程教学和组织管理与保障四个方面分析了实践教学中存在的问题，提出了要制定校内导师发展规划，也要组建校外导师队伍，完善双导师制；要求学生注重理论与实践的结合，构建贯通式的实践教学；要建设实践基地，完善评价体系，加大经费投入，从而不断提高全日制教育硕士的实践教学能力。

再次，关于案例教学。近年来，案例教学已成为教育硕士培养模式改革的重要内容。冯茹❷认为目前我国教育硕士培养院校的教师存在对教学案例内涵理解模糊、缺乏对教学案例开发的系统了解等一系列问题，并对小学教育专业领域教学案例进行了系统分析，最后建议要深化对案例教学的认识、重视案例开发的学术价值、探索教学案例开发主体的多元化、提升专业学位教育师资队伍的质量。才亚楠和裴云红❸认为案例教学法的特色在于理论性与实践性相结合、以现实性为基础、以对话性为导向；提出要加强案例库的建设应确保案例来源的多元性、定位的适切性、协作的共享性，从而更好地满足教育硕士专业学位研究生教育教学改革和国家人才培养的需要。

最后，关于课程教学。学者们认为，对于教育硕士培养来说，课程设置不光要考虑到科学性和综合性，更要结合实际，跟上教育学科和教育实践的发展。孙鸣❹认为，课程的设置与实施情况很大程度上会影响教育硕士的培养质量，是教育硕士培养改革的中心地带，他基于对全日制教育硕士课程设置与实施的调查发现，目前课程目标不明确、课程结构存在比例不协调、在课程内容上学科综合性、融通性较差、课程教学方式单一及双导师制在实际运用中存在很多问题，并据此提出要灵活调整课程目标及设置比例、构建开

---

❶ 牛晓瑞. 广西全日制教育硕士专业学位研究生实践教学问题研究 [D]. 桂林：广西师范大学，2018.

❷ 冯茹. 面向教育硕士的教学案例开发研究 [D]. 长春：东北师范大学，2019.

❸ 才亚楠，裴云红. 教育硕士专业学位研究生培养中的案例教学解析 [J]. 继续教育研究，2018（11）：110-113.

❹ 孙鸣. 综合性大学全日制教育硕士课程设置与实施研究 [D]. 扬州：扬州大学，2016.

放的课程体系、改善教学方式、建立健全双导师制等相关建议。卢万合等[1]则从课程选择、指导与考核三个方面探讨了"零课时"课程模式，提出了实施全日制教育硕士专业学位研究生"零课时"课程模式的意义，即有利于提高学习效率、有利于创新精神的培养以及完善个性化教学，对课程教学改革有一定的启发意义。

（3）从培养成效角度进行研究

从培养成效角度进行的研究包括"学位论文质量""综合素质""实践能力"等关键词。教育硕士培养成效主要体现在教育硕士研究生综合素质、学位论文质量以及实践能力等方面。

首先，关于学位论文质量。毕业论文质量是衡量教育硕士研究生培养质量的标准之一，魏灿欣[2]通过实证分析发现教育硕士学位论文存在如选题过大、文献综述不深入、结构框架不合理、研究方法单一等一系列问题，并从研究生自身、导师、论文评审以及研究生培养4个方面分析了影响因素，提出提升学生自身素质、提升导师指导质量、加强学风建设、完善论文审核机制等改善措施。陈芳[3]则以生物学科教育的教育硕士培养为研究对象，总结出生物学科教学教育硕士论文选题的特点、问题、影响因素，发现学科教学（生物）教育硕士学位论文选题以中小学教育为主，选题领域广泛，选题紧扣时代脉搏，具有较大实践和应用价值，调查研究类针对性强，综合、多元研究成为研究方法的趋势，但存在均衡性不足、指向性不明确、部分学位论文研究方法使用不合规范等相关问题，并提出要提升教育硕士自身素质，加强导师对选题的指导，优化课程设置，高度重视学位论文开题报告，加大教育投资等建议，从而提升生物学科教学教育硕士学位论文选题质量的对策建议。

其次，关于综合素质。教育硕士的综合素质也是衡量教育硕士培养质量

---

[1] 卢万合，孔肖肖，王鹏. 全日制教育硕士专业学位研究生"零课时"课程教学模式研究 [J]. 高等农业教育，2016（3）：113-116.

[2] 魏灿欣. 我国教育硕士学位论文质量现状及提升对策研究 [D]. 长春：东北师范大学，2009.

[3] 陈芳. 学科教学（生物）教育硕士学位论文选题分析 [D]. 南充：西华师范大学，2016.

的重要标准。齐子惠[1]认为，由于教育硕士的特殊性，学生大部分时间都在实践基地进行实习，因此实践导师的影响在整个素质教育中占据很大一部分，他提出应从实践导师入手，发现全日制教育硕士培养中存在的问题，并从学校、实践导师和学生3个维度提出了具体解决策略。除此之外，学者们更多地从学科教学知识角度来探讨教育硕士的综合素质。张琼[2]以H大学为例，针对H大学全日制教育硕士的学科教学知识现状进行了分析，认为目前全日制教育硕士学科教学知识处于中等偏上水平。并提出要端正全日制教育硕士对学科的态度，勤于实践，加强学科教学知识反思；利用政策导向和学校支持；细化规范评价全日制教育硕士学科教学知识的标准。

最后，关于实践能力。由于教育硕士以培养实用性和应用型人才为主，因此，教育硕士实践能力在很大程度上反映了其培养质量。焦晶[3]分析了辽宁省全日制教育硕士实践能力培养质量的认知现状，分析了教育硕士实践能力培养中存在的主要问题，如教学设计能力不足、考核评估及制度不完善、保障性政策法规匮乏、资源不足、学生自主意识较差等。并提出了要加大对实践教学能力各个环节的控制，建立健全实践教学能力考核评价机制，创设优异的学习和创新环境。王慧[4]介绍了我国全日制教育硕士实践能力培养的概况，经过对个案院校实践能力调查分析，认为目前全日制教育硕士实践能力的培养效果仍有待提升，需要树立实践能力培养理念，确保实践能力培养内容适切性，完善培养制度模式以及评价。

（4）从质量保障角度进行研究

从质量保障角度进行的研究包括"保障措施""保障体系"等关键词。要想不断提升教育硕士培养质量，构建完善的质量保障体系是十分必要的。张

---

[1] 齐子惠. 辽宁省全日制教育硕士综合素质现状及提升对策研究［D］. 沈阳：沈阳师范大学，2020.

[2] 张琼. 全日制教育硕士TPACK现状及其提升策略研究［D］. 开封：河南大学，2016.

[3] 焦晶. 辽宁省全日制教育硕士实践能力培养质量认知现状研究［D］. 沈阳：沈阳师范大学，2018.

[4] 王慧. 全日制教育硕士实践能力培养研究［D］. 长春：吉林大学，2015.

欣韵❶运用系统论原理、ISO 9000 理论以及 PDCA 循环理论分析和构建了全日制专业学位研究生教育质量内部保障体系。赵悦❷提出,既需要构建和完善高校内部的质量管理体系、监测体系和反馈体系,又需要完善外部的法律保障体系以及外部评价体系。可见,构建有效的全日制教育硕士专业学位研究生教育质量保障体系,需要内部保障体系与外部保障体系之间的有效配合。

还有一些学者就某些培养环节研究其质量保障问题。苏春景❸认为应注重过程性质量监控以不断提升教育硕士培养质量,其中论文盲评就是保障学位论文质量的措施之一。任路伟❹阐述了全日制教育硕士课程质量保障的理论基础,剖析了全日制教育硕士培养过程中的课程现状和问题,如课程设计顶层目标缺乏质量意识、课程内容缺乏时代特色、课程比例失调、教学方法缺乏创新、质量保障不健全。并基于泰勒课程评价原理,提出了要明确课程培养目标、优化设置课程模块、整合课程内容、完善课程实施模式、改善课程质量保障评估标准与方式。魏华和刘晓华❺在分析全日制教育硕士实践教学存在问题的基础上,提出了要重视生源选拔、增加实践课程比例、实行双导师制、加强实践教学质量监控、加大实践教学工作力度来保障全日制教育硕士实践教学质量的对策。

还有一些学者研究了国外教育硕士培养中质量保障的成功经验。李程❻介绍了日本教育硕士培养质量外部保障措施以及 4 所案例学校在招生选拔、教师队伍、课程设置、实习情况和教育成果反馈方面的内部保障措施,分析其特点以供我国学习借鉴。李楠楠❼则从英国杜伦大学教育硕士教育质量内

---

❶ 张欣韵. 全日制专业学位研究生教育质量内部保障研究 [D]. 扬州:扬州大学, 2014.

❷ 赵悦. 教育硕士研究生教育质量保障体系构建研究 [D]. 长春:吉林大学, 2007.

❸ 苏春景. 教育硕士学位论文质量保障初探 [J]. 中国高等教育, 2012 (6):54-55.

❹ 任路伟. 全日制教育硕士课程质量问题研究 [D]. 保定:河北大学, 2014.

❺ 魏华, 刘晓华. 全日制教育硕士实践教学质量的保障与提升 [J]. 航海教育研究, 2013, 30 (2):89-90.

❻ 李程. 日本教育硕士专业学位教育质量保障措施研究 [D]. 沈阳:沈阳师范大学, 2017.

❼ 李楠楠. 英国杜伦大学教育硕士教育质量保障研究 [D]. 沈阳:沈阳师范大学, 2018.

部保障机构设置和入学条件、招生政策、师资队伍、培养目标、课程设置、培养方式、毕业论文、就业前景等保障内容入手,认为我国要保障教育硕士教育质量多元化主体的发展,进一步完善教育硕士教育质量保障方式,提高师资队伍专业化,加强双导师责任落实,改革招生标准,制定灵活的招生政策,创新教育硕士培养模式,调整课程结构,减少课程门数。曾夏芳❶主要介绍了美国教育硕士培养的外部保障体系、内部保障体系,认为美国教育硕士培养的质量保障体系的特点为:民间组织是外部保障的主体,具有教育硕士培养质量标准和以能力为先的研究生录取标准,以及注重实效灵活设置课程、丰富多样且注重实践的教学方法和完善的教师管理机制。她认为我国应完善相关法律法规以及评估体系,提供质量保障信息化平台,开展外部监督活动;并在生源、师资、课程设置以及实践教学方面做好质量控制。

3. 研究趋势

为了分析教育硕士培养质量与保障研究的进展趋势,笔者对 2015—2020 年该领域的文献进行了分析,时间切片为 1 年,从近 6 年教育硕士培养质量及保障研究领域的趋势中可以发现,研究主题一直较为集中,最新的研究主要围绕"课程设置""实践基地""实践教学""培养模式"等展开,体现了着重探究培养过程以及培养条件的研究偏好。根据这一研究趋势,结合当前教育硕士培养实践,笔者认为未来该领域的研究可能有如下趋势。

首先,教育硕士实践基地建设是亟待解决的问题。《专业学位研究生教育发展方案(2020—2025)》指出,"实施'国家产教融合研究生联合培养基地'建设计划,重点依托产教融合型企业和产教融合型城市,大力开展研究生联合培养基地建设"。因此,以中小学、幼儿园和中职院校为依托实施产教融合、联合培养基地建设是提升教育硕士研究生培养质量及保障的重要条件,但如何破解实践基地建设的难题、理顺机制体制障碍、将实践基地建设与教育硕士培养更紧密地结合在一起,是未来仍需深入研究的问题,尤其是实践基地导师遴选聘任的标准制定与实施是重中之重的问题。

其次,不断优化培养模式,构建符合教育硕士特点的人才培养体系是仍

---

❶ 曾夏芳. 中美比较视野下我国教育硕士培养质量保障体系研究 [D]. 金华:浙江师范大学,2010.

需深入探索的问题。《专业学位研究生教育发展方案（2020—2025）》指出，专业硕士学位研究生教育的"培养模式仍需创新，培养质量亟待提高""深化产教融合专业学位研究生培养模式改革……支持培养单位联合行业产业探索实施'专业学位+能力拓展'育人模式，使专业学位研究生在获得学历学位的同时，取得相关行业产业从业资质或实践经验，提升职业胜任能力"。可见，对于教育硕士培养来说，其人才培养模式和体系仍需进一步完善，需转变观念，密切建立与中小学、幼儿园、中职院校的联系与合作，以提升实践能力为核心，进一步创新培养模式，全面提升教育硕士研究生培养质量。

再次，完善质量评价体系，构建教育硕士培养质量保障体系是需要持续关注的问题。教育硕士培养质量保障体系应建立在准确把握教育硕士教育质量的主要内涵和特征的基础上，以教育硕士培养质量评价体系为核心，建立一套全面且科学的教育硕士培养质量指标评价体系，从而为推动我国教育硕士培养质量的提升及保障措施的完善提供有效支撑。尤其是对不同形式的学位论文及其质量标准的制定将是未来重点予以研究的问题。正如《专业学位研究生教育发展方案（2020—2025）》指出的："强化专业学位论文应用导向，硕士专业学位论文可以调研报告、规划设计、产品开发、案例分析、项目管理、艺术作品等为主要内容，以论文形式呈现。"同时，为了提升教育硕士实践教学的实效性，对实践教学质量标准的研究也将是不可忽视的领域。

最后，加快完善案例教学，丰富教育硕士培养方法是仍需不断推进的问题。案例教学是一种新型教学方式，可以使教育硕士的知识理论与实践经验得到有效结合。近几年来，教育部学位与研究生教育发展中心联合全国教育专业学位教育指导委员会（以下简称"全国教指委"）对教学案例库的建设投入了资金和人力，设立了中国专业学位教学案例中心，并且也取得了一定的成效。今后，如何使教育硕士教师熟练运用案例教学方法、完善案例教学开发，使案例教学得到进一步推广是需要重点关注的问题。

综上所述，本研究运用可视化软件Citespace，以CNKI数据库中有关教育硕士培养及保障相关文献为样本数据，分析了该领域研究的现状及趋势，使我们能够更好地了解目前国内对于教育硕士培养质量与保障措施这一研究领域的研究现状、热点和趋势，同时也有助于我们审视教育硕士培养质量与保障措施这一研究过程中的不足。同时开展研究的最终目的还是教育实践的改进，因此各培养单位也需要借鉴学术研究的成果，注重提升教育硕士研究生的培养质量，为国家培养出更多优秀的教师。

（三）评述

通过对已有研究文献的系统梳理，归纳出如下研究特点：

①从研究成果数量上看：近五年呈现快速增长趋势，尤其是学位论文类的研究成果数量增长趋势显著：2010年7篇，2011年14篇，2012年27篇，2013年25篇，2014年36篇，共计109篇，占全部学位论文研究成果数量143篇的76.2%；2010—2015年期刊论文共计87篇，占全部期刊研究成果数量218篇的39.9%。表明随着我国对教育硕士专业学位研究生教育的不断推进，相关院校师生已开始逐渐加大对教育硕士专业学位研究生教育相关问题的研究。

②从研究成果内容上看：从历史归纳到现状描述，从问题分析到归因探究，从经验借鉴到策略建议，并且呈现出相对集中的趋势。研究成果涉及领域呈现出三个阶梯：第一阶梯为课程教学方面的成果，共计109篇；第二阶梯的研究成果集中体现在：教育硕士培养现状、问题及对策方面的成果38篇，介绍国际经验的成果32篇，培养模式方面的成果27篇，实践教学方面的成果26篇，质量保障措施方面的成果26篇，学位论文方面的成果23篇；第三阶梯的研究成果体现在：培养目标定位方面的成果13篇，教师队伍建设方面的成果12篇。表明学者们关注的焦点问题主要集中在教育硕士研究生培养过程所涉及的相关要素上。

③从研究范围上看：涉及范围较为广泛，从微观到宏观，从内容到制度。诸如有研究学位论文选题的，有研究见习、实习方式的，有研究培养方案设计的，也有研究国家政策（免费师范生政策和农村教育硕士政策）和相关制度建设等内容的。

④从研究方法上看：研究方法较为丰富，有历史研究❶，有比较研究❷，

---

❶ 余云珠. 教育硕士专业学位培养的历史、现状与问题研究［D］. 福州：福建师范大学，2007.

❷ 朱志龙. 中外教育管理教育硕士课程设置与实施的比较研究［D］. 南京：南京师范大学，2007.

有调查研究❶,有个案研究❷。

综上所述,这些研究不但拓展了教育硕士专业学位研究生教育的研究领域,更推动了教育硕士专业学位研究生教育的研究创新,同时,也为研究对象的选择、研究思路的拓展、研究策略的提出和研究方法的确立等提供了重要的借鉴和参考。但是,毕竟针对教育硕士专业学位研究生培养质量的研究在学术界还是一个新生的研究领域,因而尚存在许多不足之处:

①缺乏对教育硕士专业学位研究生培养质量的整体认识。教育硕士专业学位研究生培养质量是一个多层面的概念(培养条件、培养过程、培养成效),而每一层面又反映着不同的要素,在以往的研究中,尚不能从整体上加以把握和梳理,而且研究更多地集中在培养过程所反映的不同要素上,对培养条件和培养成效两个层面涉及要素的研究较少,或者根本没有研究(如社会用人单位对学生的评价)。

②定位不当,教育硕士专业学位研究生的培养目标作用无法彰显。高校在教育硕士专业学位研究生教育的培养方案中都有关于培养目标的规定,但这更多地只是一种文字表述,并未能在人才培养过程中得到实际体现。在部分高校,还存在简单化地将教育学硕士的培养目标移植过来,或者不顾自身条件,盲目模仿其他高校培养目标的问题,未能从本校实际出发制定教育专业学位研究生教育培养目标,导致培养目标不能适应社会需求,对教育工作缺乏指导意义。

③在已有调查研究中,往往只涉及某一要素方面的调查,缺乏对培养质量现状的整体把握。或是对全日制教育硕士的调查,或是对非全日制教育硕士的调查;或是对课程设置的调查,或是对学位论文的调查;或是对某所院校、某个专业调查,或是对几所院校进行的某一单一主题的调查。缺少对不同所属类别院校(部属院校、省属院校),不同地区院校(东北地区、华北地区、华中地区、华东地区、华南地区、西北地区、西南地区),不同批次院校(全国目前共9批140所院校具有教育硕士研究生培养权)的不同类

---

❶ 姚启勇. 化学学科全日制教育硕士学科素养调查研究[D]. 北京:首都师范大学,2011.

❷ 王媛. 化学教育硕士教学技能发展的个案研究[D]. 西安:陕西师范大学,2014.

别（全日制、非全日制）教育硕士专业学位研究生进行的系统调查。

④很少关注作为高等教育"利益相关者"重要主体的学生和社会用人单位的诉求。学生和社会用人单位作为高等教育的"利益相关者"，在教育硕士专业学位研究生培养上，很少或几乎没有发言权，尽管部分研究成果有吸纳学生诉求，但因样本量的限制和研究样本的单一，研究成效并不显著。

鉴于此，本研究以上述研究存在的不足作为切入点，对教育硕士专业学位研究生教育培养质量现状及保障措施做进一步的深入研究和探讨。

五、研究思路与方法

（一）研究思路

本研究循着发现问题—分析问题—解决问题的研究思路，对我国教育硕士专业学位研究生培养质量进行全面、综合、实证的研究。在文献综述、概念内涵及相关理论解读的基础上，以教育硕士专业学位研究生培养质量的现状为轴心，通过对理论导师和任课教师、实践导师、在校生、毕业生、社会用人单位负责人5个群体以及全国教育硕士培养院校的55位专家访谈调查得到的大量实证数据进行现状分析与描述，从培养条件、培养过程以及培养效果3个维度分析存在的问题，并从政府、学校、教师层面进行归因分析。同时，以美国、英国、日本等国和我国优秀个案院校的经验及优秀做法为"两翼"，提出教育硕士专业学位研究生培养质量的保障措施（见图1-1-3）。

（二）研究方法

①文献研究法。本研究通过中国期刊全文数据库、万方全文数据库、Google学术、互联网资源以及学校图书馆和资料室等多种途径查阅有关教育硕士专业学位研究生培养质量的相关文献资料，并对所收集的文献进行整理、分析与研究，获得国内外关于教育硕士专业学位研究生培养质量的全面认识与经验，从而为完善教育硕士专业学位研究生培养质量的保障措施提供文献支持。

②调查研究法。本调查研究围绕培养条件、培养过程、培养成效3个维度，共设计了5份问卷，即选取了5类群体作为调查对象，分别是在校生、毕业生、理论导师和任课教师、实践导师、毕业生用人单位负责人，分别对这5类对象进行了全日制教育硕士培养质量的认知状况及满意度调查，所用

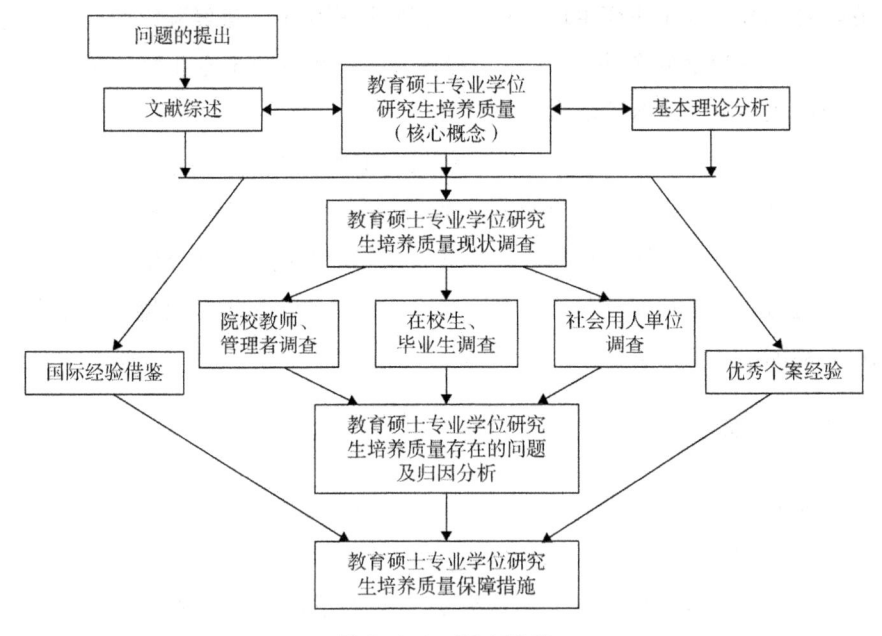

图 1-1-3　研究思路

问卷，均是在借鉴国内学者相关研究基础上自行编制而成的。此次调查依据院校审批批次和所在地区进行抽取的原则，共抽取 9 批（全国目前共有 10 批教育硕士培养院校，但是由于在调查时第十批次刚刚招生，所以未列入调查对象；同时吉林大学由于被撤销授权资格也未计入院校总数）35 所院校为调查对象。其中，进行在校生、校内导师、实践导师的调查院校为 35 所；由于第九批次院校尚无毕业生，因此进行毕业生调查的院校是前 8 批中的 29 所，同时，针对毕业生所在用人单位又进行了跟踪调查。调查结果运用 SPSS 统计软件进行数据分析。

同时，通过对 55 名全国教指委委员、各院校主管教育硕士培养的负责人及基础教育一线专家进行访谈，了解他们对全国教育硕士培养质量现状的认知，挖掘急需解决的问题，并提出相应的解决措施，进而为提升全国全日制教育硕士的培养质量提出合理建议。

③个案研究法。本研究选择全国教育硕士专业学位研究生培养的优秀院校沈阳师范大学进行个案研究，旨在通过对个案院校的教育硕士专业学位研究生的管理体制、培养模式、实践教学模式的深入研究和分析，了解个案院

校在具体的教育硕士研究生培养和质量保障过程中的先进经验以及成效，期望能够"窥一斑而知全豹"，为进一步提升我国教育硕士专业学位研究生培养质量提供一定的借鉴价值和经典范式。

④比较研究法。教育硕士专业学位研究生培养质量本身是一个多维的概念，针对其构成要素中各维度质量的保障措施不同国家和地区有不同的做法。本研究通过对美国、英国、日本的教育硕士专业学位研究生培养质量保障措施进行梳理，为完善我国教育硕士专业学位研究生培养质量的保障措施提供有益的启示和借鉴。

六、创新点

本研究的创新点主要体现在以下三个方面：

（一）在学术思想和学术观点上

改变以往对教育硕士专业学位研究生培养质量认识的惯性思维，提出"培养质量"是一个多层面、多维度的概念（培养条件、培养过程、培养成效），而每一层面和维度又由不同的要素构成。而以往的研究和认识更多地集中在培养过程所反映的不同要素上，对培养条件和培养成效两个层面涉及要素的研究和关注较少，或者根本无人研究（如社会用人单位对学生的评价）。而通过本研究对这一概念的重新界定，可以使人们更好地、全面地、从整体上认识和把握我国教育硕士专业学位研究生培养的质量现状，从而为进一步提升教育硕士专业学位研究生的培养质量指明了方向。

（二）在研究内容上

本研究在文献综述、概念内涵及相关理论解读的基础上，以教育硕士专业学位研究生培养质量的现状调查为轴心，提出了教育硕士专业学位研究生培养质量的保障措施。这一研究内容注重进行整体把握和系统设计，有别于以往研究中分散化、单项性和学校个案化的特征，有利于整体把握我国教育硕士专业学位研究生培养质量的总体状况，从而实现了研究内容的创新。

（三）在研究方法上

本研究综合运用了文献研究法、调查研究法、个案研究法、比较研究法等多种研究方法，共同构建出完整的教育硕士专业学位研究生培养质量的保障措施。其中，调查研究法是一个非常重要的研究方法，在调查对象上和调查内容上也有所创新。本研究通过问卷调查、访谈调查等方法，对全国140所具有教育硕士培养权的院校中的19所院校进行抽样调查。按样本占总体的10%~20%比例抽取，并尽量考虑不同批次、不同地区、不同类别的院校状况。调查对象包括三部分群体：教师群体——样本院校的教师和管理者对教育硕士研究生培养质量的认知调查；学生群体——教育硕士在校生对教育硕士培养质量的认知调查、教育硕士毕业生的培养成效调查；社会用人单位——中小学、幼儿园等对教育硕士研究生培养质量的认知调查。调查维度主要围绕培养条件、培养过程和培养成效三个因素进行。调查问卷采用自编问卷，按照不同的三个群体设计不同的四份问卷，运用德尔菲法进行专家效度检验。调查结果运用SPSS统计软件进行数据分析。同时，还在个案研究法和比较研究法中体现了本研究的创新。在个案研究中，以全国教育硕士专业学位研究生培养的优秀院校沈阳师范大学为个案，介绍个案院校在具体的教育硕士研究生培养和质量保障过程中的先进经验以及成效，为进一步提升我国专业学位研究生培养质量提供一定的借鉴价值和经典范式。在比较研究中，系统梳理美国、英国、日本在培养质量各维度构成要素上的质量保障措施，并进行比较研究，从中找寻其共性和特色所在，以期为完善我国专业学位研究生培养质量的保障措施提供有益的启示和借鉴。

第二章 研究理论基础

第一节 利益相关者理论

一、"利益相关者"概念

（一）"利益相关者"概念的产生

1929年通用电器公司一位经理在就职演说中，第一次提出公司应为利益相关者服务的想法。第一本关于利益相关者理论的著作是潘罗斯在1959年出版的《企业成长理论》，潘罗斯也被认为是企业利益相关者理论的先驱。[1] 由此可见，"利益相关者"最早是由经济学家提出的一个经济学概念，但因为它起源于企业管理领域，而经济与管理密不可分，所以它又是一个管理学概念。

在西方，学者们真正给出"利益相关者"的定义是在20世纪60年代之后。最早正式使用"利益相关者"一词的经济学家是安索夫，1965年他在《公司战略》一书中提出了"要制定理想的企业目标，必须综合平衡考虑企业的诸多利益相关者之间相互冲突的索求权，包括管理人员、工人、股东、供应商以及顾客"。弗瑞曼在《战略管理——利益相关者方式》一书中，提出"利益相关者""利益相关者管理""利益相关者理论"等术语，这些术语在很多地方得到广泛应用。20世纪70年代，利益相关者理论又有了新的发展，其对企业管理的影响越来越深远，正如经济学家蒂尔所言："我们原本只是认为利益相关者的观点会作为外因影响公司的战略决策和管理过程，但变化已

---

[1] 胡赤弟. 教育产权与现代大学制度构建 [M]. 广州：广东高等教育出版社，2008：153.

经表明我们今天正从利益相关者影响迈向利益相关者参与。❶

(二)"利益相关者"概念的界定

利益相关者是一个范围广泛、成分复杂、性质各异的群体。因此,要对其概念做清晰界定十分困难。目前学术界关于这一概念的界定可谓见仁见智。总的来说,"利益相关者"的概念有广义和狭义之分。广义的概念认为利益相关者是能够影响企业或被企业影响的人或群体,既包括有益于企业价值实现的利益相关者,也包含不益于企业价值实现的利益相关者,如股东、员工、客户、供应商、政府机构、业界团体、竞争对手、公益团体、抗议群体等,更注重强调企业与利益相关者的双方立场。狭义的概念认为利益相关者是与企业有直接关系或者占有重要位置的人或群体,如股东、员工、客户、供应商、重要的政府机关和社会团体、相关的金融机构等,更注重强调的是企业的立场。❷

二、利益相关者理论的主要内容

(一) 利益相关者的类型

分类研究的首要任务是确定分类标准。采取的标准不同,所得的分类结果也不同。利益相关者是因为独特的利益而存在。如在企业中,股东、雇员和债权人等,之间存在各自利益。同样地,在高等学校中,教师、学生、出资人之间也存在各自的利益。由于利益相关者的利益不同,所以受组织的影响程度也不同,从而影响他们参与组织管理的积极性。对利益相关者理论的动态发展做出重要贡献的是米切尔等人。❸

米切尔等人使利益相关者理论具有一定的可操作性。在米切尔等人看来,企业的利益相关者可以被细分成以下三种类型:第一种,确定型利益相关者。第二种,预期型利益相关者,又可以细分为:支配型利益相关者,对企业拥有合法性和权利性,如投资者、政府部门;依赖型利益相关者,对企业拥有合法性和紧急性,如一些自发组织的协会或者社团;危险型利益相关

---

❶ 胡赤弟. 教育产权与现代大学制度构建 [M]. 广州:广东高等教育出版社,2008:154.

❷ 同❶155.

❸ 同❷。

者，对企业拥有紧急性和权利性，如罢工的员工、宗教极端分子等。第三种，潜在型利益相关者，又细分成以下三种：静态型利益相关者、自主型利益相关者和苛求型利益相关者。该利益相关者的分类是动态的，任何一个人或者团体在得到或者失去某些属性后，就会从一种状态转换成为另一种状态。该方法为利益相关者的鉴别提供了一个很好的框架，具有一定的可操作性。❶

（二）利益相关者理论的核心内容

利益相关者理论的核心内容是：受公司利益影响的不仅仅是出资人，而是所有利益相关者，公司治理的目标应是满足多方利益相关者的不同要求，关注公司经营所造成的社会经济和政治影响，使各利益相关者都能参与公司治理，公司决策由各利益相关者合力参与，共同决定。从现代企业的生存与发展看，企业是物质资本与人力等资本的特别契约，企业并非仅仅依赖于股东，而是更多地依赖于利益相关者的合作，为了提高公司治理的效率，就必须平等地对待和保护每个利益相关者的产权权益，具体地讲，就是通过剩余索取权合理分配实现各自的产权权益，通过控制权的合理分配构建一个利益相关者的相互制衡机制，以防范自身权益遭受他人侵犯，从而达到长期稳定合作的目的。❷

三、利益相关者理论在本书中的适用分析

（一）大学是一种典型的利益相关者组织

大学是一种典型的利益相关者组织，充分认识利益相关者视角下大学治理的境域转换，坚定大学组织的本质属性，将引导大学治理的真正方向。利益相关者理论的提出给大学的利益相关者共同治理提供了理论依据。❸ 利益相关者理论研究表明，企业除了为股东服务之外，还要为利益相关者服务，是利益相关者之间的"契约网"。由于大学是非营利性组织，所以，本质上

---

❶ 尹晓敏. 利益相关者参与逻辑下的大学治理研究 [M]. 杭州：浙江大学出版社，2010：31-39.

❷ 同❶。

❸ 同❶。

它更是利益相关者之间的一张"契约网",是利益相关者共同治理的组织机构。利益相关者理论为高等教育资源主体之间的合作提供了一个有意义的框架。当今世界利益相关者理论也逐渐成为社会、政治发展的新模式。有关文献研究已经显示,利益相关者理论同样适用于高等教育领域,成为指导高等教育发展的新框架。❶

(二) 利益相关者理论与大学治理

把利益相关者理论应用于高等教育领域内,将大学作为一个利益相关者组织进行研究的是美国的亨利·罗索夫斯基。作为一名经济学家,他在担任了哈佛大学文理学院院长11年之后,出版了《美国校园文化——学生·教授·管理》一书,作为其管理生涯的回顾与总结。在该书中,罗索夫斯基提出大学"拥有者"的概念,他认为,人们"拥有"大学就像人民"拥有"国家一样,并特别指出大学的"拥有者"不同于企业的所有者。❷ 要理解大学的利益相关者模式,关键是理解利益相关者之间如何配置所有权。尽管大学所有权与企业所有权不同,但是,本质上是组成利益相关者权利的制度安排。为此笔者根据"主导+合作"的治理思路,提出利益相关者共同治理模式。利益相关者共同治理属于多主体治理问题,董事会是多主体治理的有效方式。❸

(三) 利益相关者理论与大学的责任

大学的责任是近年来备受人们关注的一个话题。美国哈佛大学前校长博克和斯坦福大学前校长肯尼迪分别从不同视角关注大学的责任问题。他们一致认为,责任是大学所必须面对的重要问题。近年来大学责任受到关注,反映了社会对大学的新要求。当然,传统大学也讲责任,不能认为大学责任只是近来才有,只是关于大学责任的内涵有了进一步深化。所谓大学的责任,包括学术责任和社会责任。大学教师通常把他们的责任严格限制在学术领域。传统的大学责任即学术责任,是指大学从事教学和科研所要承担的责

---

❶ 胡赤弟. 教育产权与现代大学制度构建 [M]. 广州:广东高等教育出版社,2008:153.

❷ 尹晓敏. 利益相关者参与逻辑下的大学治理研究 [M]. 杭州:浙江大学出版社,2010:31-39.

❸ 同❶177.

任。这种大学责任观的前提是，大学只是一个学术团体，其主要社会功能是从事高深学问的研究和人才培养。在高等教育日益成为社会中心的时候，这种责任观只能被认为是学术团体内部和狭义上的大学责任。相对于传统的学术责任来说，另一种责任即社会责任，指大学作为一个社会机构所必须承担的社会责任。大学的社会责任更重要的是从外部去理解其责任。从大学的学术责任到社会责任的扩展，反映出社会对大学提出了更高、更多的要求。大学要以承担学术责任为本，但不可轻视社会责任的存在。学术责任是大学合法性存在的理由，社会责任是大学发挥重要作用的必然结果。所以，社会责任是对于大学学术责任的补充和完善。如果说学术责任观下的大学是"教授治校"的大学，那么与社会责任观对应的大学应是利益相关者共同治理的大学。大学社会责任的产生是大学走向利益相关者共同治理的重要表现。[1]

第二节 顾客满意度理论

一、"顾客满意度"概念

顾客的地位至高无上，竭尽全力使顾客获得满意的理念首先产生于质量管理的领域，而后美国学者卡多佐于1965年提出"顾客满意"的概念。[2]此后有关顾客满意度测评体系的研究也开始蓬勃发展，1989年瑞典建立世界上第一个顾客满意度指数测评体系。[3] 1995年，清华大学学者赵平博士将顾客满意度理论引入中国，开启了我国学者对顾客满意度理论的研究之路。[4]

---

[1] 胡赤弟. 教育产权与现代大学制度构建[M]. 广州：广东高等教育出版社，2008：162.

[2] CARDOZO R N. An Experimental Study of Consumer Effort, Expectation and Satisfaction[J]. Journal of Marketing Research, 1965, (2):244-249.

[3] 刘宇. 顾客满意度测评[M]. 北京：社会科学文献出版社，2003：2, 89.

[4] 韩冬梅. 教育学本科专业学生课堂教学满意度调查研究[D]. 沈阳：沈阳师范大学，2015.

第二章 研究理论基础

（一）顾客

在《质量管理体系 基础和术语》（GB/T 19000-2016）中，"顾客"被定义为：能够或实际接受为其提供的，或按其要求提供的产品或服务的个人或组织。就顾客而言，供方不仅仅有一个，顾客有权接受和拒绝某一供方的产品或服务，同时，在接受产品或服务之后，还有权将自己的意见和诉求反馈给供方；对于供方而言，就要牢固树立"顾客是中心"的经营理念，力求用"顾客满意"来把握现有的顾客，争取潜在的顾客。本书中的顾客即指高校学生，是对高校所提供的各项服务的消费者和使用者。

（二）顾客满意度

针对不同的研究对象，学者们对顾客满意度的定义也不尽相同。如：顾客满意度就是指消费者的满足反映，是一种对产品或服务特征，或产品或服务本身所提供的满足情况的判断❶；顾客满意度是顾客对一个组织所提供的全部产品，包括服务、活动、情况、过程等的可感知效果与其期望比较后所形成的感受状态。❷ 由此可见，顾客满意度就是顾客的某种需求得到满足后的一种愉悦感受。

顾客满意度就是顾客对某种商品的满意度，"是一种顾客满意的量化统计指标，描述了顾客对产品的认知（期望值）和感知（实际感受值）之间的差异，可以测量顾客满意的程度"❸。"顾客满意度实际上包含了顾客满意（积极的）和顾客不满意（消极的）两个方面的含义。"❹ 也即，当顾客的期望值小于实际感受值时，顾客的满意度就高，会对该产品产生赞誉；当顾客的认知大于感知时，顾客的满意度就低，会对该产品产生抱怨。❺

---

❶ 韩冬梅. 教育学本科专业学生课堂教学满意度调查研究［D］. 沈阳：沈阳师范大学，2015.
❷ 马万民，张美文. 高等教育服务过程的顾客满意度模型［J］. 知识丛林，2006（5）.
❸ 曹礼和. 顾客满意度理论模型与测评体系研究［J］. 湖北经济学院学报，2007（1）：115-119.
❹ 郑山. 中雅机电实业公司顾客满意度测评及改善对策研究［D］. 南昌：南昌大学，2009.
❺ 曹礼和. 顾客满意度理论模型与测评体系研究［J］. 湖北经济学院学报，2007（1）：115-119.

二、顾客满意度模型

关于顾客满意度的研究，有如下各种满意度理论模型。

（一）期望模型

期望模型是期望-不一致模型（Expectation-Confirmation）的简称，其理论依据来自20世纪70年代的社会心理学和组织行为学。❶ 1972年奥尔沙夫斯基和米勒发表的《顾客期望、产品绩效与感知产品质量》一文和1973年安德森发表的《顾客不满意：期望与感知质量不一致的效应》一文，都探查了期望-不一致理论的基本框架。❷ 该模型认为，"顾客在购买之前先根据过去经历、广告宣传等途径，然后在随后的购买和使用中感受到该产品或服务的实际水平，最后在实际的感受与顾客期望的比较过程中进行判断"❸。如果实际感受低于期望，顾客就会不满；如果实际感受符合或超过期望，顾客就会满意。❹

（二）绩效模型

绩效通常指顾客所获得的产品效用的总和。一些研究者指出，达到或超过期望值一定导致满意的观点在逻辑上是不一致的。❺ 该模型认为，满意的主要决定性因素是绩效，而绩效反映的是产品属性满足顾客需要的程度。因此，较高的产品绩效可以为顾客带来更大利益，提高顾客的满意水平，反之降低顾客的满意水平。绩效模型普遍用于测量顾客的整体满意水平，是各个行业满意度指标体系的理论基础。

（三）公平模型

随着满意度研究的发展，有学者将公平作为一个因变量纳入顾客满意的形成过程中。公平程度越低，顾客满意度就越低，公平程度越高，顾客的满

---

❶ 华娜. 我国民办高校可持续发展研究 [D]. 沈阳：沈阳师范大学，2011.

❷ 黄中华. 湖北地区民办高校大学生满意度调查研究 [D]. 武汉：华中农业大学，2009.

❸ 银淑秋，顾平. 基于卡诺模型的医疗行业顾客满意影响因素分析 [J]. 江苏科技大学学报（社会科学版），2005（2）：52-55.

❹ 刘坤. 顾客满意度理论综述 [J]. 山东通信技术，2005（4）：36-39.

❺ 同❶。

意度相应也越高。在公平模型中，如果顾客感觉到自己所付出的投入与所获得的效益，以及产品商提供的服务与自己的感知比例相一致的时候，顾客就会感到公平，同时满意感也会增加。与期望模型和绩效模型相比，公平模型更加关注顾客自己的投入部分（即付出部分），关注点的转移使顾客满意度概念与"价值"紧密联系起来。

三、顾客满意度测量

（一）顾客满意度指数❶

1. 顾客满意度指数

顾客满意度指数（Customer Satisfaction Index，CSI），是指顾客对组织以及组织提供的产品或服务的满意度，是衡量顾客满意度的量化指标，也是衡量一个组织服务质量的重要标志。❷

2. 顾客满意度指数模型的建立

1989年，瑞典首先采用费耐尔逻辑模型设计出了瑞典顾客满意度指数（Sweden Customer Satisfaction Barometer，SCSB）模型（见图2-2-1），瑞典也因此成为世界上第一个在全国范围内进行顾客满意度调查的国家。❸

美国于1994年公布了美国顾客满意度指数（America Customer Satisfaction Index，ACSI）模型（见图2-2-2）。

该模型以顾客满意度为目标变量，以顾客的期望、顾客感受到的质量、顾客感受到的价值为原因变量，建立多元线性回归计量模型。❹

中国标准化研究院顾客满意度测评中心在学习借鉴美国顾客满意度指数（ACSI）测评方法的基础上，开发了具有中国国情的中国顾客满意度指数（China Customer Satisfaction Index，CCSI）测量模型（见图2-2-3）❺。

---

❶ 李红玫. 辽宁省普通高等院校学生满意度研究 [D]. 沈阳：沈阳师范大学，2011.

❷ 韩玉志. 美国大学生满意度调查方法评介 [J]. 比较教育研究，2006 (6)：60-64.

❸ 同❶。

❹ 嵇小怡. 高校教育服务顾客满意度测评方法研究 [J]. 教育与职业. 2004 (30)：34-36.

❺ 刘宇. 顾客满意度测评 [M]. 北京：社会科学文献出版社，2003.

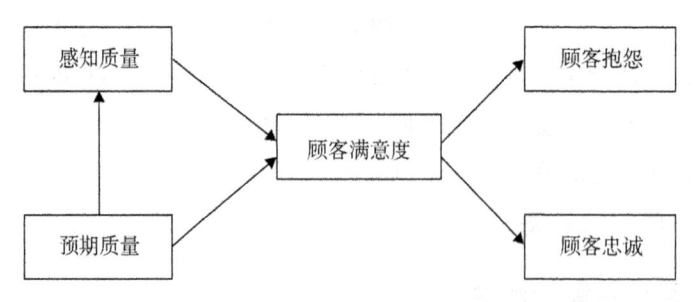

图 2-2-1 瑞典顾客满意度指数（SCSB）结构模型

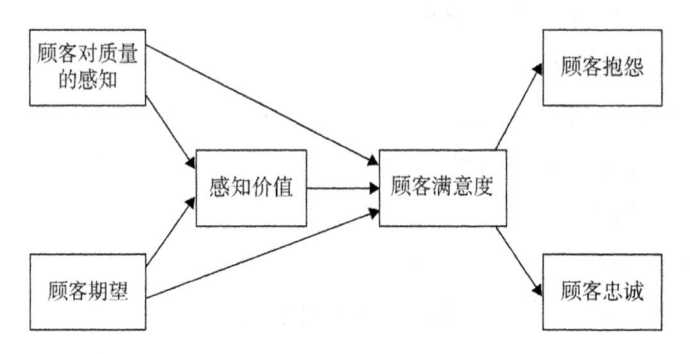

图 2-2-2 美国顾客满意度指数（ACSI）结构模型

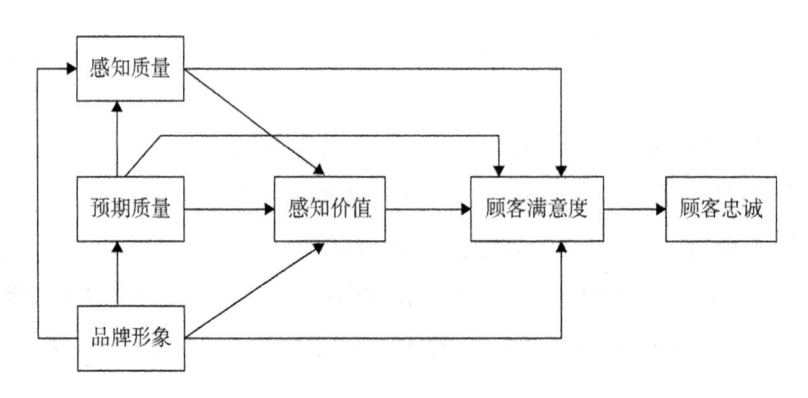

图 2-2-3 中国顾客满意度指数（CCSI）结构模型

（二）顾客满意度测评步骤

顾客满意度测评的主要流程是：确立测评指标并量化→确定被测评对象→抽样设计→问卷设计→实施调查→调查数据汇总整理→计算顾客满意度

指数→分析评价→编写顾客满意度指数测评报告→改进建议和措施。❶

(三) 学生满意度测评

学生满意度测评方面的理论和实证研究大多数都是通过调查的形式来进行的。要准确地测量学生满意度，首先应该建立满意度指标体系，满意度指标体系能综合反映其本身和环境所构成的复杂系统的不同属性，并按一定层次结构和隶属关系有序组成。❷

四、顾客满意度理论适用性分析

由于顾客满意度理论运用的是心理活动和心理特征的过程，因此本研究在教师与学生对培养质量的认知现状中主要运用此理论，将教师和学生的满意度和重要度分别分为"很满意""满意""一般""不满意""很不满意"和"很重要""重要""一般""不重要""很不重要"五个级度。

并且，主要运用顾客满意度中的期望-不一致模型，把教师和学生对培养质量认知情况的重要度和满意度进行对比分析，发现其中的反差，通过对反差大的方面进行改进来提高全日制教育硕士的培养质量。

第三节 全面质量管理理论

在20世纪50年代，美国的质量管理学家朱兰提出了"全面质量管理"的概念，日本最早应用于企业当中，并使得该理念迅速发展。本书把洛丝特在《全面质量管理》一书中的观点❸运用在高等教育管理方面，可以发现：①培养高质量的学生且高效地运营学校；②满足或超过学生对于知识学习的期望，能够适应社会对于人才的需要。这两点对于全面质量管理至关重要，学校有效的运营，可以给学生及各学院提供便利条件。根据社会和用户的需

---

❶ 李红玫. 辽宁省普通高等院校学生满意度研究 [D]. 沈阳：沈阳师范大学，2011：13.

❷ 同❶.

❸ 洛丝特. 全面质量管理 [M]. 北京：中国人民大学出版社，2000：10.

求选择培养方式和内容是学校应该思考的问题。学校在全面质量管理中,不仅要考虑社会上对于人才的需求及教师的教学水平,还要思考对学生的培养过程;学生对于知识方面的迫切需求,学校也应该适当予以考虑,提高学生和家长的满意度,是学校对质量管理的要求。

全面质量管理有"硬"的一面和"软"的一面。"硬"的一面指的是如何评价和"计算"培养质量,怎样选择正确的"计算"方法了解学生的实际能力,以便及时进行改善。"软"的一面是指教师的能力,教师优良的授课水平和知识储备,是学生获取能力的重要途径,是培养高质量学生成功与否的关键。学校在全面质量管理中应注重三点:①以学生培养为主;②全员参与学校管理,有统一的教育目标;③在教学过程和体系完善方面应进行持续改进。以学生培养为主,因为学生是学校培养质量的关键,如何设计培养计划,使之更适合于学生的远景规划。并且,由教师、行政人员、其他相关人员等组成的服务力量,能够给予学生怎样的支持,是否能把最好的教学效果、学校环境等资源提供给学生,这些是学校在进行全面质量管理时需要思考的问题。学校应设置统一的培养目标,并推动学生主动参与,教师作为管理的主力,管理人员把控方向的体系,在体系中的每个成员清晰地认识学校的培养目标,并为了这个目标努力奋斗。在决策过程中,成员们有必备的知识和能力,能依据设定的培养目标做出合理的选择。在培养的全过程中,学校在教学过程和体系完善方面进行监督,并进行持续的改进。全面质量管理还应该注重过程的监控,过程是指促成学生培养成果中的各个活动,从入学选拔到授课,再到毕业认定,对每个步骤的监督和把控是否完善,都影响着学生的培养质量。在入学选拔时应注重公平性,并且,选拔符合学校培养目标的人才,有合适的选拔标准。❶

一、全面质量管理概念

全面质量管理(Total Quality Management,TQM),是指以质量为中心,以全员参与为基础的组织,通过顾客满意和本组织的所有成员及社会利益来

---

❶ 李程. 日本教育硕士专业学位教育质量保障措施研究 [D]. 沈阳:沈阳师范大学, 2017: 10-11.

取得长期成功的管理途径,在全面质量管理中,质量的概念关系到所有管理目标的实现。全面质量管理理论于20世纪60年代初由美国著名管理学家米兰·菲根鲍姆首先提出,它是一种有效的新概念,以传统的质量管理方法和程序为基础,是现代质量管理的一种新模式。❶

二、全面质量管理模式

全面质量管理主要有以下两种经典模式:一种是戴明博士的理论和模式,PDCA❷循环是他的主要成果及贡献;另一种是约瑟夫·朱兰的理论和模式,他所提出的质量三步曲和质量螺旋是全面质量管理理论的重要观点。

本书主要运用PDCA循环和质量三部曲两种模式:

PDCA循环将质量管理分为了四个阶段,分别为计划阶段、执行阶段、检查阶段和处理阶段,最后根据检查的结果采取相应的措施;质量三步曲是指"质量策划、质量改进和质量控制",通过识别顾客的要求,开发出让顾客满意的产品,并使产品的特征最优化,同时优化产品的生产过程。❸

三、全面质量管理理论适用性分析

在PDCA循环中,第一步为计划阶段,也称P阶段,这一阶段在本研究的应用为通过对全日制教育硕士教师和学生进行的问卷调查,厘清教师和学生对现阶段的认知现状;第二步为执行阶段,也称D阶段,这一阶段实施计划阶段所规定的内容,即对教师卷和学生卷进行数据统计与分析;第三步为检查阶段,也称C阶段,在这个阶段对数据分析结果进行检查,查验检查结果是否与研究假设相符合;第四步为处理阶段,也称A阶段,主要是根据C阶段的检查结果实施相应的措施,本书的研究应用为对全日制教育硕士研究生培养质量提出可行性建议及对策。

质量三部曲在本书的研究中的应用为通过认知现状识别全日制教育硕士

---

❶ 孙晓川,刘继杰,刘梦萝,等. 基于全面质量管理理论的高等院校教学质量管理研究[J]. 山东教育学院学报,2010,25(6):89-91.

❷ 即Plan(计划)、Do(执行)、Check(检查)和Act(处理)。

❸ 黎克林. 构建我国基础教育质量监控与评价体系探析[J]. 教育导刊,2008(8):13-16.

教师与学生对培养质量的要求，根据其认知状况对培养质量进行调整，使培养质量更加优化，最终使教师和学生满意。❶

第四节　高等教育质量保障

一、高等教育质量保障的概念

随着高等教育从精英教育发展到大众化教育，招生人数不断增加，如何保障教育质量是世界各国都在思考的问题。在大众化教育阶段，面对招生人数众多的情况，过去统一的精英培养质量标准已不符合现实需求，发展多样化的质量标准，符合培养多样化人才的需要，是进入大众化教育阶段的必然选择。在世界高等教育会议上通过的纲领性文件《21世纪的高等教育：展望与行动世界宣言》中指出："高等教育的质量是一个多层面的概念，应包括高等教育的所有功能和活动：各种教学与学术计划、研究与学术成就、教学人员、学生、校舍、设施、设备、社区服务和学术环境等，还应包括国际交往方面的工作；知识的交流、教师和学生的流动以及国际研究项目等"❷。学校从这些角度出发，设定符合自己学校培养人才的标准和要求，根据培养的人才是实用型还是学术型，制定符合相应要求的标准、师资配备、实习活动、毕业论文等。政府也应该根据社会需求设置多样的衡量标准，对学校的审核不仅仅只通过学术研究、论文发表等成果进行评判，还应考虑学生的社会适应能力、就业能力等情况，从多方面评价学校的培养质量，并给予适当的支持。❸

高等教育质量观的完善，从各方面影响着高等教育的发展。质量观由精英化发展到大众化，从经济方面要求对于不同的人才培养模式，给予不同的财政补贴。从教学方面，对于不同的人才培养，除了配备学术型导师外，应

---

❶ 于跃. 辽宁省全日制教育硕士研究生培养质量认知现状研究 [D]. 沈阳：沈阳师范大学，2018.

❷ 熊志翔. 高等教育质量保障体系研究 [M]. 长沙：湖南人民出版社，2002：53.

❸ 李程. 日本教育硕士专业学位教育质量保障措施研究 [D]. 沈阳：沈阳师范大学，2017.

第二章 研究理论基础

考量配备专业型导师。随着学生数量的增加，扩充教师队伍势在必行，而质量观也影响着教师的招聘和选拔标准的设定。选拔优秀的教师可以提高教学质量和教学效果，教师的招聘标准是否能反映出质量观改革的要求，是评定标准设定的好坏。并且，质量观也影响着毕业年限的改革，由精英阶段的单一学制变成弹性学制，学生修完必要的学分，就可以申请毕业，不再受学习年份限制。从毕业认定方面，论文不再是唯一的毕业要求，有些专业通过获得一定的学分数和实习经验，就可以申请毕业，注重掌握的实际经验和能力。在学术交流方面，质量观要求在现代社会，不再只注重本校内学习课程，更加注重与外校、其他地区学校以及国外学校的交流和沟通，学校或各学院会根据自身情况与国外学校建立必要的联系，为学生提供感受不同教学氛围和方式的机会；并且，接触不同的文化和知识，对于学生形成良好的沟通交流能力和开拓视野有很好的帮助。质量观也影响着政府的决策，政府会根据市场要求和教育的需要，及时调整政策，做出最合理的决策，而不是一味地根据政府的需要发展教育。高等教育质量观能够促进教育发展，并影响着周围的因素形成正确的教育思想，使之快速地促进教育发展，完善教育环境。[1]

高等教育质量保障的概念也源于质量管理学，但由于高等教育管理的特殊性，对其的研究历史并不长。因此，国内外学者对高等教育质量保障的认识与理解尚未达到统一。[2] 其中，比较有代表性的观点有以下几种：澳大利亚学者哈曼认为高等教育质量保障主要是为高等学校以外的人提供担保和证据，使他们确信高等院校有严格的质量管理过程确保教学和毕业生的质量；美国高等教育认证委员会认为高等教育质量保障是为了确定公认的教育、学术水平和设施标准得到保持而对高等院校或专业进行的有计划的、系统的评审过程。[3]

---

[1] 李程. 日本教育硕士专业学位教育质量保障措施研究 [D]. 沈阳：沈阳师范大学，2017.

[2] 熊志翔. 高等教育质量保障体系研究 [M]. 长沙：湖南人民出版社，2002：67.

[3] 同[2]。

二、高等教育质量保障体系

高等教育质量保障体系主要由外部质量保障体系和内部质量保障体系两部分构成。外部质量保障体系是指独立于高等院校之外的国家、政府、社会等机构团体对高等院校的教育教学质量进行鉴定与评价、监督高等院校内部质量保障活动的体系。其成员包括高教界和高教界以外的专家。内部质量保障体系是指高等院校的自我保障体系，是以自我监督、自我改善为目的的高等院校内部的评价体系。高等院校既是评价的主体，也是评价的对象。高等教育的质量保障主要通过高等教育的评估活动来实现。[1]

由于高等教育内外部质量保障体系不同，二者的质量保障主体也不同。外部质量保障主体包括：政府（中央和地方两级）和社会。政府主要从宏观层面对高校的整体或某一方面的教育教学水平和质量进行评估，最终目的主要是鉴定或认证，结果多与拨款、政策的制定相关联，为社会各界提供相关信息。成员由政府指派，代表政府行使相应的职责。社会主要是指介于政府和高校之间的民间组织或团体，成员来源多样化，主要以企业、工商界人士为主，可以客观、独立地对高校的教育教学质量进行评估，最终目的是为社会各界人士提供相关参考信息，也可以为政府决策等提供建议，为高校发展提供指导等。内部质量保障主体是高校，主要针对自身的教育教学质量进行自我评估，并为外部评估提供基础，发现问题及时改善。[2]

---

[1] 张桂春，唐卫民. 高等教育学 [M]. 大连：辽宁师范大学出版社，2011：196.
[2] 同[1]。

第三章 全日制教育硕士总体分布及调查设计

第一节 全日制教育硕士培养概况

一、全国制教育硕士培养院校分布情况

（一）不同地区院校分布情况

从不同地区院校分布情况看，华东地区院校数量居第一位，其次依次为华北、华中、东北、西北和西南（并列）、华南地区（见表3-1-1）。

表3-1-1 不同地区院校分布情况一览

地区	院校数	占比/%
东北	18	12.8
华北	22	15.7
华中	20	14.3
华东	39	27.9
华南	11	7.9
西北	15	10.7
西南	15	10.7
总计	140	100.0

数据来源：全国教指委秘书处。

（二）不同批次院校分布情况

从不同批次院校分布情况看，第九批次院校数量最多，第十批次院校数

量最少（见表3-1-2）。

表3-1-2　不同审批批次院校分布情况一览

审批批次	院校数	占比/%
第一批	16	11.4
第二批	13	9.3
第三批	12	8.6
第四批	8	5.7
第五批	8	5.7
第六批	14	10.0
第七批	8	5.7
第八批	7	5.0
第九批	48	34.3
第十批	6	4.3
总计	140	100.0

数据来源：全国教指委秘书处。

（三）不同隶属层次院校分布情况

从不同隶属层次院校分布情况看，省属院校数量最多，市属院校数量最少（见表3-1-3）。

表3-1-3　不同隶属层次院校分布情况一览

隶属层次	院校数	占比/%
部属	25	17.9
省属	106	75.7
市属	9	6.4
总计	140	100.0

数据来源：全国教指委秘书处。

（四）不同省（自治区、直辖市）院校分布情况

不同省（自治区、直辖市）院校分布情况见表3-1-4。

第三章 全日制教育硕士总体分布及调查设计

表3-1-4 不同省（自治区、直辖市）院校分布情况一览

排名	省（自治区、直辖市）	院校数	占比/%
1	北京	10	7.2
2	江苏	8	5.7
	湖北	8	5.7
3	吉林	7	5.0
	山东	7	5.0
	广东	7	5.0
4	辽宁	6	4.3
	浙江	6	4.3
	江西	6	4.3
	河南	6	4.3
	陕西	6	4.3
	湖南	6	4.3
5	黑龙江	5	3.6
	四川	5	3.6
6	河北	4	2.9
	上海	4	2.9
	安徽	4	2.9
	重庆	4	2.9
	新疆	4	2.9
7	福建	3	2.1
	广西	3	2.1
	天津	3	2.1
	山西	3	2.1
	内蒙古	3	2.1
	云南	3	2.1
8	贵州	2	1.4
	甘肃	2	1.4
	宁夏	2	1.4

续表

排名	省（自治区、直辖市）	院校数	占比/%
9	海南	1	0.7
	西藏	1	0.7
	青海	1	0.7
总计		140	100.0

数据来源：全国教指委秘书处。

（五）不同类别城市院校分布情况

从不同类别城市院校分布情况看，其他城市院校数量最多，其次是省会城市（自治区首府），直辖市所在地院校最少（见表3-1-5）。

表3-1-5 不同类别城市院校分布情况一览

城市类别	院校数	占比/%
直辖市	21	15.0
省会城市（自治区首府）	57	40.7
其他城市	62	44.3
总计	140	100.0

数据来源：全国教指委秘书处。

（六）不同审批机构院校分布情况

从不同审批机构院校分布情况看，全国教指委审批院校数量明显多于自审或省审院校数量（见表3-1-6）。

表3-1-6 不同审批机构院校分布情况一览

审批机构	院校数	占比/%
全国教指委审批	85	60.7
自审或省审	55	39.3
总计	140	100.0

数据来源：全国教指委秘书处。

（七）不同类型院校分布情况

从不同类型院校分布情况看，非师范类院校数量明显多于非师范类院校数量（见表3-1-7）。

表 3-1-7　不同类型院校分布情况一览

院校类型	院校数	占比/%
师范类院校	58	41.4
非师范类院校	82	58.6
总计	140	100.0

数据来源：全国教指委秘书处。

二、全日制教育硕士培养人数分布情况

（一）不同院校人数分布情况

据全国教指委秘书处数据统计，截至2017年年末，全国140所教育硕士培养院校中，全日制教育硕士在校生总人数为34496人，其中2016级15754人，2017级18742人（见表3-1-8）。

表 3-1-8　不同院校在校生人数统计

院校名称	2016级 人数	2017级 人数	总计 人数
华南师范大学	518	643	1161
华中师范大学	528	510	1038
福建师范大学	416	564	980
首都师范大学	358	449	807
东北师范大学	370	416	786
西华师范大学	362	361	723
西北师范大学	299	417	716
上海师范大学	374	333	707
陕西师范大学	329	373	702
山东师范大学	272	426	698

续表

院校名称	2016级 人数	2017级 人数	总计 人数
贵州师范大学	327	357	684
南京师范大学	279	375	654
吉林师范大学	309	315	624
内蒙古师范大学	300	316	616
湖南师范大学	274	315	589
河北师范大学	293	286	579
河南大学	261	312	573
浙江师范大学	187	381	568
安徽师范大学	267	299	566
重庆师范大学	231	304	535
天津师范大学	190	333	523
曲阜师范大学	197	310	507
辽宁师范大学	253	249	502
河南师范大学	249	250	499
扬州大学	223	275	498
广西师范大学	208	288	496
哈尔滨师范大学	234	236	470
江西师范大学	207	253	460
西南大学	174	263	437
四川师范大学	227	209	436
江苏师范大学	184	248	432
北京师范大学	160	268	428
聊城大学	194	209	403
杭州师范大学	199	202	401
渤海大学	212	180	392
山西师范大学	154	222	376
广州大学	213	160	373
华东师范大学	212	157	369

续表

院校名称	2016 级 人数	2017 级 人数	总计 人数
湖南科技大学	179	188	367
云南师范大学	151	212	363
湖北大学	158	203	361
广西师范学院	151	198	349
沈阳师范大学	169	173	342
鲁东大学	143	184	327
天水师范学院	149	178	327
新疆师范大学	120	195	315
中央民族大学	138	166	304
闽南师范大学	155	141	296
赣南师范学院	190	105	295
海南师范大学	140	149	289
北华大学	126	129	255
延边大学	99	143	242
延安大学	109	119	228
广西民族大学	98	127	225
信阳师范学院	117	106	223
淮北师范大学	110	112	222
广东技术师范学院	64	153	217
牡丹江师范学院	111	103	214
青海师范大学	92	122	214
苏州大学	78	128	206
伊犁师范学院	98	102	200
石河子大学	75	124	199
江西科技师范大学	33	148	181
宁夏大学	66	113	179
长春师范大学	54	120	174
南通大学	69	102	171

续表

院校名称	2016 级 人数	2017 级 人数	总计 人数
中南民族大学	71	93	164
湖南大学	61	102	163
陕西理工学院	78	77	155
宁波大学	57	81	138
西安外国语大学	83	55	138
齐齐哈尔大学	66	69	135
宝鸡文理学院	62	70	132
青岛大学	53	73	126
喀什大学	58	68	126
湖南理工学院	48	75	123
鞍山师范学院	75	42	117
温州大学	51	65	116
集美大学	39	77	116
湖北师范大学	68	48	116
天津职业技术师范大学	47	68	115
黄冈师范学院	52	62	114
洛阳师范学院	52	60	112
安庆师范学院	41	67	108
黔南民族师范学院	50	55	105
云南大学	65	40	105
郑州大学	46	50	96
大理大学	43	50	93
五邑大学	63	28	91
东华理工大学	33	54	87
合肥师范学院	50	33	83
吉林华桥外国语大学	20	60	80
重庆三峡学院	32	45	77
江苏大学	39	37	76

第三章 全日制教育硕士总体分布及调查设计

续表

院校名称	2016 级 人数	2017 级 人数	总计 人数
内蒙古民族大学	23	50	73
中国海洋大学	32	38	70
北京联合大学	18	49	67
浙江工业大学	28	37	65
宁夏师范学院	32	32	64
太原师范学院	34	28	62
佳木斯大学	17	45	62
济南大学	16	43	59
内蒙古科技大学	26	32	58
佛山科学技术学院	24	33	57
西藏大学	20	37	57
大连大学	33	22	55
河北科技师范学院	24	29	53
华中科技大学	28	24	52
河北大学	24	22	46
武汉大学	43	0	43
吉林大学	42	0	42
山西大学	20	21	41
重庆大学	20	19	39
湖南农业大学	0	38	38
天津大学	17	20	37
北京航空航天大学	9	24	33
同济大学	33	0	33
四川理工学院	0	32	32
沈阳大学	14	17	31
中南大学	13	18	31
江西农业大学	0	30	30
中国青年政治学院	9	20	29

续表

院校名称	2016 级 人数	2017 级 人数	总计 人数
中国地质大学（武汉）	13	15	28
复旦大学	13	13	26
黑龙江大学	5	19	24
北京工业大学	10	12	22
南京大学	22	0	22
西安理工大学	11	11	22
北京理工大学	10	11	21
浙江大学	10	11	21
河北北方学院	0	20	20
南昌大学	20	0	20
江汉大学	0	20	20
河南科技学院	7	12	19
深圳大学	19	0	19
四川音乐学院	5	12	17
成都学院	0	15	15
东南大学	10	0	10
中山大学	8	0	8
中国音乐学院	3	0	3
总计	15754	18742	34496

注：截至 2017 年 9 月吉林大学已不具备教育硕士专业学位授权资格，但 2016 级在校生有 42 人，因此计入总数；而中国人民大学、南京航空航天大学、湖北工业大学由于没有招生，统计院校总数时未计入，以下调查院校统计时也如此。

数据来源：全国教指委秘书处。

据全国教指委秘书处数据统计，截至 2018 年年末，全国 87 所（含吉林大学、西北大学、四川大学）教育硕士专业学位研究生培养院校中，全日制教育硕士毕业生总人数为 43918 人，其中 2012 级 5145 人，2013 级 5981 人，2014 级 9514 人，2015 级 11712 人，2016 级 11566 人（见表 3-1-9）。

表 3-1-9 不同院校毕业生人数统计

排名	院校名称	2012级 人数	2013级 人数	2014级 人数	2015级 人数	2016级 人数	总计 人数
1	华中师范大学	223	327	431	1217	615	2813
2	东北师范大学	350	404	787	613	374	2528
3	华东师范大学	319	173	386	442	215	1535
4	陕西师范大学	273	247	356	314	313	1503
5	内蒙古师范大学	136	190	211	252	328	1117
6	北京师范大学	115	210	326	277	185	1113
7	安徽师范大学	54	193	293	269	300	1109
8	河南师范大学	122	140	235	258	280	1035
9	首都师范大学	117	162	174	171	401	1025
10	西北师范大学	86	216	269	239	198	1008
11	湖南师范大学	66	141	224	253	312	996
12	西华师范大学	82	123	211	238	330	984
13	广州大学	68	130	280	254	243	975
14	华南师范大学	106	124	191	222	328	971
15	河南大学	73	140	237	248	246	944
16	重庆师范大学	135	132	176	241	251	935
17	南京师范大学	90	157	182	260	234	923
18	吉林师范大学	106	72	176	206	294	854
19	河北师范大学	100	139	153	278	179	849
20	山东师范大学	102	135	173	192	215	817
21	福建师范大学	62	95	153	221	262	793
22	浙江师范大学	89	100	100	175	305	769
23	哈尔滨师范大学	78	88	243	171	181	761
24	广西师范大学	127	74	154	192	207	754
25	天津师范大学	142	123	151	167	162	745
26	辽宁师范大学	68	79	148	190	218	703
27	贵州师范大学	70	108	210	226	84	698
28	山西师范大学	90	79	186	159	178	692

续表

排名	院校名称	2012级人数	2013级人数	2014级人数	2015级人数	2016级人数	总计人数
29	渤海大学	75	108	143	156	205	687
30	江西师范大学	279	4	84	150	165	682
31	曲阜师范大学	129	213	72	107	151	672
32	扬州大学	82	106	137	158	175	658
33	上海师范大学	42	94	141	164	182	623
34	聊城大学	88	67	118	143	171	587
35	江苏师范大学	129	83	102	119	135	568
36	四川师范大学	81	47	162	210	11	511
37	杭州师范大学	55	35	93	142	183	508
38	沈阳师范大学	65	77	78	114	142	476
39	西南大学	85	38	75	104	140	442
40	湖北大学	66	37	86	106	143	438
41	赣南师范学院	0	49	93	133	144	419
42	延边大学	52	56	92	90	124	414
43	湖南科技大学	32	45	94	109	116	396
44	海南师范大学	0	16	120	135	111	382
45	云南师范大学	67	19	84	92	107	369
46	广西师范学院	37	62	67	92	110	368
47	鲁东大学	53	34	62	79	92	320
48	信阳师范学院	13	16	62	97	96	284
49	苏州大学	48	45	41	57	82	273
50	新疆师范大学	0	16	32	99	118	265
51	北华大学	0	5	27	112	116	260
52	闽南师范大学	35	74	4	0	139	252
53	青海师范大学	10	11	41	87	78	227
54	延安大学	4	18	29	55	93	199
55	青岛大学	10	28	25	70	51	184
56	宁夏大学	28	33	38	38	46	183

续表

排名	院校名称	2012级 人数	2013级 人数	2014级 人数	2015级 人数	2016级 人数	总计 人数
57	武汉大学	26	29	27	50	25	157
58	淮北师范大学	0	8	11	43	79	141
59	南昌大学	10	24	28	26	46	134
60	天水师范学院	0	0	0	49	75	124
61	西北大学	0	29	29	66	0	124
62	中南民族大学	0	12	43	29	27	111
63	中央民族大学	0	19	39	50	0	108
64	云南大学	0	14	20	30	37	101
65	黔南民族师范学院	0	0	28	35	36	99
66	华中科技大学	22	7	2	31	29	91
67	黄冈师范学院	0	0	24	32	34	90
68	吉林大学	0	0	40	46	0	86
69	宁波大学	0	3	15	19	37	74
70	合肥师范学院	0	0	16	28	30	74
71	洛阳师范学院	0	0	18	24	32	74
72	石河子大学	14	13	11	25	11	74
73	黑龙江大学	10	31	21	0	11	73
74	湖南大学	7	16	20	0	24	67
75	山西大学	22	6	8	10	16	62
76	西藏大学	18	15	12	11	6	62
77	鞍山师范学院	0	0	15	23	22	60
78	深圳大学	0	0	21	7	31	59
79	北京航空航天大学	0	1	6	27	15	49
80	河北大学	0	5	9	14	21	49
81	宁夏师范学院	0	0	0	19	25	44
82	复旦大学	0	0	0	17	13	30
83	东南大学	0	6	9	6	9	30
84	中山大学	2	0	10	6	7	25
85	北京理工大学	0	5	6	9	1	21

续表

排名	院校名称	2012级 人数	2013级 人数	2014级 人数	2015级 人数	2016级 人数	总计 人数
86	中南大学	0	1	7	7	3	18
87	四川大学	0	0	1	0	0	1
	总计	5145	5981	9514	11712	11566	43918

注：吉林大学、西北大学、四川大学虽已不具备教育硕士专业学位授权资格，但由于在调查中有毕业生数据，因此也作为统计数据计入表格。

数据来源：全国教指委秘书处。

（二）不同专业人数分布情况

按不同专业划分，在校生人数排在前五位的专业从高到低依次是：学科教学·英语、学科教学·语文、小学教育、学科教学·数学、学科教学·思政；人数排在后五位的专业由高到低依次是：学科教学·音乐、学科教学·美术、学科教学·体育、科学技术、特殊教育（见表3-1-10）。

表3-1-10 不同专业在校生人数统计

排名	专业名称	2016级 人数	2016级 占比/%	2017级 人数	2017级 占比/%	总计 人数	总计 占比/%
1	学科教学·英语	2567	16.3	2859	15.3	5426	15.7
2	学科教学·语文	2512	15.9	2741	14.6	5253	15.2
3	小学教育	1131	7.2	1563	8.3	2694	7.8
4	学科教学·数学	1077	6.8	1371	7.3	2448	7.1
5	学科教学·思政	1077	6.8	1272	6.8	2349	6.8
6	学科教学·生物	762	4.8	883	4.7	1645	4.8
7	现代教育技术	756	4.8	879	4.7	1635	4.7
8	学科教学·化学	720	4.5	906	4.8	1626	4.7
9	学科教学·历史	725	4.6	872	4.7	1597	4.6
10	学科教学·地理	705	4.5	809	4.3	1514	4.4
11	学前教育	671	4.3	781	4.2	1452	4.2
12	学科教学·物理	584	3.7	781	4.2	1365	4.0
13	心理健康教育	591	3.8	723	3.9	1314	3.8

第三章 全日制教育硕士总体分布及调查设计

续表

排名	专业名称	2016级 人数	2016级 占比/%	2017级 人数	2017级 占比/%	总计 人数	总计 占比/%
14	职业技术教育	320	2.0	772	4.1	1092	3.2
15	教育管理	594	3.8	430	2.3	1024	3.0
16	学科教学·音乐	309	2.0	332	1.7	641	1.9
17	学科教学·美术	249	1.6	304	1.6	553	1.6
18	学科教学·体育	184	1.2	195	1.0	379	1.1
19	科学技术	155	1.0	184	1.0	339	1.0
20	特殊教育	65	0.4	85	0.5	150	0.4
	总计	15754	100.0	18742	100.0	34496	100.0

数据来源：全国教指委秘书处。

按不同专业划分，毕业生人数排在前五位的专业从高到低依次是：学科教学·英语（7676人）、学科教学·语文（6909人）、学科教学·数学（3366人）、学科教学·思政（3252人）、现代教育技术（2417人）；人数排在后五位的专业由高到低依次是：学前教育（1140人）、学科教学·音乐（970人）、学科教学·体育（711人）、科学技术（201人）、特殊教育（84人）（见表3-1-11）。

表3-1-11 不同专业毕业生人数统计

排名	专业名称	人数	占比/%
1	学科教学·英语	7676	17.5
2	学科教学·语文	6909	15.7
3	学科教学·数学	3366	7.7
4	学科教学·思政	3252	7.4
5	现代教育技术	2417	5.5
6	学科教学·地理	2285	5.2
7	学科教学·历史	2257	5.1
8	学科教学·化学	2136	4.9
9	心理健康教育	2010	4.6

续表

排名	专业名称	人数	占比/%
10	教育管理	1993	4.6
11	学科教学·生物	1859	4.2
12	小学教育	1856	4.2
13	学科教学·物理	1644	3.8
14	学科教学·美术	1152	2.6
15	学前教育	1140	2.6
16	学科教学·音乐	970	2.2
17	学科教学·体育	711	1.6
18	科学技术	201	0.4
19	特殊教育	84	0.2
	总计	43918	100.0

数据来源：全国教指委秘书处。

（三）不同地区院校人数分布情况

从不同地区院校在校生人数分布情况看，华东地区院校人数居第一位，其次依次为华中、东北、华北、西南、西北、华南地区（见表3-1-12）。

表3-1-12 不同地区院校在校生人数分布情况一览

地区	人数	占比/%
东北	4547	13.2
华北	4341	12.6
华中	4741	13.7
华东	10147	29.4
华南	3285	9.5
西北	3717	10.8
西南	3718	10.8
总计	34496	100.0

数据来源：全国教指委秘书处。

从不同地区院校毕业生人数分布情况看，华东地区院校人数居第一位，其次依次为华中、东北、华北、西南、西北、华南地区（见表3-1-13）。

表3-1-13 不同地区院校毕业生人数分布情况一览

地区	人数	占比/%
东北	6817	15.5
华北	5830	13.3
华中	7514	17.1
华东	12185	27.7
华南	3534	8.1
西北	3751	8.5
西南	4287	9.8
总计	43918	100.0

数据来源：全国教指委秘书处。

（四）不同审批批次院校人数分布情况

从不同审批批次院校在校生人数分布情况看，第一批次院校人数最多，第十批次院校人数最少（见表3-1-14）。

表3-1-14 不同审批批次院校在校生人数分布情况一览

审批批次	人数	占比/%
第一批	10549	30.6
第二批	6826	19.8
第三批	4638	13.4
第四批	2649	7.7
第五批	1107	3.2
第六批	2674	7.8
第七批	631	1.8
第八批	922	2.7
第九批	4345	12.6
第十批	155	0.4
总计	34496	100.0

数据来源：全国教指委秘书处。

从不同审批批次院校毕业生人数分布情况看，第一批次院校人数最多，第七批次院校人数最少（见表3-1-15）。

表3-1-15 不同审批批次院校毕业生人数分布情况一览

审批批次	人数	占比/%
第一批	18405	42.0
第二批	9929	22.6
第三批	6005	13.6
第四批	4127	9.3
第五批	1281	3.0
第六批	3114	7.1
第七批	492	1.1
第八批	565	1.3
总计	43918	100.0

数据来源：全国教指委秘书处。

（五）不同隶属层次院校人数分布情况

从不同隶属层次院校在校生人数分布情况看，省属院校人数最多，部属和市属人数较少（见表3-1-16）。

表3-1-16 不同隶属层次院校在校生人数分布情况一览

隶属层次	人数	占比/%
部属	4894	14.2
省属	26746	77.5
市属	2856	8.3
总计	34496	100.0

数据来源：全国教指委秘书处。

从不同隶属层次院校毕业生人数分布情况看，省属院校人数最多，部属和市属人数较少（见表3-1-17）。

第三章 全日制教育硕士总体分布及调查设计

表 3-1-17 不同隶属层次院校毕业生人数分布情况一览

隶属层次	人数	占比/%
部属	10738	24.4
省属	29852	68.0
市属	3328	7.6
总计	43918	100.0

数据来源：全国教指委秘书处。

（六）不同省（自治区、直辖市）院校人数分布情况

从不同省（自治区、直辖市）在校生人数分布情况看，从高到低排序在前五位的是：吉林、山东、江苏、广东、湖北，由高到低排序在后五位的是：云南、山西、海南、宁夏、青海（见表3-1-18）。

表 3-1-18 不同省（自治区、直辖市）在校生人数分布情况一览

排名	省（自治区、直辖市）	人数	占比/%
1	吉林	2203	6.4
2	山东	2190	6.3
3	江苏	2069	6.0
4	广东	1926	5.6
5	湖北	1908	5.5
6	北京	1742	5.0
7	河南	1522	4.4
8	辽宁	1439	4.2
9	福建	1392	4.0
10	陕西	1377	4.0
11	湖南	1311	3.8
12	浙江	1309	3.8
13	四川	1223	3.6
14	上海	1135	3.3
15	重庆	1088	3.2
16	江西	1073	3.1

续表

排名	省（自治区、直辖市）	人数	占比/%
17	广西	1070	3.1
18	甘肃	1043	3.0
19	安徽	979	2.8
20	黑龙江	905	2.6
21	新疆	840	2.4
22	贵州	789	2.3
23	内蒙古	747	2.2
24	河北	698	2.0
25	天津	675	2.0
26	云南	561	1.6
27	山西	479	1.4
28	海南	289	0.9
29	宁夏	243	0.7
30	青海	214	0.6
31	西藏	57	0.2
	总计	34496	100.0

数据来源：全国教指委秘书处。

从不同省（自治区、直辖市）毕业生人数分布情况看，从高到低排序在前五位的是：吉林、湖北、山东、江苏、河南，由高到低排序在后五位的是：海南、新疆、青海、宁夏、西藏（见表3-1-19）。

表3-1-19　不同省（自治区、直辖市）毕业生人数分布情况一览

排名	省（自治区、直辖市）	人数	占比/%
1	吉林	4057	9.2
2	湖北	3700	8.5
3	山东	2580	5.8
4	江苏	2452	5.6
5	河南	2337	5.4
6	北京	2316	5.3

续表

排名	省（自治区、直辖市）	人数	占比/%
7	上海	2188	5.0
8	广东	2030	4.6
9	辽宁	1926	4.4
10	陕西	1826	4.2
11	四川	1581	3.5
12	湖南	1477	3.4
13	重庆	1377	3.1
14	浙江	1361	3.1
15	安徽	1324	3.0
16	江西	1235	2.8
17	甘肃	1132	2.7
18	广西	1122	2.6
19	内蒙古	1117	2.5
20	福建	1045	2.4
21	河北	898	2.0
22	黑龙江	834	1.9
23	贵州	797	1.8
24	山西	754	1.7
25	天津	745	1.6
26	云南	470	1.1
27	海南	382	0.9
28	新疆	339	0.8
29	青海	227	0.5
30	宁夏	227	0.5
31	西藏	62	0.1
	总计	43918	100.0

（七）不同类别城市院校人数分布情况

从不同类别城市院校在校生人数分布情况看，其他城市院校人数最多，其次是省会城市（自治区首府），直辖市所在地院校人数最少（见表3-1-20）。

表3-1-20 不同类别城市院校在校生人数分布情况一览

城市类别	人数	占比/%
直辖市	4640	13.5
省会城市（自治区首府）	16111	46.7
其他城市	13745	39.8
总计	34496	100.0

数据来源：全国教指委秘书处。

从不同类别城市院校毕业生人数分布情况看，省会城市（自治区首府）院校人数最多，其次是其他城市，直辖市所在地院校人数最少（见表3-1-21）。

表3-1-21 不同类别城市院校毕业生人数分布情况一览

城市类别	人数	占比/%
直辖市	6626	15.1
省会城市（自治区首府）	22387	51.0
其他城市	14905	33.9
总计	43918	100.0

数据来源：全国教指委秘书处。

（八）不同审批机构院校人数分布情况

从不同审批机构院校在校生人数分布情况看，全国教指委审批院校人数明显多于自审或省审院校人数（见表3-1-22）。

表3-1-22 不同审批机构院校在校生人数分布情况一览

审批机构	人数	占比/%
全国教指委审批	29562	85.7
自审或省审	4934	14.3
总计	34496	100.0

数据来源：全国教指委秘书处。

从不同审批机构院校毕业生人数分布情况看，全国教指委审批院校人数明显多于自审或省审院校人数（见表3-1-23）。

表3-1-23 不同审批机构院校毕业生人数分布情况一览

审批机构	人数	占比/%
全国教指委审批	43426	98.9
自审或省审	492	1.1
总计	43918	100.0

数据来源：全国教指委秘书处。

（九）不同类型院校人数分布情况

从不同类型院校在校生人数分布情况看，师范类院校人数明显多于非师范类院校人数（见表3-1-24）。

表3-1-24 不同类型院校在校生人数分布情况一览

院校类型	人数	占比/%
师范类院校	24670	71.5
非师范类院校	9826	28.5
总计	34496	100.0

数据来源：全国教指委秘书处。

从不同类型院校毕业生人数分布情况看，师范类院校人数明显多于非师范类院校人数（见表3-1-25）。

表3-1-25 不同类型院校毕业生人数分布情况一览

院校类型	人数	占比/%
师范类院校	35342	80.5
非师范类院校	8576	19.5
总计	43918	100.0

数据来源：全国教指委秘书处。

第二节　调查设计

一、调查目的

国务院学位委员会、教育部印发的《关于加强学位与研究生教育质量保证和监督体系建设的意见》（学位〔2014〕3号）中明确提出："加强质量保证和监督体系建设，在学位与研究生教育事业发展中具有重要作用。面对高层次人才培养的新形势，提高质量是研究生教育改革和发展最核心最紧迫的任务，亟需进一步完善与研究生教育强国建设相适应、符合国情和遵循研究生教育规律的质量保证和监督体系。"教育部2015年工作要点中也明确指出："要深化专业学位研究生培养模式改革，加快建设研究生质量保障体系"。在这一宏观背景下，本书的研究旨在全面分析当前我国教育硕士专业学位研究生培养质量的现状，分析培养中存在的主要问题，最终提出提升教育硕士培养质量的对策建议，从而为我国教育硕士专业学位研究生培养的发展提供实践依据，提高教育硕士专业学位研究生的培养质量和专业学位声誉，增强教育硕士专业学位研究生的竞争力。同时，也为全国教育专业学位研究生教育指导委员会制定工作规划和政策咨询提供依据。

二、调查内容与思路

（一）调查内容

本书主要通过对理论导师和任课教师、实践导师、教育硕士毕业生所在单位及在校生和毕业生5大群体进行问卷调查，从培养条件、培养过程及培养成效3个维度全面了解教育硕士研究生的质量现状。

1. 培养条件维度

主要了解师生对教师（校内导师、任课教师、实践导师），实训教室及实验设施，网络及图书资源，案例教学资源，实践教学基地，教育硕士管理工作等方面的认知状况和满意度。

2. 培养过程维度

通过对师生的调查，主要了解其对培养过程各方面的认知状况及满意度。主要包括以下内容：

①生源质量调查；

②培养目标定位调查；

③课程教学方面的调查；

④实践教学方面的调查；

⑤案例教学方面的调查。

3. 培养成效维度

通过对理论导师、实践导师、用人单位和毕业生的调查，主要了解其对培养成效方面的认知状况及满意度。主要包括以下内容：

①学位论文质量调查；

②毕业生综合素养调查；

③毕业生自我认知调查。

（二）调查思路

本书遵循发现问题—分析问题—解决问题的研究思路，对我国教育硕士专业学位研究生培养质量进行全面、综合、实证的研究。在概念界定、文献综述的基础上，以教育硕士专业学位研究生培养质量的现状为轴心，通过对院校的教师和管理者、在校生和毕业生、社会用人单位三方面的问卷及访谈调查得到的大量实证数据进行分析与描述，提出提高培养质量的对策建议（见图3-2-1）。

三、调查问卷与访谈的设计与实施

（一）调查问卷的设计与实施

本调查研究围绕着培养条件、培养过程、培养成效3个维度，共设计了5份问卷，即选取了5类群体作为调查对象，分别是在校生、毕业生、理论导师和任课教师、实践导师、毕业生用人单位负责人，分别对这5类对象进行了全日制教育硕士培养质量的认知状况及满意度调查，所用问卷均是在借鉴国内学者相关研究基础上自行编制而成的。

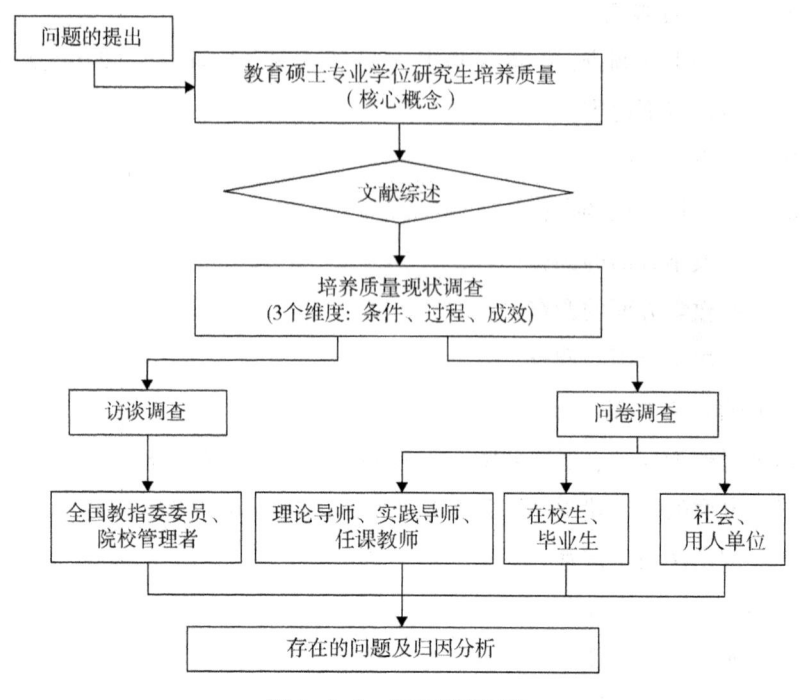

```
┌──────────┐
│ 问题的提出 │──┐
└──────────┘  │
              ▼
        ┌──────────────────────┐
        │ 教育硕士专业学位研究生培养质量 │
        │      （核心概念）      │
        └──────────────────────┘
                  │
                  ▼
              ◇文献综述◇
                  │
                  ▼
        ┌──────────────────────┐
        │    培养质量现状调查     │
        │ (3个维度：条件、过程、成效) │
        └──────────────────────┘
           │                │
           ▼                ▼
      ┌────────┐        ┌────────┐
      │ 访谈调查 │        │ 问卷调查 │
      └────────┘        └────────┘
         │            ┌─────┼─────┬─────┐
         ▼            ▼     ▼     ▼     ▼
   ┌──────────┐ ┌──────────┐┌────┐┌──────┐
   │全国教指委委员│ │理论导师、│ │在校生、││社会、│
   │、院校管理者 │ │实践导师、││毕业生││用人单位│
   │          │ │任课教师  ││    ││      │
   └──────────┘ └──────────┘└────┘└──────┘
                       │
                       ▼
              ┌──────────────────┐
              │ 存在的问题及归因分析 │
              └──────────────────┘
```

图 3-2-1　调查研究思路

此次调查依据院校审批批次和所在地区进行抽取的原则，共抽取9批次（全国目前共有10批教育硕士培养院校，但是由于在调查时第十批次刚刚招生，所以未列入调查对象；同时吉林大学由于被撤销授权资格也未计入院校总数）35所院校为调查对象。其中，进行在校生、校内导师、实践导师的调查院校为35所；由于第九批次院校尚无毕业生，因此进行毕业生调查的院校是前八批次中的29所，同时，针对毕业生所在用人单位又进行了跟踪调查。

本调查分两次进行。第一次调查为预测，于2017年3月份进行，发放问卷50份，包括全国教指委专家10人，目的是对问卷本身进行测量，以便发现问题，并及时修改问卷。第二次为正式调查，于2017年5—12月通过全国教指委下发至各院校进行调查。各问卷发放与回收的情况见表3-2-1。

第三章　全日制教育硕士总体分布及调查设计

表 3-2-1　问卷发放与回收情况一览

问卷类型	总份数	有效份数	有效份数占比/%
在校生问卷	2482	2055	82.8
毕业生问卷	2487	2236	89.9
理论导师和任课教师问卷	3539	3428	96.9
实践导师问卷	2707	2647	97.8
毕业生用人单位问卷	1813	1709	94.3

本书对全国139所具有教育硕士培养权的院校中的35所院校的在校生、理论导师和任课教师、实践导师进行抽样调查，并对其中具有毕业生的29所院校进行毕业生、社会用人单位的抽样调查，了解上述5类群体对教育硕士研究生培养质量的认知和满意度状况。调查样本院校具体情况见表3-2-2至表3-2-14。

表 3-2-2　在校生调查院校一览

序号	院校名称	序号	院校名称
1	北京师范大学	15	杭州师范大学
2	首都师范大学	16	安徽师范大学
3	中央民族大学	17	闽南师范大学
4	河北师范大学	18	江西师范大学
5	辽宁师范大学	19	赣南师范学院
6	沈阳师范大学	20	聊城大学
7	渤海大学	21	河南大学
8	东北师范大学	22	河南师范大学
9	吉林师范大学	23	华中师范大学
10	齐齐哈尔大学	24	黄冈师范学院
11	牡丹江师范学院	25	中南民族大学
12	华东师范大学	26	华南师范大学
13	扬州大学	27	广州大学
14	南通大学	28	广西民族大学

续表

序号	院校名称	序号	院校名称
29	重庆师范大学	33	陕西理工学院
30	西南大学	34	天水师范学院
31	贵州师范大学	35	伊犁师范学院
32	陕西师范大学	—	—

表3-2-3 在校生调查专业一览

序号	专业名称	序号	专业名称
1	学科教学·语文	8	学科教学·历史
2	学科教学·数学	9	学科教学·思政
3	学科教学·英语	10	小学教育
4	学科教学·物理	11	教育管理
5	学科教学·化学	12	现代教育技术
6	学科教学·生物	13	心理健康教育
7	学科教学·地理	—	—

表3-2-4 在校生调查院校按地区分布情况统计

地区	院校总数	调查院校数	调查院校数占比/%
东北	17	7	41.2
华北	25	4	16.0
华中	20	5	25.0
华东	38	9	23.7
华南	11	3	27.3
西北	15	4	26.7
西南	13	3	23.1
总计	139	35	25.2

数据来源：全国教指委秘书处。

第三章 全日制教育硕士总体分布及调查设计

表 3-2-5 毕业生调查院校一览

序号	院校名称	序号	院校名称
1	北京师范大学	16	赣南师范学院
2	首都师范大学	17	聊城大学
3	中央民族大学	18	河南大学
4	河北师范大学	19	河南师范大学
5	辽宁师范大学	20	华中师范大学
6	沈阳师范大学	21	黄冈师范学院
7	渤海大学	22	中南民族大学
8	东北师范大学	23	华南师范大学
9	吉林师范大学	24	广州大学
10	华东师范大学	25	重庆师范大学
11	扬州大学	26	西南大学
12	杭州师范大学	27	贵州师范大学
13	安徽师范大学	28	陕西师范大学
14	闽南师范大学	29	天水师范学院
15	江西师范大学	—	—

表 3-2-6 毕业生调查专业一览

序号	专业名称	序号	专业名称
1	学科教学·语文	9	学科教学·思政
2	学科教学·数学	10	学科教学·音乐
3	学科教学·英语	11	学科教学·美术
4	学科教学·物理	12	学科教学·体育
5	学科教学·化学	13	小学教育
6	学科教学·生物	14	教育管理
7	学科教学·地理	15	现代教育技术
8	学科教学·历史	16	心理健康教育

表 3-2-7　毕业生调查院校按地区分布情况统计

地区	院校总数	调查院校数	调查院校数占比/%
东北	10	5	50.0
华北	13	4	30.8
华中	16	5	31.3
华东	25	8	32.0
华南	7	2	28.6
西北	9	2	22.2
西南	9	3	33.3
总计	89	29	32.6

数据来源：全国教指委秘书处。

表 3-2-8　导师调查院校按地区分布情况统计

地区	院校总数	调查院校数	调查院校数占比/%
东北	17	7	41.2
华北	25	4	16.0
华中	20	5	25.0
华东	38	9	23.7
华南	11	3	27.3
西北	15	4	26.7
西南	13	3	23.1
总计	139	35	25.2

数据来源：全国教指委秘书处。

表 3-2-9　调查院校按不同审批批次分布情况统计

审批批次	院校总数	调查院校数	调查院校数占比/%
第一批	16	8	50.0
第二批	13	6	46.2
第三批	12	5	41.7
第四批	8	3	37.5
第五批	8	1	12.5

第三章　全日制教育硕士总体分布及调查设计

续表

审批批次	院校总数	调查院校数	调查院校数占比/%
第六批	14	2	14.3
第七批	7	2	28.6
第八批	7	2	28.6
第九批	50	6	12.0

数据来源：全国教指委秘书处。

表 3-2-10　调查院校按不同省（自治区、直辖市）分布情况统计

省（自治区、直辖市）	院校总数	调查院校数	调查院校数占比/%	省（自治区、直辖市）	院校总数	调查院校数	调查院校数占比/%
北京	11	3	27.3	陕西	6	2	33.3
上海	4	1	25.0	安徽	5	1	20.0
天津	3	0	0.0	四川	4	0	0.0
重庆	4	2	50.0	新疆	5	1	20.0
吉林	7	2	28.6	广东	8	2	25.0
辽宁	6	3	50.0	江西	3	2	66.7
山东	8	1	12.5	河北	3	1	33.3
浙江	6	1	16.7	黑龙江	5	2	40.0
江苏	9	2	22.2	广西	3	1	33.3
河南	6	2	33.3	贵州	2	1	50.0
湖北	7	3	42.9	甘肃	1	1	100.0
福建	2	1	50.0	—	—	—	—

数据来源：全国教指委秘书处。

表 3-2-11　调查院校按所在城市类别分布情况统计

城市类别	院校总数	调查院校数	调查院校数占比/%
直辖市	22	6	27.3
省会城市（自治区首府）	55	12	21.8
其他城市	58	17	29.3

数据来源：全国教指委秘书处。

表 3-2-12　调查院校按审批机构分布情况统计

审批机构	院校总数	调查院校数	调查院校数占比/%
全国教指委审批	78	27	34.6
自审或省审	57	8	14.0

数据来源：全国教指委秘书处。

表 3-2-13　调查院校按院校类型分布情况统计

院校类型	院校总数	调查院校数	调查院校数占比/%
师范类院校	58	23	39.7
非师范类院校	77	12	15.6

数据来源：全国教指委秘书处。

表 3-2-14　调查院校按隶属层次分布情况统计

隶属层次	院校总数	调查院校数	调查院校数占比/%
部属	28	8	28.6
省属	105	25	23.8
市属	9	2	22.2

数据来源：全国教指委秘书处。

（二）访谈的设计与实施

访谈调查启动于2017年5月，抽取43所院校的全国教指委委员、全日制教育硕士培养院校的各级管理者和教育硕士导师等共计61人。调查对象所在院校涉及22个省、自治区和直辖市，充分考虑了所在城市类别、院校类型、所属类别等分布情况（见表3-2-15）。同时，调查对象的选择也兼顾了职称、职务、对全日制教育硕士培养现状的了解程度等个人情况（见表3-2-16）。因此访谈对象具有代表性。

表 3-2-15　调查对象按所在院校分布情况一览

院校所在城市类别	人数	院校类型	人数	院校所属类别	人数
直辖市	11	师范类	45	部委	11
省会城市（自治区首府）	17	非师范类	12	地方	50
其他城市	33	实践基地	4	—	—
总计	61	总计	61	总计	61

表 3-2-16　调查对象按个人情况分布一览

调查对象职称	人数	调查对象职务	人数	调查对象对教育硕士培养现状的了解程度	人数
正高级	44	全国教指委委员（或兼学校职务）	20	非常了解	18
副高级	12	学校管理者	35	比较了解	23
其他	5	教育硕士导师	6	一般了解	20
总计	61	总计	61	总计	61

四、调查问卷的信度及效度

调查问卷回收后，录入数据库。然后运用 SPSS 21.0 对调查数据进行统计分析。同时，采用 SPSS 21.0 统计软件对问卷的信度和效度进行了分析。

（一）在校生问卷的信度与效度

在信度上，在在校生对母校、专业、导师、任课教师满意度调查中，在校生的总量表信度系数 Cronbach's Alpha 值为 0.926，说明本研究问卷中的问项均具有高程度的内部一致性，问卷在信度上具有可信性，由此得到的调查数据结果可信。

在效度上，在在校生对母校、专业、导师、任课教师的满意度调查中，在校生问卷量表的效度系数 KMO 值是 0.851，说明在校生问卷的效度较高，真实地反映了想要考察的内容。

（二）毕业生问卷的信度与效度

在信度上，在毕业生对母校总体的满意度调查中，毕业生的总量表信度系数 Cronbach's Alpha 值为 0.980。在毕业生认为母校的重要度调查中，毕业生问卷的总量表信度系数 Cronbach's Alpha 值为 0.952，说明本研究问卷中的问项均具有高程度的内部一致性，问卷在信度上具有可信性，由此得到的调查数据结果可信。在对毕业生综合素养的满意度调查中，毕业生的总量表信度系数 Cronbach's Alpha 值为 0.980。在教育硕士毕业生认为其综合素养各要素需要加强的程度调查中，毕业生问卷的总量表信度系数 Cronbach's Alpha 值为 0.978，说明本研究问卷中的问项均具有高程度的内部一致性，问卷在信度上具有可信性，由此得到的调查数据结果可信。

在效度上，在教育硕士毕业生对母校总体的满意度调查中，毕业生问卷量表的效度系数 KMO 值是 0.975。在毕业生认为其母校的重要度调查中，毕业生问卷量表的效度系数 KMO 值是 0.959，说明毕业生问卷的效度较高，真实地反映了想要考察的内容。在对教育硕士毕业生综合素养的满意度调查中，毕业生问卷量表的效度系数 KMO 值是 0.975。在教育硕士毕业生认为其综合素养各要素需要加强的程度调查中，毕业生问卷量表的效度系数 KMO 值是 0.970，说明毕业生问卷的效度较高，真实地反映了想要考察的内容。

（三）理论导师和任课教师问卷的信度与效度

在信度上，在理论导师对教育硕士培养要素的满意度调查中，理论导师问卷的量表信度系数 Cronbach's Alpha 值为 0.976，说明本研究问卷中的问项均具有高程度的内部一致性，问卷在信度上具有可信性，由此得到的调查数据结果可信。

在效度上，在理论导师对教育硕士培养要素的满意度调查中，理论导师问卷的量表效度系数 KMO 值是 0.978，说明问卷的效度较高，真实地反映了想要考察的内容。

（四）实践导师问卷的信度和效度

在信度上，在实践导师对教育硕士毕业生综合素养的满意度调查中，实践导师问卷的总量表信度系数 Cronbach's Alpha 值为 0.944。在指导教育硕士毕业生时，实践导师认为其综合素养需要加强的程度调查中，实践导师问卷的总量表信度系数 Cronbach's Alpha 为 0.964。说明本研究问卷中的问项均具有高程度的内部一致性，问卷在信度上具有可信性，由此得到的调查数据结果可信。

在效度上，在实践导师对教育硕士毕业生综合素养的满意度调查中，实践导师问卷量表的效度系数 KMO 值为 0.941。在对教育硕士培养的过程中，实践导师认为其综合素养各要素需要加强的程度调查中，实践导师问卷量表的效度系数为 KMO 值为 0.953。说明实践导师问卷的效度较高，真实地反映了想要考察的内容。

(五) 用人单位问卷的信度和效度

在信度上，在用人单位对教育硕士毕业生综合素养的满意度调查中，用人单位问卷的总量表信度系数 Cronbach's Alpha 值为 0.910。在招聘教育硕士毕业生时，用人单位认为综合素养各要素的重要度调查中，用人单位问卷的总量表信度系数 Cronbach's Alpha 值为 0.955，说明本研究问卷中的问项均具有高程度的内部一致性，问卷在信度上具有可信性，由此得到的调查数据结果可信。

在效度上，在用人单位对教育硕士毕业生综合素养的满意度调查中，用人单位问卷量表的效度系数 KMO 值是 0.850。在招聘教育硕士毕业生时，用人单位认为其综合素养各要素的重要度调查中，用人单位问卷量表的效度系数 KMO 值是 0.956，说明用人单位问卷的效度较高，真实地反映了想要考察的内容。

第四章　全日制教育硕士调查概况

第一节　导师概况

一、理论导师和任课教师概况

总计有 3539 位理论导师和任课教师参与问卷调查，经过筛选，排除无效问卷和整体样本数量不足 30 份的学校的问卷，剩余有效问卷的数量为 3428 份。

（一）理论导师和任课教师分布状况

1. 不同院校理论导师和任课教师规模

从表 4-1-1 中可以清楚地看到，调查院校中理论导师和任课教师人数最多的是贵州师范大学，有 223 人；最少的是渤海大学，只有 42 人；其中超过 200 人的学校是贵州师范大学（223 人）和陕西师范大学（215 人）；剩余的学校中，理论导师和任课教师人数主要集中在 42~177 人之间。

表 4-1-1　不同院校理论导师和任课教师规模

排名	院校名称	人数	占比/%
1	贵州师范大学	223	6.5
2	陕西师范大学	215	6.3
3	东北师范大学	177	5.2
4	华南师范大学	153	4.5
5	聊城大学	151	4.4
6	河南师范大学	152	4.4
7	广州大学	151	4.4

续表

排名	院校名称	人数	占比/%
8	闽南师范大学	135	3.9
9	重庆师范大学	135	3.9
10	杭州师范大学	119	3.5
11	吉林师范大学	117	3.4
12	牡丹江师范大学	115	3.4
13	首都师范大学	110	3.2
14	安徽师范大学	111	3.2
15	赣南师范大学	109	3.2
16	辽宁师范大学	107	3.1
17	江西师范大学	106	3.1
18	河北师范大学	104	3.0
19	西南大学	96	2.8
20	华中师范大学	94	2.7
21	中央民族大学	84	2.5
22	陕西理工学院	82	2.4
23	天水师范学院	81	2.4
24	齐齐哈尔大学	71	2.1
25	黄冈师范学院	62	1.8
26	沈阳师范大学	58	1.7
27	河南大学	59	1.7
28	扬州大学	55	1.6
29	北京师范大学	51	1.5
30	南通大学	52	1.5
31	伊犁师范学院	51	1.5
32	渤海大学	42	1.2
总计		3428	100.0

2. 不同专业理论导师和任课教师规模

在对理论导师和任课教师的 3428 份调查中，由于有 641 人未标注其所在专业，因此有效问卷份数为 2787 份。从表 4-1-2 中可以看出，在所调查的院校的理论导师和任课教师规模中，专业人数最多的是学科教学·语文，有 378 人，占总人数的 13.6%；专业人数最少的是学前教育，占总人数的 0.2%，只有 5 人。

表 4-1-2　不同专业理论导师和任课教师规模

排名	专业	人数	占比/%
1	学科教学·语文	378	13.6
2	学科教学·英语	360	12.9
3	现代教育技术	237	8.5
4	学科教学·数学	215	7.7
5	学科教学·思政	213	7.6
6	学科教学·音乐	206	7.4
7	学科教学·历史	175	6.3
8	学科教学·物理	161	5.8
9	学科教学·化学	157	5.6
10	学科教学·美术	151	5.4
11	学科教学·体育	149	5.3
12	小学教育	138	5.0
13	教育管理	125	4.5
14	学科教学·生物	90	3.2
15	心理健康教育	16	0.6
16	学科教学·地理	11	0.4
17	学前教育	5	0.2
总计		2787	100.0

3. 不同地区院校理论导师和任课教师规模

从表 4-1-3 中可以看出，位于华东地区的院校的理论导师和任课教师人数是最多的，有 838 人，占总人数的 24.4%；人数最少的地区是华南地区，有 304 人，占总人数的 9.0%。

表 4-1-3　不同地区院校理论导师和任课教师规模

地区	人数	占比/%
华东	838	24.4
东北	687	20.0
西南	454	13.2
西北	429	12.5
华中	367	10.7
华北	349	10.2
华南	304	9.0
总计	3428	100.0

4. 不同审批批次院校理论导师和任课教师规模

所调查的院校当中没有涉及第十批次院校，只有第一批次到第九批次院校，其中第一批次院校理论导师和任课教师人数最多，有893人，占总数的26.1%；人数最少的是第七批次院校，有84人，占总数的2.5%（见表4-1-4）。

表 4-1-4　不同审批批次院校理论导师和任课教师规模

审批批次	人数	占比/%
第一批	893	26.1
第二批	641	18.7
第三批	498	14.5
第四批	437	12.7
第五批	117	3.4
第六批	244	7.1
第七批	84	2.5
第八批	143	4.2
第九批	371	10.8
总计	3428	100.0

5. 不同隶属层次院校理论导师和任课教师规模

所调查的省属院校理论导师和任课教师人数为2466人，占总数的一半以上，有71.9%；部属院校717人，占总数的20.9%；市属院校占总数的7.2%，只有245人（见表4-1-5）。

表4-1-5　不同隶属层次院校理论导师和任课教师规模

隶属层次	人数	占比/%
部属	717	20.9
省属	2466	71.9
市属	245	7.2
总计	3428	100.0

6. 不同省（自治区、直辖市）院校理论导师和任课教师规模

从表4-1-6中可以了解到不同省（自治区、直辖市）院校的理论导师和任课教师规模，人数最多的是广东，有304人；人数最少的是新疆，有51人。

表4-1-6　不同省（自治区、直辖市）院校理论导师和任课教师规模

排名	省（自治区、直辖市）	人数	占比/%
1	广东	304	8.9
2	陕西	297	8.7
3	吉林	294	8.6
4	北京	245	7.1
5	重庆	231	6.7
6	贵州	223	6.5
7	江西	215	6.3
8	河南	211	6.2
9	辽宁	207	6.0
10	黑龙江	186	5.4
11	湖北	156	4.6
12	山东	151	4.4
13	福建	135	3.9
14	浙江	119	3.5
15	安徽	111	3.2

续表

排名	省（自治区、直辖市）	人数	占比/%
16	江苏	107	3.1
17	河北	104	3.0
18	甘肃	81	2.4
19	新疆	51	1.5
总计		3428	100.0

7. 不同类别城市院校理论导师和任课教师规模

从表4-1-7中可以了解到不同类别城市院校的理论导师和任课教师规模，人数最多的是其他城市，有1552人，占总人数的45.3%；人数最少的是直辖市，有476人，占总人数的13.9%。

表4-1-7 不同类别城市院校理论导师和任课教师规模

城市类别	人数	占比/%
直辖市	476	13.9
省会城市（自治区首府）	1400	40.8
其他城市	1552	45.3
总计	3428	100.0

8. 不同审批机构院校理论导师和任课教师规模

从表4-1-8中可以了解到不同审批机构院校的理论导师和任课教师规模，全国教指委审批院校的教师有2973人，占总人数的86.7%；自审或省审院校的教师有455人，占总人数的13.3%。

表4-1-8 不同审批机构院校理论导师和任课教师规模

审批机构	人数	占比/%
全国教指委审批	2973	86.7
自审或省审	455	13.3
总计	3428	100.0

9. 不同类型院校理论导师和任课教师规模

从表 4-1-9 中可以了解到不同类型院校的理论导师和任课教师规模，师范类院校的教师有 2585 人，占总人数的 75.4%；非师范类院校的教师有 843 人，占总人数的 24.6%。

表 4-1-9　不同类型院校理论导师和任课教师规模

院校类型	人数	占比/%
师范类院校	2585	75.4
非师范类院校	843	24.6
总计	3428	100.0

（二）理论导师和任课教师个人情况

1. 年龄

从理论导师和任课教师年龄总体分布情况中可以看出，接受调查的理论导师和任课教师，55 岁及以上的 397 人，占总人数的 11.6%；45~54 岁的有 1474 人，占总人数的 43.0%；35~44 岁的有 1281 人，占总人数的 37.4%；35 岁以下的有 276 人，占总人数的 8.0%（见表 4-1-10）。

表 4-1-10　理论导师和任课教师年龄分布情况

年龄	人数	占比/%
55 岁及以上	397	11.6
45~54 岁	1474	43.0
35~44 岁	1281	37.4
35 岁以下	276	8.0
总计	3428	100.0

2. 学历

从理论导师和任课教师学历总体分布情况中可以看出，接受调查的理论导师和任课教师多数为博士研究生学历，占总人数的 56.0%；硕士研究生学历占总人数的 29.9%；大学本科学历占总人数的 13.6%；只有极少数为大学本科以下学历，占总人数的 0.6%（见表 4-1-11）。

表 4-1-11 理论导师和任课教师学历分布情况

学历	人数	占比/%
博士研究生	1918	56.0
硕士研究生	1024	29.9
大学本科	467	13.6
大学本科以下	19	0.5
总计	3428	100.0

3. 职称

从理论导师和任课教师职称总体分布情况中可以看出，接受调查的理论导师和任课教师职称多数为副高级，有1671人，占总人数的48.7%；正高级有1300人，占总人数的37.9%；中级有344人，占总人数的10.1%；其他为113人，占总人数的3.3%（见表4-1-12）。

表 4-1-12 理论导师和任课教师职称分布情况

职称	人数	占比/%
正高级	1300	37.9
副高级	1671	48.7
中级	344	10.1
其他	113	3.3
总计	3428	100.0

4. 前置院校及专业学习经历

（1）前置院校经历

从理论导师和任课教师毕业院校总体分布情况中可以看出，接受调查的理论导师和任课教师中毕业院校为师范类院校的有3077人，占总人数的89.8%；非师范类院校毕业的有351人，占总人数的10.2%，可见大多数教育硕士理论导师和任课教师为师范类院校毕业（见表4-1-13）。

表 4-1-13　理论导师和任课教师毕业院校中师范类院校分布情况

毕业于师范类院校	人数	占比/%
是	3077	89.8
否	351	10.2
总计	3428	100.0

（2）前置专业学习经历

从理论导师和任课教师所学专业总体分布情况中可以看出，接受调查的理论导师和任课教师中所学专业有教育学类相关专业的有3037人，占总人数88.6%；非教育学类相关专业的有391人，占总人数11.4%。可见大多数教育硕士理论导师和任课教师所学专业为教育学相关专业（见表4-1-14）。

表 4-1-14　理论导师和任课教师所学专业为教育学类相关专业分布情况

专业为教育学类相关	人数	占比/%
是	3037	88.6
否	391	11.4
总计	3428	100.0

5. 基础教育教研经历

从理论导师和任课教师工作经历总体分布情况中可以看出，接受调查的理论导师和任课教师中具备基础教育教研经历的有2462人，占总人数的71.8%；无基础教育教研经历的有966人，占总人数的28.2%。可见大多数教育硕士理论导师和任课教师具备基础教育教研经历（见表4-1-15）。

表 4-1-15　理论导师和任课教师基础教育教研经历分布情况

具有基础教育教研经历	人数	占比/%
是	2462	71.8
否	966	28.2
总计	3428	100.0

二、实践导师概况

(一) 实践导师分布状况

总计有 2700 个实践导师参与问卷调查,经过筛选,排除无效问卷和整体样本数量不足 30 份的学校的问卷,剩余有效问卷的数量为 2647 份。

1. 不同院校实践导师规模

从表 4-1-16 中可以清楚地看到,调查院校中实践导师人数最多的是东北师范大学,有 314 人;最少的是黄冈师范学院,只有 32 人;其中超过 200 人的学校是东北师范大学(314 人)、华南师范大学(215 人)和陕西师范大学(203 人);剩余的学校实践导师人数主要集中在 33~153 人之间。

表 4-1-16 不同院校实践导师规模

排名	院校名称	人数	占比/%
1	东北师范大学	314	11.9
2	华南师范大学	215	8.1
3	陕西师范大学	203	7.7
4	首都师范大学	153	5.8
5	河南师范大学	143	5.4
6	沈阳师范大学	121	4.6
7	杭州师范大学	110	4.2
8	赣南师范大学	110	4.2
9	安徽师范大学	99	3.7
10	华中师范大学	96	3.6
11	贵州师范大学	77	2.9
12	中央民族大学	74	2.8
13	重庆师范大学	66	2.5
14	辽宁师范大学	63	2.4
15	吉林师范大学	61	2.3
16	西南大学	61	2.3
17	天水师范学院	61	2.3
18	牡丹江师范学院	59	2.2
19	扬州大学	57	2.2

续表

排名	院校名称	人数	占比/%
20	闽南师范大学	56	2.1
21	河北师范大学	54	2.0
22	华东师范大学	47	1.8
23	陕西理工学院	47	1.8
24	广州大学	43	1.6
25	河南大学	42	1.6
26	江西师范大学	40	1.5
27	渤海大学	38	1.4
28	伊犁师范学院	37	1.4
29	北京师范大学	35	1.3
30	聊城大学	33	1.2
31	黄冈师范学院	32	1.2
总计		2647	100.0

2. 不同地区院校实践导师规模

从表4-1-17中可以看出，位于东北地区的院校中实践导师人数是最多的，有658人，占总人数的24.9%；人数最少的地区是西南地区，有204人，占总人数的7.7%。

表4-1-17　不同地区院校实践导师规模

地区	人数	占比/%
东北	658	24.9
华东	552	20.9
西北	348	13.1
华北	315	11.9
华中	311	11.7
华南	259	9.8
西南	204	7.7
总计	2647	100.0

3. 不同批次院校实践导师规模

所调查的院校当中没有涉及第十批次院校,只有第一批次到第九批次,其中第一批次院校人数最多,有1033人,占总人数的39.0%;人数最少的是第五批次院校,有61人,占总人数的2.3%(见表4-1-18)。

表4-1-18 不同批次院校实践导师规模

审批批次	人数	占比/%
第一批	1033	39.0
第二批	612	23.1
第三批	324	12.2
第四批	142	5.4
第五批	61	2.3
第六批	166	6.3
第七批	73	2.8
第八批	93	3.5
第九批	143	5.4
总计	2647	100.0

4. 不同隶属层次院校实践导师规模

调查有效问卷中的实践导师总人数为2647人,省属院校实践导师占据总人数的一半以上,有60.5%,共1601人;部属院校827人,占总人数的31.2%;市属院校占总人数的8.3%,只有219人(见表4-1-19)。

表4-1-19 不同隶属层次院校实践导师规模

隶属层次	人数	占比/%
部属	827	31.2
省属	1601	60.5
市属	219	8.3
总计	2647	100.0

5. 不同省（自治区、直辖市）院校实践导师规模

从表 4-1-20 中可以了解到不同省（自治区、直辖市）院校的实践导师规模，人数最多的是吉林，有 375 人；人数最少的是山东，有 33 人。

表 4-1-20　不同省（自治区、直辖市）院校实践导师规模

排名	省（自治区、直辖市）	人数	占比/%
1	吉林	375	14.2
2	北京	261	9.9
3	广东	259	9.8
4	陕西	250	9.4
5	辽宁	224	8.5
6	河南	185	7.0
7	江西	150	5.7
8	重庆	127	4.8
9	湖北	126	4.8
10	浙江	110	4.2
11	安徽	99	3.7
12	贵州	77	2.9
13	甘肃	61	2.3
14	黑龙江	59	2.2
15	江苏	57	2.1
16	福建	56	2.1
17	河北	54	2.0
18	上海	47	1.8
19	新疆	37	1.4
20	山东	33	1.2
总计		2647	100.0

6. 不同类别城市院校实践导师规模

从表 4-1-21 中可以了解到不同类别城市院校的实践导师规模，人数最多的是省会城市（自治区首府），有 1274 人，占总人数的 48.2%；人数最少的是直辖市，有 435 人，占总人数的 16.4%。

表 4-1-21 不同类别城市院校实践导师规模

城市类别	人数	占比/%
直辖市	435	16.4
省会城市（自治区首府）	1274	48.2
其他城市	938	35.4
总计	2647	100.0

7. 不同审批机构院校实践导师规模

从表 4-1-22 中可以了解到不同审批机构院校的实践导师规模，全国教指委审批院校的教师有 2431 人，占总人数的 91.8%；自审或省审院校的教师有 216 人，占总人数的 8.2%。

表 4-1-22 不同审批机构院校实践导师规模

审批机构	人数	占比/%
全国教指委审批	2431	91.8
自审或省审	216	8.2
总计	2647	100.0

8. 不同类型院校实践导师规模

从表 4-1-23 中可以了解到不同类型院校的实践导师规模，师范类院校的教师有 2253 人，占总人数的 85.1%；非师范类院校的教师有 394 人，占总人数的 14.9%。

表 4-1-23 不同类型院校实践导师规模

院校类型	人数	占比/%
师范类院校	2253	85.1
非师范类院校	394	14.9
总计	2647	100.0

（二）实践导师个人情况

1. 年龄

通过实践导师年龄总体分布情况可以看到，55 岁及以上实践导师人数最少，192 人，占总人数的 7.3%；最多的人数分布是 45~54 岁的人群，1101 人，占总人数的 41.6%；35~44 岁的人数仅次于 45~54 岁的人群，占总人数的 37.2%。通过数据可以发现导师大多集中在 35~54 岁的人群，这说明实践导师大多是中年人群，这类人员实践阅历丰富，能够紧跟时代步伐，指导学生有足够的精力（见表 4-1-24）。

表 4-1-24 实践导师年龄分布情况

年龄	人数	占比/%
55 岁及以上	192	7.3
45~54 岁	1101	41.6
35~44 岁	985	37.2
35 岁以下	369	13.9
总计	2647	100.0

2. 学历

通过实践导师学历总体分布情况可以看出，博士研究生学历的实践导师人数比较少，只占到了总人数的 2.8%，大学本科学历的实践导师最多，占总人数的 67.8%。高端学历的实践导师占比较小（见表 4-1-25）。

表 4-1-25 实践导师学历分布情况

学历	人数	占比/%
博士研究生	75	2.8
硕士研究生	709	26.8
大学本科	1793	67.8
大学本科以下	70	2.6
总计	2647	100.0

3. 职称

通过实践导师职称总体分布情况可以发现，实践导师职称分布占比由高到低分别是：中学高级，1665 人，占比 62.9%；中学一级，470 人，占比 17.8%；其他，268 人，占比 10.1%；小学高级，151 人，占比 5.7%；小学一级，93人，占比3.5%（见表4-1-26）。

表4-1-26 实践导师职称分布情况

职称	人数	占比/%
中学高级	1665	62.9
中学一级	470	17.8
小学高级	151	5.7
小学一级	93	3.5
其他	268	10.1
总计	2647	100.0

4. 教龄

通过实践导师教龄分布情况可以发现，实践导师教龄分布占比由高到低分别是：10年及以上、7~9年、4~6年、1~3年，分别占总人数的81.5%、7.8%、6.8%、3.9%（见表4-1-27）。

表4-1-27 实践导师教龄分布情况

教龄	人数	占比/%
10年及以上	2158	81.5
7~9年	205	7.8
4~6年	181	6.8
1~3年	103	3.9
总计	2647	100.0

5. 职务

通过实践导师在校职务总体分布情况可以发现，实践导师在校职务中，校级领导共380人，占总人数的12.2%；中层领导人数为456人，占总人数的14.6%；年级组长或教研组长人数为772人，占总人数的24.8%；班主任人数为641人，占总人数的20.6%；普通教师为864人，占总人数的27.8%（见表4-1-28）。

表 4-1-28　实践导师在校职务分布情况

在校职务	人数	占比/%
校级领导	380	12.2
中层领导	456	14.6
年级组长或教研组长	772	24.8
班主任	641	20.6
普通教师	864	27.8
总计	3113	100.0

第二节　学生概况

一、在校生概况

（一）在校生的分布情况

总计有 2482 名学生参与问卷调查，经过筛选，排除无效问卷和整体样本数量不足 30 份的学校的问卷，剩余有效问卷的数量为 2055 份。

1. 不同院校在校生规模

从表 4-2-1 中可以清楚地看到，调查院校中在校生人数最多的是东北师范大学，有 457 人；最少的是西南大学，只有 30 人；其余院校中超过 100 个在校生的是吉林师范大学（161 人）、沈阳师范大学（131 人）、首都师范大学（126 人）、华南师范大学（114 人）、华中师范大学（101 人）；剩余的学校在校生人数主要集中在 31~92 人之间。

表 4-2-1　不同院校在校生规模

排名	院校名称	人数	占比/%
1	东北师范大学	457	22.2
2	吉林师范大学	161	7.8
3	沈阳师范大学	131	6.4
4	首都师范大学	126	6.1
5	华南师范大学	114	5.6

续表

排名	院校名称	人数	占比/%
6	华中师范大学	101	4.9
7	杭州师范大学	92	4.5
8	贵州师范大学	75	3.7
9	陕西师范大学	57	2.8
10	渤海大学	54	2.6
11	安徽师范大学	52	2.5
12	辽宁师范大学	49	2.4
13	河北师范大学	48	2.3
14	广州大学	47	2.3
15	河南师范大学	46	2.2
16	重庆师范大学	42	2.1
17	牡丹江师范学院	41	2.0
18	中央民族大学	40	1.9
19	聊城大学	35	1.7
20	扬州大学	35	1.7
21	赣南师范学院	34	1.7
22	北京师范大学	33	1.6
23	黄冈师范学院	31	1.5
24	河南大学	31	1.5
25	江西师范大学	31	1.5
26	闽南师范大学	31	1.5
27	华东师范大学	31	1.5
28	西南大学	30	1.5
总计		2055	100.0

2. 不同专业院校在校生规模

从表4-2-2中可以看出在所调查的院校中，专业人数最多的是学科教学·语文，有359人，占总人数的17.5%；专业人数最少的是教育管理，占总人数的2.0%，有41人。

表 4-2-2　不同专业院校在校生规模

排名	专业名称	人数	占比/%
1	学科教学·语文	359	17.5
2	学科教学·英语	332	16.2
3	学科教学·思政	190	9.2
4	小学教育	176	8.6
5	学科教学·数学	172	8.3
6	现代教育技术	146	7.1
7	学科教学·生物	124	6.0
8	学科教学·历史	103	5.0
9	学科教学·化学	97	4.7
10	学科教学·物理	96	4.7
11	学科教学·地理	89	4.3
12	心理健康教育	69	3.4
13	学前教育	61	3.0
14	教育管理	41	2.0
总计		2055	100.0

3. 不同地区院校在校生规模

通过表 4-2-3 可以看出，位于东北地区的院校在校生人数是最多的，有 893 人；在校生人数最少的是西北地区，有 57 人。

表 4-2-3　不同地区院校在校生规模

地区	人数	占比/%
东北	893	43.5
华东	341	16.6
华中	251	12.2
华北	247	12.0
华南	161	7.8
西南	105	5.1
西北	57	2.8
总计	2055	100.0

4. 不同审批批次院校在校生规模

所调查的院校当中没有第十批次院校，只有第一批次到第九批次，其中第一批次院校人数最多，有873人，占总人数的42.5%；人数最少的是第八批次院校，有31人，占总人数的1.5%（见表4-2-4）。

表4-2-4　不同审批批次院校在校生规模

审批批次	人数	占比/%
第一批	873	42.5
第二批	434	21.1
第三批	287	14.0
第四批	82	4.0
第五批	160	7.8
第六批	65	3.1
第七批	82	4.0
第八批	31	1.5
第九批	41	2.0
总计	2055	100.0

5. 不同隶属层次院校在校生规模

所调查的省属院校在校生人数占总人数的一半以上，有55.3%；部属院校在校生人数占总人数的38.5%；市属院校在校生人数占总人数的6.1%，只有126人（见表4-2-5）。

表4-2-5　不同隶属层次院校在校生规模

隶属层次	在校生人数	占比/%
部属	792	38.6
省属	1137	55.3
市属	126	6.1
总计	2055	100.0

6. 不同省（自治区、直辖市）院校在校生规模

从表 4-2-6 中可以了解到不同省（自治区、直辖市）院校的在校生规模，在校生人数最多的是吉林，有 618 人；其次是辽宁，有 234 人；人数最少的是重庆，有 30 人。

表 4-2-6　不同省（自治区、直辖市）院校在校生规模

排名	省（自治区、直辖市）	人数	占比/%
1	吉林	618	30.1
2	辽宁	234	11.4
3	北京	199	9.7
4	湖北	174	8.5
5	广东	161	7.8
6	浙江	92	4.5
7	河南	77	3.7
8	贵州	75	3.6
9	江西	65	3.2
10	陕西	57	2.8
11	安徽	52	2.5
12	河北	48	2.3
13	黑龙江	41	2.0
14	山东	35	1.7
15	江苏	35	1.7
16	福建	31	1.5
17	上海	31	1.5
18	重庆	30	1.5
总计		2055	100.0

7. 不同类别城市院校在校生规模

从表 4-2-7 可以清楚地了解到在所调查的院校当中，58.2% 的在校生位于省会城市（自治区首府），有 1196 人；12.7% 的在校生位于直辖市，有 260 人；位于其他城市的在校生人数占总人数的 29.1%，有 599 人。

表 4-2-7　不同类别城市院校在校生规模

城市类别	人数	占比/%
直辖市	260	12.7
省会城市（自治区首府）	1196	58.2
其他城市	599	29.1
总计	2055	100.0

8. 不同审批机构院校在校生规模

从不同审批机构来看在校生的规模，位于全国教指委审批院校的学生占据总人数的 95.3%，有 1958 人；剩余的 97 人属于自审或省审院校（见表 4-2-8）。

表 4-2-8　不同审批机构院校在校生规模

审批机构	人数	占比/%
全国教指委审批	1958	95.3
自审或省审	97	4.7
总计	2055	100.0

9. 不同类型院校在校生规模

所调查的院校划分为师范类院校和非师范类院校，其中师范类院校占据大部分，有 86.0%；剩余的 14.0% 属于非师范类院校（见表 4-2-9）。

表 4-2-9　不同类型院校在校生规模

院校类型	人数	占比/%
师范类院校	1767	86.0
非师范类院校	288	14.0
总计	2055	100.0

（二）在校生个体情况

1. 家庭所在地

从在校生家庭所在地总体分布情况可以看出：家庭所在地位于村的在校生人数是最多的，有 671 人，占总人数的 32.7%；家庭位于省会城市（自治区首府）或直辖市的在校生人数最少，有225人（见表4-2-10）。

表4-2-10 在校生家庭所在地分布情况

家庭所在地	人数	占比/%
省会（自治区首府）或直辖市	225	10.9
其他城市	434	21.1
县城	441	21.5
乡镇	284	13.8
村	671	32.7
总计	2055	100.0

2. 父母受教育程度

从在校生父母受教育程度总体分布情况可以看出，在校生父母受教育程度主要集中在初中和高中。初中教育水平中，父亲人数占总数的36.7%、母亲人数占总数的35.2%。从初中开始，无论父亲还是母亲，随受教育程度的提高，人数都呈现递减的趋势。除了小学教育水平中母亲人数高于父亲人数，其他层次的教育水平中，都是父亲人数多于母亲人数（见表4-2-11）。

表4-2-11 在校生父母受教育程度分布情况

在校生父亲受教育水平			在校生母亲受教育水平		
受教育水平	人数	占比/%	受教育水平	人数	占比/%
硕士及以上	15	0.7	硕士及以上	8	0.3
本科	164	8.0	本科	121	5.9
大专	300	14.6	大专	256	12.5
高中	622	30.3	高中	604	29.4
初中	755	36.7	初中	723	35.2
小学及以下	199	9.7	小学及以下	343	16.7
总计	2055	100.0	总计	2055	100.0

3. 教师工作经历

从在校生是否有过教师工作经历总体分布情况中，可以清楚地知道，在所调查的在校生当中，具有教师工作经历的比例为 44.5%，没有教师工作经历的比例是 55.5%，相差 11.0%（见表 4-2-12）。

表 4-2-12　在校生教师工作经历分布情况

具有教师工作经历	人数	占比/%
是	1141	44.5
否	914	55.5
总计	2055	100.0

二、毕业生概况

此次调查共抽取 22 所院校，总计 2487 名学生参与问卷调查，经过筛选，排除无效问卷和整体样本数量不足 30 份的学校的问卷，剩余有效问卷的数量为 2236 份。

（一）毕业生的分布情况

1. 不同院校毕业生规模

在所调查院校中毕业生人数最多的是东北师范大学，有 307 人，占总人数的 13.7%；最少的是河南大学，只有 37 人，占总人数的 1.7%。除东北师范大学外，超过 200 人的学校是华中师范大学（220 人），占 9.8%；首都师范大学（207 人），占 9.3%（见表 4-2-13）。

表 4-2-13　不同院校毕业生规模

排名	院校名称	人数	占比/%
1	东北师范大学	307	13.7
2	华中师范大学	220	9.8
3	首都师范大学	207	9.3
4	河南师范大学	131	5.9
5	河北师范大学	111	5.0
6	华南师范大学	107	4.8
7	陕西师范大学	101	4.5
8	北京师范大学	91	4.1

续表

排名	院校名称	人数	占比/%
9	重庆师范大学	89	4.0
10	贵州师范大学	89	4.0
11	安徽师范大学	85	3.8
12	渤海大学	83	3.7
13	辽宁师范大学	74	3.3
14	聊城大学	72	3.2
15	赣南师范大学	71	3.2
16	江西师范大学	70	3.1
17	广州大学	68	3.0
18	杭州师范大学	62	2.8
19	吉林师范大学	56	2.5
20	沈阳师范大学	54	2.4
21	扬州大学	51	2.3
22	河南大学	37	1.6
	总计	2236	100.0

2. 不同专业毕业生规模

在所调查的专业中，毕业生专业人数最多的是学科教学·英语，有414人，占总数的18.5%；第二是学科教学·语文，有313人，占总人数的14.0%；第三是学科教学·思政，有207人，占总人数的9.3%；专业人数最少的是学科教学·体育，占总人数的1.4%，只有31人（见表4-2-14）。

表4-2-14　不同专业毕业生规模

排名	专业名称	人数	占比/%
1	学科教学·英语	414	18.5
2	学科教学·语文	313	14.0
3	学科教学·思政	207	9.3
4	学科教学·数学	154	6.9
5	现代教育技术	152	6.8
6	学科教学·物理	139	6.2

续表

排名	专业名称	人数	占比/%
7	心理健康教育	125	5.6
8	学科教学·历史	119	5.3
9	学科教学·地理	111	5.0
10	学科教学·化学	109	4.9
11	学科教学·生物	101	4.5
12	小学教育	93	4.1
13	学科教学·美术	49	2.2
14	学科教学·音乐	46	2.0
15	学前教育	40	1.8
16	教育管理	33	1.5
17	学科教学·体育	31	1.4
总计		2236	100.0

3. 不同地区院校毕业生规模

在所调查的院校中，位于东北地区的院校的毕业生人数是最多的，有574人，占总人数的25.7%；人数最少的是西北地区，有101人，占4.5%（见表4-2-15）。

表4-2-15 不同地区院校毕业生规模

地区	人数	占比/%
东北	574	25.7
华东	411	18.4
华北	395	17.7
华中	388	17.3
西南	192	8.6
华南	175	7.8
西北	101	4.5
总计	2236	100.0

4. 不同审批批次院校毕业生规模

所调查的院校只有第一批次到第六批次，其中第一批次院校毕业生人数最多，有900人，占总人数的40.3%；人数最少的是第五批次院校，有56人，占总人数的2.52%（见表4-2-16）。

表4-2-16　不同审批批次院校毕业生规模

审批批次	人数	占比/%
第一批	900	40.3
第二批	658	29.4
第三批	322	14.4
第四批	229	10.2
第五批	56	2.5
第六批	71	3.2
总计	2236	100.0

5. 不同隶属层次院校毕业生规模

所调查的省属院校毕业生人数最多，为1221人，占总人数的54.6%；部属院校为719人，占32.2%；市属院校只有296人，占13.2%（见表4-2-17）。

表4-2-17　不同隶属层次院校毕业生规模

隶属层次	人数	占比/%
部属	719	32.2
省属	1221	54.6
市属	296	13.2
总计	2236	100.0

6. 不同省（自治区、直辖市）院校毕业生规模

在不同省（自治区、直辖市）院校的毕业生规模中，毕业生人数最多的是吉林，有363人，占16.2%；人数最少的是江苏，有51人，占2.3%（见表4-2-18）。

表 4-2-18 不同省（自治区、直辖市）院校毕业生规模

排名	省（自治区、直辖市）	人数	占比/%
1	吉林	363	16.2
2	北京	298	13.3
3	湖北	220	9.8
4	辽宁	211	9.5
5	广东	175	7.8
6	河南	168	7.5
7	江西	141	6.3
8	河北	111	5.0
9	陕西	101	4.5
10	重庆	89	4.0
11	贵州	89	4.0
12	安徽	85	3.8
13	山东	72	3.2
14	浙江	62	2.8
15	江苏	51	2.3
	总计	2236	100.0

7. 不同类别城市院校毕业生规模

在不同类别城市院校毕业生规模中，可以了解到在所调查的院校当中，50.6%的毕业生位于省会城市（自治区首府），有1132人；位于直辖市的毕业生有387人；位于其他城市的毕业生占据总人数的32.1%（见表4-2-19）。

表 4-2-19 不同类别城市院校毕业生规模

城市类别	人数	占比/%
直辖市	387	17.3
省会城市（自治区首府）	1132	50.6
其他城市	717	32.1
总计	2236	100.0

8. 不同类型院校毕业生规模

所调查的院校划分为师范类院校和非师范类院校，其中师范类院校有1925人，占86.1%；剩余的311人属于非师范类院校，占13.9%（见表4-2-20）。

表4-2-20 不同类型院校毕业生规模

院校类型	人数	占比/%
师范类院校	1925	86.1
非师范类院校	311	13.9
总计	2236	100.0

（二）毕业生个体情况

1. 毕业年限

毕业生毕业年限总体分布情况显示，毕业1~2年的人数最多，占总人数的38.3%；毕业不足1年的，占32.0%；毕业3~4年的，占23.4%；人数最少的是毕业5~6年的，占6.4%（见表4-2-21）。

表4-2-21 毕业生毕业年限分布情况

毕业年限	人数	占比/%
5~6年	143	6.4
3~4年	523	23.3
1~2年	856	38.3
不足1年	714	32.0
总计	2236	100.0

2. 生源地

在毕业生生源地总体分布情况中，生源地位于省会城市（自治区首府）或直辖市的毕业生人数是最多的，有676人，占总人数的30.2%；位于乡镇的最少，有254人，占11.3%（见表4-2-22）。

第四章 全日制教育硕士调查概况

表 4-2-22 毕业生生源地分布情况

生源地	人数	占比/%
省会城市（自治区首府）或直辖市	676	30.2
其他城市	377	16.9
县城	462	20.7
乡镇	254	11.3
村	467	20.9
总计	2236	100.0

3. 教师工作经历

从毕业生攻读硕士学位前是否有过教师工作经历总体分布情况可以看出，在所调查的毕业生当中，无教师工作经历的占 66.8%，有教师工作经历的比例是 33.2%（见表 4-2-23）。

表 4-2-23 毕业生攻读硕士学位前教师工作经历分布情况

具有教师工作经历	人数	占比/%
是	743	33.2
否	1494	66.8
总计	2236	100.0

4. 工作所在地

从毕业生工作所在地总体分布情况中可以看出，在村的毕业生占 2.2%，乡镇的占 5.9%，县城的占 13.7%，其他城市的占 39.2%，省会城市（自治区首府）或直辖市的占 39.0%（见表 4-2-24）。

表 4-2-24 毕业生工作所在地分布情况

工作所在地	人数	占比/%
省会城市（自治区首府）或直辖市	872	39.0
其他城市	877	39.2
县城	306	13.7
乡镇	132	5.9
村	49	2.2
总计	2236	100.0

第三节 访谈专家概况

一、专家所在院校概况

本调研共有 55 份访谈问卷，共访谈了 55 名全国不同院校从事教育硕士研究生管理工作的专家，其基本信息如下。

（一）专家所在院校分布情况

访谈专家所在院校涉及 42 所院校，具体的分布情况见表 4-3-1。

表 4-3-1 访谈专家所在院校分布情况

院校名称	人数	院校名称	人数
河南师范大学	4	河北金融学院	1
黄冈师范学院	3	西北师范大学	1
华东师范大学	2	天津师范大学	1
河北师范大学	2	清华大学	1
首都师范大学	2	哈尔滨师范大学	1
东北师范大学	2	云南师范大学	1
华中师范大学	2	天水师范学院	1
陕西师范大学	2	杭州师范大学	1
渤海大学	2	牡丹江师范学院	1
河南大学	2	赣南师范大学	1
华南师范大学	1	广州大学	1
安徽师范大学	1	安徽师范大学	1
沈阳师范大学	1	南通大学	1
辽宁师范大学	1	伊利师范学院	1
福建师范大学	1	江西师范大学	1
浙江师范大学	1	京师范大学	1
山东师范大学	1	贵州师范大学	1

第四章　全日制教育硕士调查概况

续表

院校名称	人数	院校名称	人数
扬州大学	1	聊城大学	1
陕西理工大学	1	中央民族大学	1
重庆师范大学	1	闽南师范大学	1
中南民族大学	1	吉林师范大学	1
总计			55

（二）专家所在省（自治区、直辖市）分布情况

访谈专家所在省（自治区、直辖市）涉及22个，具体的分布情况见表4-3-2。

表4-3-2　访谈专家所在省（自治区、直辖市）分布情况

省（自治区、直辖市）	人数	省（自治区、直辖市）	人数
湖北	6	浙江	2
河南	6	山东	2
北京	5	甘肃	2
辽宁	4	黑龙江	2
河北	3	江西	2
吉林	3	江苏	2
陕西	3	天津	1
上海	2	云南	1
广东	2	新疆	1
安徽	2	贵州	1
福建	2	重庆	1
总计			55

（三）专家所在城市类别分布情况

访谈专家所在城市为其他城市的为28人，省会城市（自治区首府）的为18人，直辖市的为9人，具体分布情况见表4-3-3。

· 105 ·

表 4-3-3　访谈专家所在城市类别分布情况

城市类别	人数	占比/%
直辖市	9	16.4
省会城市（自治区首府）	18	32.7
其他城市	28	50.9
总计	55	100.0

（四）专家所在院校所属类别分布情况

访谈专家所在院校为地方院校的为43人，部委院校的为12人，具体分布情况见表4-3-4。

表 4-3-4　访谈专家所在院校所属类别分布情况

所属类别	人数	占比/%
部委	12	21.8
地方	43	78.2
总计	55	100.0

（五）专家所在院校类型分布情况

访谈专家所在院校为师范类院校的为42人，非师范类院校的为12人，其他1人，具体分布情况见表4-3-5。

表 4-3-5　访谈专家所在院校类型分布情况

院校类型	人数	占比/%
师范类院校	42	76.4
非师范类院校	13	23.6
总计	55	100.0

（六）专家所在院校审批批次分布情况

访谈专家所在院校审批批次共9批次，包括2所非9批次的审批院校，具体分布情况见表4-3-6。

表 4-3-6 访谈专家所在院校审批批次分布情况

审批批次	人数	占比/%
第一批	16	29.0
第二批	14	25.6
第三批	7	12.7
第四批	3	5.5
第五批	1	1.8
第六批	2	3.6
第七批	2	3.6
第八批	4	7.3
第九批	4	7.3
其他	2	3.6
总计	55	100.0

（七）专家所在院校审批机构分布情况

访谈专家所在院校审批机构具体分布情况见表 4-3-7。

表 4-3-7 访谈专家所在院校审批机构分布情况

审批机构	人数	占比/%
全国教指委审批	49	89.1
自审或省审	4	7.3
其他	2	3.6
总计	55	100.0

二、专家个人概况

（一）专家职务分布情况

根据访谈专家职务分布情况可知，全国教指委委员（无兼职）有6人，全国教指委委员兼学校管理者12人，学校管理者（无兼职）1人，全国教指委委员兼教育硕士导师1人，学校中层管理者兼教育硕士导师6人，学校中层管理者（无兼职）21人，教育硕士导师（无兼职）2人，学校普通管理者5人，无职务1人（见表4-3-8）。

表 4-3-8　访谈专家职务分布情况

职务	人数	占比/%
全国教指委委员（无兼职）	6	10.9
全国教指委委员兼学校管理者	12	21.8
学校管理者（无兼职）	1	1.8
全国教指委委员兼教育硕士导师	1	1.8
学校中层管理者兼教育硕士导师	6	10.9
学校中层管理者（无兼职）	21	38.2
教育硕士导师（无兼职）	2	3.6
学校普通管理者	5	9.2
无职务	1	1.8
总计	55	100.0

（二）专家职称分布情况

根据访谈专家职称分布情况，正高级职称的人数为39人，副高级职称的人数为10人，中级职称3人，无职称3人（见表4-3-9）。

表 4-3-9　访谈专家职称分布情况

职称	人数	占比/%
正高级	39	70.8
副高级	10	18.2
中级	3	5.5
无职称	3	5.5
总计	55	100.0

（三）专家从事教育硕士管理工作年限分布情况

访谈专家从事教育硕士管理工作年限为11年及以上的人数为18人，工作年限为6~10年的人数为22人，工作年限为5年及以下的人数为12人，没有填写的3人（见表4-3-10）。

表 4-3-10 访谈专家从事教育硕士管理工作年限分布情况

从事教育硕士管理工作的年限	人数	占比/%
11 年及以上	18	32.7
6~10 年	22	40.0
5 年及以下	12	21.8
未填写	3	5.5
总计	55	100.0

第四节 被调查对象对全日制教育硕士培养质量的总体认知

一、专家对教育硕士培养质量现状的了解情况

访谈专家对全日制教育硕士培养质量现状的了解程度总体分布情况见表 4-4-1。可见高校专家对于全日制教育硕士的培养现状总体上较为了解，因此其后的访谈将能较好地帮助我们了解全日制教育硕士培养质量现状及其现存的急需解决的问题，希望根据此提出相应的解决措施，从而提升全国全日制教育硕士的培养质量。

表 4-4-1 访谈专家对全日制教育硕士培养质量现状了解程度的分布情况

了解程度	人数	占比/%
非常了解	19	34.5
比较了解	22	40.0
一般了解	14	25.5
总计	55	100.0

二、学生对教育硕士培养质量的总体认知

（一）学生对学校的总体认知

1. 学生对学校总体满意度的认知

（1）在校生对所在院校的总体满意度的认知

从在校生对所在院校满意度总体分布情况可以看出，在校生对于所在院

校"很满意"的有858人，占总人数的41.8%；"满意"的有892人，占总人数的43.4%；"一般"的有214人，占总人数的10.4%；"不满意"及"很不满意"的占4.4%。从整体上看，85.2%的在校生对于所在院校是满意的（见表4-4-2）。

表4-4-2　在校生对所在院校满意度的认知情况

满意度	人数	占比/%
很满意	858	41.8
满意	892	43.4
一般	214	10.4
不满意	25	1.2
很不满意	66	3.2
总计	2055	100.0

（2）毕业生对学校的总体满意度的认知

从毕业生对毕业院校满意度总体分布情况可以看出，毕业生对于毕业院校"很满意"的占总人数的50.1%，"满意"的占总人数的31.1%，"一般"的占总人数的4.9%，"不满意"及"很不满意"的占13.8%（见表4-4-3）。

表4-4-3　毕业生对毕业院校满意度的认知情况

满意度	人数	占比/%
很满意	1121	50.1
满意	696	31.1
一般	110	4.9
不满意	72	3.3
很不满意	237	10.6
总计	2236	100.0

2. 毕业生对学校的选择意愿

（1）毕业生向考生推荐毕业院校的意愿

从毕业生向考生推荐毕业院校的意愿总体分布情况可以看出，毕业生中有48.8%"很愿意"向考生推荐毕业院校，有29.4%"愿意"向考生推荐毕业院校，除去"一般"情况的6.7%，"不愿意"和"很不愿意"的毕业生共有15.1%，总体来说，大多数毕业生愿意向考生推荐毕业院校，只有少量毕业生不愿意向考生推荐毕业院校（见表4-4-4）。

表4-4-4 毕业生向考生推荐毕业院校的意愿情况

愿意程度	人数	占比/%
很愿意	1091	48.8
愿意	657	29.4
一般	150	6.7
不愿意	94	4.2
很不愿意	244	10.9
总计	2236	100.0

（2）毕业生重新选择院校的意愿

从毕业生是否愿意重新选择院校的总体分布情况可以看出，毕业生中有29.5%"不愿意"重新选择院校，有14.4%"很不愿意"重选院校，有28.9%持有"一般"态度，"愿意"和"很愿意"的毕业生共有27.2%。总体来说，大多数毕业生不愿意重选院校，只有部分毕业生愿意重选院校（见表4-4-5）。

表4-4-5 毕业生重新选择院校的意愿情况

愿意程度	人数	占比/%
很愿意	286	12.8
愿意	322	14.4
一般	646	28.9
不愿意	660	29.5
很不愿意	322	14.4
总计	2236	100.0

(二) 学生对专业的总体认知

1. 在校生对专业的总体认知

(1) 在校生对专业的了解程度

从在校生报考时对所选专业了解程度总体分布情况可以看出,在校生报考时对所选专业"了解"的人数占总体的47.8%,"很了解"的占比为17.4%,"一般"的占比为27.5%,"不了解"的占比5.7%,"很不了解"的占比1.6%。通过比较这些数据可以得出,在校生在选择专业报考前,只有少数部分是不了解的,占7.3%(见表4-4-6)。

表4-4-6 在校生对所选专业了解程度的分布情况

了解程度	人数	占比/%
很了解	358	17.4
了解	983	47.8
一般	566	27.5
不了解	115	5.7
很不了解	33	1.6
总计	2055	100.0

(2) 在校生对专业满意度的认知

在对在校生专业满意度的总体调查中,41.8%的在校生对于专业"很满意","满意"的占43.0%,"一般"及以下的只有15.2%。可见,在校生对于专业满意度的比例明显高于不满意的比例,且高出69.6%(见表4-4-7)。

表4-4-7 在校生对专业满意度的认知情况

满意度	人数	占比/%
很满意	858	41.8
满意	883	43.0
一般	212	10.3
不满意	45	2.2
很不满意	57	2.7
总计	2055	100.0

(3) 在校生更换专业的意愿

从在校生更换专业的意愿的总体分布情况可以看出，如果可以重新选择专业，只有15.7%的在校生愿意转专业，其他84.3%的在校生都不愿意转专业（见表4-4-8）。

表4-4-8 在校生更换专业的意愿情况

愿意程度	人数	占比/%
是	323	15.7
否	1732	84.3
总计	2055	100.0

2. 毕业生对专业的总体认知

(1) 毕业生对专业总体满意度的认知

在对毕业生专业满意度总体的调查中，有982名毕业生对于专业"很满意"，有778位毕业生"满意"所学专业，"满意"和"很满意"占总人数的80.0%，"一般"及以下的只有20.0%。可见，毕业生对于专业的满意度还是很高的（见表4-4-9）。

表4-4-9 毕业生对专业满意度的认知情况

满意度	人数	占比/%
很满意	982	43.9
满意	807	36.1
一般	172	7.7
不满意	83	3.7
很不满意	192	8.6
总计	2236	100.0

(2) 毕业生向考生推荐所学专业的意愿

从毕业生向考生推荐所学专业的意愿总体分布情况可以看出，毕业生中有44.3%的人"很愿意"向考生推荐专业，有31.0%的人"愿意"向考生推荐专业，除去"一般"情况的8.7%，"不愿意"和"很不愿意"的毕业生共占 16.0%。总体来说，大多数毕业生愿意向考生推荐专业，只有少量毕业生不愿意向考生推荐专业（见表 4-4-10）。

表 4-4-10　毕业生向考生推荐所学专业的意愿情况

愿意程度	人数	占比/%
很愿意	991	44.3
愿意	693	31.0
一般	195	8.7
不愿意	107	4.8
很不愿意	250	11.2
总计	2236	100.0

（3）毕业生重新选择专业的意愿

从毕业生重新选择专业的意愿总体分布情况可以看出，毕业生中 28.8% 的人"不愿意"重新选择专业，17.5% 的人"很不愿意"重新选择专业，除去"一般"的 28.7%，"愿意"和"很愿意"的占比共 25.0%（见表 4-4-11）。

表 4-4-11　毕业生重新选择专业的意愿情况

愿意程度	人数	占比/%
很愿意	228	10.2
愿意	331	14.8
一般	641	28.7
不愿意	643	28.8
很不愿意	393	17.5
总计	2236	100.0

（4）毕业生从事的工作与所学专业的相关性

本项调查有效问卷份数为 1960 份。从毕业生从事的工作与所学专业的相关性的总体分布情况可以看出，"很相关"占 55.5%，"比较相关"占 20.8%，"一般"占 7.9%，"比较不相关"占 5.1%，"很不相关"占 10.7%（见表 4-4-12）。

表 4-4-12　毕业生从事工作与所学专业的相关性情况

相关程度	人数	占比/%
很相关	1088	55.5
比较相关	408	20.8
一般	154	7.9
比较不相关	101	5.1
很不相关	209	10.7
总计	1960	100.0

三、教师对教育硕士培养质量的总体认知

（一）理论导师对学生的认知

从理论导师对所指导的教育硕士的满意度认知总体分布情况中可以看出，9.7%的理论导师对所指导的学生"很满意"，54.3%的理论导师对所指导的学生"比较满意"，32.2%的理论导师对所指导的学生满意度"一般"，3.3%的理论导师对所指导的学生"不满意"，0.5%的理论导师对所指导的学生"很不满意"（见表 4-4-13）。

表 4-4-13　理论导师对所指导的教育硕士满意度的认知情况

满意度	人数	占比/%
很满意	267	9.7
满意	1500	54.3
一般	889	32.2
不满意	92	3.3
很不满意	15	0.5
总计	2763	100.0

（二）实践导师对学生的认知

1. 实践导师对学生的了解程度

通过实践导师对所指导的教育硕士了解程度的分布情况可以发现，其中："了解"（1415 人），"很了解"（533 人），"一般"（483 人），"不了

解"（118人），"很不了解"（98人），分别占总人数的53.5%、20.1%、18.2%、4.5%、3.7%（见表4-4-14）。

表4-4-14 实践导师对所指导的教育硕士了解程度的分布情况

了解程度	人数	占比/%
很了解	533	20.1
了解	1415	53.5
一般	483	18.2
不了解	118	4.5
很不了解	98	3.7
总计	2647	100.0

2. 实践导师对学生满意度的认知

通过实践导师对所指导的教育硕士满意度认知总体分布情况可以发现，其中："很满意"（677人），"满意"（1528人），"一般"（264人），"不满意"（56人），"很不满意"（122人），分别占总人数的25.6%、57.7%、10.0%、2.1%和4.6%（见表4-4-15）。

表4-4-15 实践导师对所指导的教育硕士满意度的认知情况

满意度	人数	占比/%
很满意	677	25.6
满意	1528	57.7
一般	264	10.0
不满意	56	2.1
很不满意	122	4.6
总计	2647	100.0

3. 实践导师自主招收教育硕士毕业生的意愿

通过实践导师招收教育硕士毕业生意愿的总体分布情况可以发现，选择"是"的人数为2566人，占总人数的96.9%，选择"否"的人数为81人，占总人数的3.1%，表明实践导师对毕业生满意度较高（见表4-4-16）。

表 4-4-16　实践导师招收教育硕士毕业生的意愿情况

愿意招收教育硕士毕业生	人数	占比/%
是	2566	96.9
否	81	3.1
总计	2647	100.0

四、用人单位对教育硕士培养质量的总体认知

（一）用人单位对招聘的毕业生的了解程度

从用人单位对招聘的毕业生的了解程度的分布情况可知，大多数用人单位对招聘的教育硕士毕业生较为了解，其中占最大比重的是"了解"，占43.2%，"一般"和"很了解"分别占26.9%和24.4%，"不了解"和"很不了解"的人数占比较少，均低于5.0%（见表4-4-17）。

表 4-4-17　用人单位对招聘的教育硕士毕业生了解程度的分布情况

了解程度	人数	占比/%
很了解	417	24.4
了解	739	43.2
一般	459	26.9
不了解	60	3.5
很不了解	34	2.0
总计	1709	100.0

（二）用人单位对招聘的毕业生满意度的认知

从用人单位对招聘的毕业生的满意度认知总体分布情况可知，用人单位在对招聘的教育硕士毕业生总体满意度中选择"很满意"的有808人，占比47.3%，选择"满意"的756人，占比44.2%，两者差异不明显，"很满意"程度最高；满意度为"一般"的93人，占比5.5%；满意度为"不满意"和"很不满意"的占比均低于2.0%。说明用人单位对招聘的教育硕士毕业生总体满意度较高（见表4-4-18）。

表 4-4-18 用人单位对招聘的教育硕士毕业生满意度的认知情况

满意度	人数	占比/%
很满意	808	47.3
满意	756	44.2
一般	93	5.5
不满意	24	1.4
很不满意	28	1.6
总计	1709	100.0

(三) 用人单位继续招聘毕业生母校教育硕士的意愿

此次参与调查的有 1709 个用人单位，其中有 10 个单位未填写此题，缺失数据，有效数据共 1699 份。用人单位对继续招聘毕业生母校教育硕士意愿总体分布情况如下：其中选择"很愿意"的有 874 人，占比 51.4%；选择"愿意"的有 683 人，占比 40.2%；选择"一般"的有 108 人，占比 6.4%；选择"不愿意"的有 17 人，占比 1.0%；选择"很不愿意"的有 17 人，占比 1.0%。由此看来，用人单位对继续招聘毕业生母校教育硕士意愿大多在"愿意"及以上程度（见表 4-4-19）。

表 4-4-19 用人单位对继续招聘毕业生母校教育硕士的意愿情况

愿意程度	人数	占比/%
很愿意	874	51.4
愿意	683	40.2
一般	108	6.4
不愿意	17	1.0
很不愿意	17	1.0
总计	1699	100.0

第五节 本章小结

①在理论导师卷的统计情况中，理论导师和任课教师年龄主要集中于45~54岁，其次是35~44岁；学历多数为博士研究生，其次是硕士研究生；职称分布在副高级、正高级居多。理论导师和任课教师前置院校大多数为师范类院校；前置专业集中在教育学类相关专业；大多数教育硕士理论导师和任课教师具有基础教育教研经历。

②在实践导师卷的统计情况中，实践导师年龄主要集中于45~54岁，其次是35~44岁；学历大多数为大学本科；职称分布在中学高级居多。实践导师教龄主要在10年及以上；在校职务以普通教师居多，其次是年级组长或科研组长。

③在用人单位负责人卷的统计情况中，参与调查的用人单位所在省（自治区、直辖市）集中在辽宁、北京、广东；所属系统主要是中小学校；所属行业大多分布于教育、文化艺术和广播电视业；受访者与教育硕士毕业生在单位中的关系大多为领导关系或同事关系。

④在学生卷的统计情况中，包括在校生和毕业生两方面。在校生方面，家庭所在地大多位于村；父母受教育程度主要集中在初中和高中学历；在校生中无教师工作经历的多于有教师工作经历的。

毕业生方面，接受此次调查的毕业生多数为毕业1~2年或者毕业不足一年的；生源地集中在省会城市（自治区首府）或直辖市；毕业生中无教师工作经历的多于有教师工作经历的；毕业生工作所在地集中在其他城市、省会城市（自治区首府）或直辖市。

⑤访谈专家所在院校42所，涉及22个省（自治区、直辖市），9个批次院校，且全国教指委审批院校占绝大多数，所在城市为其他城市的居多，所在学校为地方院校和师范类院校的占比较高；按职务分布情况看，学校中层管理者、学校管理者兼全国教指委委员、全国教指委委员、学校中层管理者兼教育硕士导师占比较高；职称为正高级的人数居多；从事教育硕士管理工作年限为6~10年、11年及以上的人数居多。

⑥在全日制教育硕士培养质量认知情况中，高校专家对于全国全日制教育硕士的培养现状总体上较为了解，并从全国教指委、学校、学生以及社会多方面提及当前全日制教育硕士培养成效，为日后教育硕士培养工作提供了参考和方向。

⑦在学生对教育硕士培养质量认知情况中，从学生对学校的认知来看，大多数在校生和毕业生对所在院校的满意度在"满意"及以上；从毕业生对学校的选择意愿来看，大多数毕业生愿意向考生推荐毕业院校；在重新选择院校时，大多数毕业生不愿意重选院校，只有部分毕业生愿意重选院校。

从学生对专业的认知来看，在校生报考时对所选专业了解程度在"了解"及以上；大多数人对专业的满意度在"满意"及以上；不愿意更换专业的在校生占绝大多数。毕业生对于专业的满意度主要集中在"满意"及以上；毕业生中选择愿意向考生推荐所学专业居多；在重新选择专业时，大多数毕业生不愿意重选，只有部分毕业生愿意重选；毕业生从事与所学专业相关工作的人占大多数。

⑧在教师对教育硕士培养质量认知情况中，理论导师对所指导的全日制教育硕士的满意度集中在"满意"及以上；实践导师对所指导的教育硕士研究生了解程度为"了解"及以上；实践导师对所指导的教育硕士研究生总体满意度集中在"满意"及以上；实践导师大多数都有自主招收培养院校教育硕士的意愿。

⑨在用人单位对教育硕士培养质量认知情况中，大多数用人单位对本校招聘的教育硕士毕业生较为了解；并对本校招聘的教育硕士毕业生总体满意度较高；用人单位对继续招聘毕业生母校教育硕士的愿意程度大多在"愿意"及以上。

第五章 全日制教育硕士培养条件调查

第一节 对导师和任课教师的调查

一、导师指导学生情况

（一）导师指导的学生人数

1. 理论导师指导的人数

从理论导师指导的教育硕士在学人数总体分布情况来看，指导学生为5人及以上的理论导师有734人，占所有接受调查理论导师人数的26.5%；指导学生为4人的理论导师有370人，占所有接受调查理论导师人数的13.4%；指导学生为3人的理论导师有447人，占所有接受调查理论导师人数的16.2%；指导学生为2人的理论导师有635人，占所有接受调查理论导师人数的23.0%；指导学生为1人的理论导师有577人，占所有接受调查理论导师人数的20.9%（见表5-1-1）。

表5-1-1 理论导师指导的教育硕士在学人数总体分布情况

理论导师指导的学生人数	理论导师人数	占比/%
5人及以上	734	26.5
4人	370	13.4
3人	447	16.2
2人	635	23.0
1人	577	20.9
总计	2763	100.0

2. 实践导师指导的人数

从实践导师指导教育硕士在学人数总体分布情况来看，指导学生为10人及以上的实践导师有36人，占所有接受调查实践导师人数的1.4%；指导学生为7~9人的实践导师有42人，占所有接受调查实践导师人数的1.6%；指导学生为4~6人的实践导师有300人，占所有接受调查实践导师人数的11.3%；指导学生为1~3人的实践导师有2269人，占所有接受调查实践导师人数的85.7%（见表5-1-2）。

表5-1-2　实践导师指导的教育硕士在学人数总体分布情况

实践导师指导的学生人数	实践导师人数	占比/%
10人及以上	36	1.4
7~9人	42	1.6
4~6人	300	11.3
1~3人	2269	85.7
总计	2647	100.0

（二）导师与学生交流情况

1. 实践导师与学生交流的内容

通过实践导师与教育硕士交流的内容总体分布情况可以发现，实践导师与教育硕士交流的内容的前五位分别是：教学能力（2239人），占所有接受调查实践导师人数的84.6%；教学知识（2099人），占所有接受调查实践导师人数的79.3%；学科知识（1934人），占所有接受调查实践导师人数的73.1%；学科能力（1893人），占所有接受调查实践导师人数的71.5%；职业道德（1618人），占所有接受调查实践导师人数的61.1%（见表5-1-3）。

表5-1-3　实践导师与教育硕士交流的内容总体分布情况

交流的内容	实践导师人数	占比/%
教学能力	2239	84.6
教学知识	2099	79.3
学科知识	1934	73.1

续表

交流的内容	实践导师人数	占比/%
学科能力	1893	71.5
职业道德	1618	61.1
班主任管理	1308	49.4
日常生活	1050	39.6
学位论文	982	37.1
其他	146	5.5

2. 在校生与导师的关系

从在校生与导师之间关系的总体分布情况可以清楚地看出，在校生与导师之间的关系处于"良师益友型"的占总人数的74.0%，处于"普通师生型"的占总人数的21.0%，"松散疏离型"的占总人数的4.0%，"老板员工型"的关系只有1.0%。通过这些数据可以得出，在校生与导师的关系大约有3/4的处于良师益友型（见表5-1-4）。

表5-1-4　在校生与导师之间的关系总体分布情况

与导师之间关系	在校生人数	占比/%
良师益友型	1521	74.0
普通师生型	432	21.0
松散疏离型	82	4.0
老板员工型	20	1.0
总计	2055	100.0

3. 在校生与导师的交流

（1）交流内容

从在校生与导师交流内容总体分布情况可以看出，在校生选择与导师交流学业内容的有1431人，占总人数的69.6%；选择与导师交流学术研究的有1420人，占总人数的69.1%；选择与导师交流职业规划的有962人，占总人数的46.8%；可以看出在校生与导师交流内容最多的是学业内容、学术研究和职业规划（见表5-1-5）。

表 5-1-5　在校生与导师交流的内容总体分布情况

交流内容	在校生人数	占比/%
学业内容	1431	69.6
学术研究	1420	69.1
职业规划	962	46.8
学术规范	808	39.3
日常生活	744	36.2
其他	79	3.8

（2）交流次数

从在校生与导师交流次数总体分布情况可以看出，3 次及以上的人数是最多的，有 661 人，占总人数的 32.2%；其次是 2 次的，有 453 人，占总人数的 22.0%；1 次的有 422 人，占总人数的 20.5%；3 次的有 333 人，占总人数的 16.2%；无交流的有 186 人，占总人数的 9.1%（见表 5-1-6）。

表 5-1-6　在校生与导师交流次数的总体分布情况

交流次数	在校生人数	占比/%
3 次及以上	661	32.2
2 次	453	22.0
1 次	422	20.5
3 次	333	16.2
无交流	186	9.1
总计	2055	100.0

二、导师参与的工作

（一）理论导师参与实践教学的情况

从理论导师参与指导学生实践教学程度的总体分布情况可以看出，39.6%的理论导师"经常参与"指导学生实践，11.8%的理论导师"很少参与"指导学生实践，3.0%的理论导师"从未参与"指导学生实践（见表 5-1-7）。

表 5-1-7　理论导师参与指导学生实践教学程度的分布情况

参与程度	人数	占比/%
经常参与	1093	39.6
一般参与	1260	45.6
很少参与	326	11.8
从未参与	84	3.0
总计	2763	100.0

（二）实践导师参与的工作

从实践导师参与培养教育硕士相关工作的分布情况可以看出，排在前三位的工作类型是课程教学（809人），占总人数的30.6%；论文指导（672人），占总人数的25.4%；专题报告（639人），占总人数的24.1%（见表5-1-8）。

表 5-1-8　实践导师参与培养教育硕士相关工作的分布情况

工作类型	人数	占比/%
课程教学	809	30.6
论文指导	672	25.4
专题报告	639	24.1
论文答辩	544	20.6
论文开题	512	19.3
大赛评委	451	17.0
培养方案修订	263	9.9
课程标准研制	208	7.9
其他	131	4.9

三、导师和任课教师的自我认知

（一）导师对自身职责的了解程度

1. 理论导师对自身职责的了解程度

从理论导师对其自身职责了解程度的分布情况发现，92.7%的理论导师

"很了解"和"了解"导师职责,只有0.5%的理论导师"不了解"导师职责(见表5-1-9)。

表5-1-9 理论导师对教育硕士导师职责了解程度的分布情况

了解程度	人数	占比/%
很了解	1209	43.8
了解	1352	48.9
一般	188	6.8
不了解	14	0.5
总计	2763	100.0

2. 实践导师对自身职责的了解程度

从实践导师对其自身职责了解程度的分布情况可以发现,实践导师对其职责"了解"的人数比较多,占实践导师总数的51.5%;其次是对其职责"很了解"的实践导师人数,占实践导师总数的23.0%;第三是对其职责了解程度"一般"的实践导师人数,占实践导师总数的17.2%;"很不了解"其职责的实践导师人数最少,占实践导师总数的3.1%(见表5-1-10)。

表5-1-10 实践导师对教育硕士导师职责了解程度的分布情况

了解程度	人数	占比/%
很了解	610	23.0
了解	1362	51.5
一般	454	17.2
不了解	139	5.2
很不了解	82	3.1
总计	2647	100.0

(二)理论导师对实践导师的了解程度

从理论导师对所指导的全日制教育硕士实践导师了解程度的分布情况可以看出,57.2%的理论导师对所指导的全日制教育硕士实践导师"很了解"和"了解",只有15.6%的理论导师"不了解"和"很不了解"指导学生的实践导师（见表5-1-11）。

表5-1-11 理论导师对教育硕士实践导师了解程度的分布情况

了解程度	人数	占比/%
很了解	403	14.6
了解	1176	42.6
一般	753	27.2
不了解	381	13.8
很不了解	50	1.8
总计	2763	100.0

（三）理论导师和任课教师对教师队伍水平的满意度认知

1. **对专职教师队伍水平满意度的认知**

从理论导师和任课教师对专职教师队伍水平满意度的认知总体分布情况可以看出，24.8%的理论导师和任课教师"很满意"专职教师队伍水平，36.8%的理论导师和任课教师"满意"专职教师队伍水平，有10.1%的理论导师和任课教师"不满意"专职教师队伍水平，4.4%的理论导师和任课教师"很不满意"专职教师队伍水平（见表5-1-12）。

表5-1-12 理论导师和任课教师对专职教师队伍水平满意度的认知情况

满意度	人数	占比/%
很满意	852	24.8
满意	1260	36.8
一般	818	23.9
不满意	346	10.1
很不满意	152	4.4
总计	3428	100.0

2. **对任课教师队伍水平满意度的认知**

从理论导师和任课教师对任课教师队伍水平的满意度认知总体分布情况可以看出，26.4%的理论导师和任课教师"很满意"任课教师队伍水平，

40.4%的理论导师和任课教师"满意"任课教师队伍水平，也有8.6%的理论导师和任课教师"不满意"任课教师队伍水平，3.3%的理论导师和任课教师"很不满意"任课教师队伍水平（见表5-1-13）。

表5-1-13　理论导师和任课教师对任课教师队伍水平满意度的认知情况

满意度	人数	占比/%
很满意	903	26.4
满意	1384	40.4
一般	731	21.3
不满意	296	8.6
很不满意	114	3.3
总计	3428	100.0

3. 对兼职教师队伍水平满意度的认知

从理论导师和任课教师对兼职教师队伍水平的满意度认知总体分布情况可以看出，20.8%的理论导师和任课教师"很满意"兼职教师队伍水平，34.5%的理论导师和任课教师"满意"兼职教师队伍水平，11.8%的理论导师和任课教师"不满意"兼职教师队伍水平，3.9%的理论导师和任课教师"很不满意"兼职教师队伍水平（见表5-1-14）。

表5-1-14　理论导师和任课教师对兼职教师队伍水平满意度的认知情况

满意度	人数	占比/%
很满意	713	20.8
满意	1181	34.5
一般	993	29.0
不满意	406	11.8
很不满意	135	3.9
总计	3428	100.0

四、学生对导师和任课教师的认知

(一) 在校生对导师和任课教师的认知

1. 在校生对导师和任课教师满意度的认知

(1) 对理论导师满意度的认知

从在校生对理论导师满意度的认知总体分布情况可以看出,对理论导师"很满意"的有1210人,占总数的58.9%;"满意"的有648人,占总人数的31.5%;"一般"及以上人数占总人数的96.1%;"一般"以下的有80人,只占总人数的3.9%。通过这些数据可以看出,在校生对理论导师满意的比例明显大于不满意的比例,所以在校生整体上对理论导师是满意的(见表5-1-15)。

表5-1-15　在校生对理论导师满意度的认知情况

满意度	人数	占比/%
很满意	1210	58.9
满意	648	31.5
一般	117	5.7
不满意	65	3.2
很不满意	15	0.7
总计	2055	100.0

(2) 对实践导师满意度的认知

从在校生对实践导师满意度的认知总体分布情况可以看出,"很满意"的人数有1010人,占总人数的49.1%;"满意"的有663人,占总人数的32.3%;"一般"以下的有122人,占总人数的5.9%;"一般"以上的比例高出"一般"以下75.5个百分点(见表5-1-16)。

表5-1-16　在校生对实践导师满意度的认知情况

满意度	人数	占比/%
很满意	1010	49.1
满意	663	32.3

满意度	人数	占比/%
一般	260	12.7
不满意	85	4.1
很不满意	37	1.8
总计	2055	100.0

(3) 对任课教师满意度的认知

从在校生对任课教师满意度的认知总体分布情况可以看出,"很满意"的有867人,占总人数的42.2%;"满意"的人数有884人,占总人数的43.0%;"一般"的有202人,占总人数的9.8%;"一般"以下有102人,占总人数的5.0%,可见在校生对于任课教师整体上是满意的(见表5-1-17)。

表 5-1-17　在校生对任课教师满意度的认知情况

满意度	人数	占比/%
很满意	867	42.2
满意	884	43.0
一般	202	9.8
不满意	43	2.1
很不满意	59	2.9
总计	2055	100.0

2. 在校生对实践导师重要度的认知

从在校生对实践导师指导重要度的认知总体分布情况可以看出,认为"很重要"的有1365人,占总人数的66.4%,认为"重要"的有507人,占总人数的24.7%;认为"一般"以下的有51人,占总人数的2.5%,"一般"以上的比例高出"一般"以下88.6个百分点,可见在校生认为实践导师指导是比较重要的(见表5-1-18)。

表 5-1-18　在校生对实践导师重要度的认知情况

重要度	人数	占比/%
很重要	1365	66.4
重要	507	24.7
一般	132	6.4
不重要	23	1.1
很不重要	28	1.4
总计	2055	100.0

3. 对实践导师的满意度与重要度认知的差异

通过对在校生对实践导师满意度与重要度认知的交叉分析可以看出，在校生认为实践导师满意度的均值为 4.23，重要度的均值为 4.54，两者相差 0.31，说明实践导师指导的满意度需要加强（见表 5-1-19）。

表 5-1-19　在校生对实践导师满意度与重要度认知的交叉分析

调查项目	人数	均值	标准差
实践导师满意度	2055	4.23	0.945
实践导师重要度	2055	4.54	0.780

（二）毕业生对导师和任课教师的认知

1. 毕业生对导师和任课教师满意度的认知

（1）对理论导师满意度的认知

在毕业生对理论导师满意度的认知总体分布情况中，"很满意"的比例最高，为 67.6%；其次是"满意"的比例，为 15.6%；"不满意"的比例最低，为 2.9%（见表 5-1-20）。

表 5-1-20　毕业生对理论导师满意度的认知情况

满意度	人数	占比/%
很满意	1512	67.6
满意	350	15.6
一般	107	4.8

续表

满意度	人数	占比/%
不满意	64	2.9
很不满意	203	9.1
总计	2236	100.0

（2）对实践导师满意度的认知

在毕业生对实践导师满意度的认知总体分布情况中，"很满意"的比例最高，为49.0%；其次是"满意"的比例，为24.8%；"不满意"的比例最低，为5.0%（见表5-1-21）。

表5-1-21　毕业生对实践导师满意度的认知情况

满意度	人数	占比/%
很满意	1097	49.0
满意	554	24.8
一般	281	12.6
不满意	111	5.0
很不满意	193	8.6
总计	2236	100.0

（3）对任课教师满意度的认知

在毕业生对任课教师满意度的认知总体分布情况中，"很满意"的比例最高，为53.3%；其次是"满意"的比例，为27.0%；"不满意"的比例最低，为3.3%（见表5-1-22）。

表5-1-22　毕业生对任课教师满意度的认知情况

满意度	人数	占比/%
很满意	1192	53.3
满意	603	27.0
一般	191	8.5

续表

满意度	人数	占比/%
不满意	73	3.3
很不满意	177	7.9
总计	2236	100.0

2. 毕业生对导师和任课教师的重要度认知

(1) 对理论导师重要度的认知

在毕业生对理论导师重要度的认知总体分布情况中，认为"很重要"的比例最高，为78.6%；其次是认为"重要"的比例，为15.4%；认为"不重要"的比例最低，为1.0%（见表5-1-23）。

表5-1-23 毕业生对理论导师的重要度的认知情况

重要度	人数	占比/%
很重要	1758	78.6
重要	345	15.4
一般	77	3.5
不重要	23	1.0
很不重要	33	1.5
总计	2236	100.0

(2) 对实践导师重要度的认知

在毕业生对实践导师重要度的认知总体分布情况中，认为"很重要"的比例最高，为63.9%；其次是认为"重要"的比例，为24.9%；认为"很不重要"的比例最低，为1.1%（见表5-1-24）。

表5-1-24 毕业生对实践导师重要度的认知情况

重要度	人数	占比/%
很重要	1430	63.9
重要	556	24.9
一般	169	7.6

续表

重要度	人数	占比/%
不重要	56	2.5
很不重要	25	1.1
总计	2236	100.0

(3) 对任课教师重要度的认知

在毕业生对任课教师重要度的认知总体分布情况中，认为"很重要"的比例最高，为67.5%，其次是认为"重要"的比例，为24.8%，认为"不重要"的比例最低，为0.7%（见表5-1-25）。

表5-1-25　毕业生对任课教师重要度的认知情况

重要度	人数	占比/%
很重要	1509	67.5
重要	554	24.8
一般	133	5.9
不重要	15	0.7
很不重要	25	1.1
总计	2236	100.0

3. 毕业生对教师的满意度与重要度认知的差异

(1) 对理论导师的满意度与重要度认知的差异

通过对毕业生对理论导师的满意度与重要度认知的交叉分析可以看出，满意度的均值为4.30，重要度的均值为4.69，两者都在"满意"或"重要"以上，但是重要度的均值高于满意度均值，两者相差0.39（见表5-1-26）。

表5-1-26　毕业生对理论导师满意度与重要度认知的交叉分析

调查项目	人数	均值	标准差
理论导师满意度	2236	4.30	1.252
理论导师重要度	2236	4.69	0.723

(2) 对实践导师的满意度与重要度认知的差异

通过对毕业生对实践导师的满意度与重要度认知的交叉分析可以看出,毕业生认为实践导师满意度的均值为 4.01,重要度的均值为 4.48,两者都在"满意"或"重要"以上,但是重要度的均值高于满意度均值,两者相差 0.47(见表 5-1-27)。

表 5-1-27　毕业生对实践导师满意度与重要度认知的交叉分析

调查项目	人数	均值	标准差
实践导师满意度	2236	4.01	1.262
实践导师重要度	2236	4.48	0.828

(3) 对任课教师的满意度与重要度认知的差异

通过对毕业生对任课教师的满意度与重要度认知的交叉分析可以看出,毕业生认为任课教师满意度的均值为 4.14,重要度的均值为 4.57,两者都在"满意"或"重要"以上,但是重要度的均值高于满意度均值,两者相差 0.43(见表 5-1-28)。

表 5-1-28　毕业生对任课教师满意度与重要度认知的交叉分析

调查项目	人数	均值	标准差
任课教师满意度	2236	4.14	1.200
任课教师重要度	2236	4.57	0.734

(三) 在校生对导师各层面的认知

1. 在校生对导师各层面满意度的认知

(1) 对导师指导态度满意度的认知

在校生对导师指导态度"很满意"的有 1377 人,占总人数的 67.0%;"满意"的占总人数的 22.1%,"一般"以下的占总人数的 3.6%;"满意"和"很满意"的比例明显比"一般"以下的多,可见在校生对导师指导态度是比较满意的(见表 5-1-29)。

表 5-1-29　在校生对导师指导态度满意度的认知情况

满意度	人数	占比/%
很满意	1377	67.0
满意	454	22.1
一般	151	7.3
不满意	41	2.0
很不满意	32	1.6
总计	2055	100.0

(2) 对导师学科知识与能力满意度的认知

在校生对导师学科知识与能力"很满意"的有 1399 人，占总人数的 68.1%；"满意"的有 478 人，占总人数的 23.3%；"一般"以下的有 61 人，占总人数的 3.0%；"一般"以上的比例明显高于"一般"以下。可以看出在校生对于导师学科知识与能力是比较满意的（见表 5-1-30）。

表 5-1-30　在校生对导师学科知识与能力满意度的认知情况

满意度	人数	占比/%
很满意	1399	68.1
满意	478	23.3
一般	117	5.7
不满意	34	1.6
很不满意	27	1.3
总计	2055	100.0

(3) 对导师教育教学能力满意度的认知

在校生对导师教育教学能力"很满意"的有 1380 人，占总人数的 67.2%；"满意"的有 494 人，占总人数的 24.0%；"一般"以下的有 55 人，占总人数的 2.7%；"一般"以上的比例高出"一般"以下 88.5 个百分点。可见在校生对导师教育教学能力是比较满意的（见表 5-1-31）。

表 5-1-31　在校生对导师教育教学能力满意度的认知情况

满意度	人数	占比/%
很满意	1380	67.2
满意	494	24.0
一般	126	6.1
不满意	24	1.2
很不满意	31	1.5
总计	2055	100.0

2. 在校生对导师各层面重要度的认知

（1）对导师指导态度重要度的认知

在校生认为导师指导态度"很重要"的人数有 1502 人，占总人数的 73.1%；认为"重要"的有 407 人，占总人数的 19.8%；认为"一般"的有 82 人，占总数的 4.0%；"一般"以下的有 64 人，占总人数的 3.1%。可以看出，"一般"以上的比例比"一般"以下的高出 89.8 个百分点，说明在校生认为导师的指导态度是比较重要的（见表 5-1-32）。

表 5-1-32　在校生对导师指导态度重要度的认知情况

重要度	人数	占比/%
很重要	1502	73.1
重要	407	19.8
一般	82	4.0
不重要	22	1.1
很不重要	42	2.0
总计	2055	100.0

（2）对导师学科知识与能力重要度的认知

从在校生对导师学科知识与能力重要度认知总体分布情况可以看出，在校生认为导师学科知识与能力"很重要"的有 1515 人，占总数的 73.7%；认为"重要"的有 442 人，占总人数的 21.5%；认为"一般"以下的有 50 人，占总人数的 2.5%。可以看出"一般"以上的比例高出"一般"以下

92.7个百分点,说明在校生认为导师学科知识与能力还是比较重要的(见表5-1-33)。

表5-1-33　在校生对导师学科知识与能力重要度的认知情况

重要度	人数	占比/%
很重要	1515	73.7
重要	442	21.5
一般	48	2.3
不重要	16	0.8
很不重要	34	1.7
总计	2055	100.0

(3)对导师教育教学能力的重要度的认知

在校生对导师教育教学能力"很重要"的人数有1479人,占总人数的72.0%;认为"重要"的人数有462人,占总人数的22.5%;"一般"以下的人数有49人,占总人数的2.4%;"一般"以上的比例高出"一般"以下92.1个百分点。可见在校生认为导师教育教学能力是比较重要的(见表5-1-34)。

表5-1-34　在校生对导师教育教学能力重要度的认知情况

重要度	人数	占比/%
很重要	1479	72.0
重要	462	22.5
一般	65	3.2
不重要	15	0.7
很不重要	34	1.6
总计	2055	100.0

3. 在校生对导师各层面满意度与重要度认知的差异

(1)对导师指导态度的满意度与重要度认知的差异

通过对在校生对导师指导态度满意度和重要度认知的交叉分析可以看出,在校生认为导师指导态度满意度的均值为4.51,重要度的均值为4.61,两者相差0.10,说明导师指导态度满意度需要加强(见表5-1-35)。

表 5-1-35　在校生对导师指导态度满意度与重要度认知的交叉分析

调查项目	人数	均值	标准差
导师指导态度满意度	2055	4.51	0.839
导师指导态度重要度	2055	4.61	0.792

（2）对导师学科知识与能力的满意度与重要度认知的差异

通过对在校生对导师学科知识与能力满意度与重要度认知的交叉分析可以看出，在校生认为导师学科知识与能力满意度的均值为4.55，重要度的均值为4.65，两者相差0.10，说明导师学科知识与能力满意度需要加强（见表5-1-36）。

表 5-1-36　在校生对导师学科知识与能力满意度与重要度认知的交叉分析

调查项目	人数	均值	标准差
导师学科知识与能力满意度	2055	4.55	0.786
导师学科知识与能力重要度	2055	4.65	0.721

（3）对导师教育教学能力的满意度与重要度认知的差异

通过对在校生对导师教育教学能力满意度与重要度认知的交叉分析可以看出，在校生认为导师教育教学能力满意度的均值为4.54，重要度的均值为4.62，两者相差0.08，说明导师教育教学的满意度需要加强（见表5-1-37）。

表 5-1-37　在校生对导师教育教学能力满意度与重要度认知的交叉分析

调查项目	人数	均值	标准差
导师教育教学能力满意度	2055	4.54	0.789
导师教育教学能力重要度	2055	4.62	0.735

（四）在校生对任课教师各层面的认知

1. 在校生对任课教师各层面的满意度的认知

（1）对任课教师教学态度满意度的认知

在校生对任课教师教学态度"很满意"的人数有1165人，占总人数的

56.7%;"满意"的人数有 655 人,占总人数的 31.9%;"一般"以下的人数有 56 人,占总人数的 2.7%;"一般"以上的比例明显高于"一般"以下。说明在校生对于任课教师教学满意度是比较满意的(见表 5-1-38)。

表 5-1-38　在校生对任课教师教学态度满意度的认知情况

满意度	人数	占比/%
很满意	1165	56.7
满意	655	31.9
一般	179	8.7
不满意	29	1.4
很不满意	27	1.3
总计	2055	100.0

(2) 对任课教师学科知识与能力满意度的认知

在校生对任课教师学科知识与能力"很满意"的人数有 1187 人,占总人数的 57.8%;"满意"人数有 648 人,占总人数的 31.5%;"一般"以下人数有 59 人,占总人数的 2.9%;"一般"以上的比例高出"一般"以下86.4 个百分点。可见在校生对任课教师学科知识与能力满意度比较高(见表 5-1-39)。

表 5-1-39　在校生对任课教师学科知识与能力满意度的认知情况

满意度	人数	占比/%
很满意	1187	57.8
满意	648	31.5
一般	161	7.8
不满意	35	1.7
很不满意	24	1.2
总计	2055	100.0

(3) 对任课教师教育教学能力满意度的认知

在校生对任课教师教育教学能力"很满意"的有 1135 人,占总人数的55.2%;"满意"的有 651 人,占总人数的 31.7%;"一般"以下的有 64

人，占总人数的3.1%；"一般"以上的比例高出"一般"以下83.8个百分点（见表5-1-40）。

表5-1-40 在校生对任课教师教育教学能力满意度的认知情况

满意度	人数	占比/%
很满意	1135	55.2
满意	651	31.7
一般	205	10.0
不满意	35	1.7
很不满意	29	1.4
总计	2055	100.0

2. 在校生对任课教师各层面的重要度的认知

（1）对任课教师教学态度重要度的认知

在校生认为任课教师教学态度"很重要"的有1444人，占总人数的70.3%；认为"重要"的人数有497人，占总人数的24.2%；认为"一般"以下的有50人，占总人数的2.4%；"一般"以上的人数显然多于"一般"以下的人数。可见在校生认为任课教师教学态度重要度比较高（见表5-1-41）。

表5-1-41 在校生对任课教师教学态度重要度的认知情况

重要度	人数	占比/%
很重要	1444	70.3
重要	497	24.2
一般	64	3.1
不重要	20	1.0
很不重要	30	1.4
总计	2055	100.0

（2）对任课教师学科知识与能力重要度的认知

在校生认为任课教师学科知识与能力"很重要"的有1427人，占总人数的69.4%；认为"重要"的有500人，占总人数的24.3%；认为"一般"

以下的有 49 人，占总人数的 2.4%；"一般"以上的比例高出"一般"以下 91.3 个百分点（见表 5-1-42）。

表 5-1-42　在校生对任课教师学科知识与能力重要度的认知情况

重要度	人数	占比/%
很重要	1427	69.4
重要	500	24.3
一般	79	3.9
不重要	19	0.9
很不重要	30	1.5
总计	2055	100.0

（3）对任课教师教育教学能力重要度的认知

在校生认为任课教师教育教学能力"很重要"的有 1435 人，占总数的 69.8%；认为"重要"的有 489 人，占总数的 23.8%；认为"一般"以下有 51 人，占总数的 2.5%；"一般"以上的比例高出"一般"以下 91.1 个百分点（见表 5-1-43）。

表 5-1-43　在校生对任课教师教育教学能力重要度的认知情况

重要度	人数	占比/%
很重要	1435	69.8
重要	489	23.8
一般	80	3.9
不重要	21	1.0
很不重要	30	1.5
总计	2055	100.0

3. 对校生对任课教师各层面满意度与重要度认知的差异

（1）对任课教师教学态度的满意度与重要度认知的差异

通过对在校生对任课教师教学满意度与重要度认知的交叉分析可以看出，在校生认为任课教师教学满意度的均值为 4.41，重要度的均值为 4.61，两者相差0.20，说明实践任课教师教学满意度需要加强（见表5-1-44）。

表5-1-44 在校生对任课教师教学态度满意度与重要度认知的交叉分析

调查项目	人数	均值	标准差
任课教师教学态度满意度	2055	4.41	0.812
任课教师教学态度重要度	2055	4.61	0.731

（2）对任课教师学科知识与能力的满意度与重要度认知的差异

通过对在校生对任课教师学科知识与能力满意度与重要度认知的交叉分析可以看出，在校生认为任课教师学科知识与能力满意度的均值为4.43，重要度的均值为4.59，两者相差0.16，说明任课教师学科知识与能力满意度需要加强（见表5-1-45）。

表5-1-45 在校生对任课教师学科知识与能力满意度与重要度认知的交叉分析

调查项目	人数	均值	标准差
任课教师学科知识与能力满意度	2055	4.43	0.803
任课教师学科知识与能力重要度	2055	4.59	0.741

（3）对任课教师教育教学能力的满意度与重要度认知的差异

通过对在校生对任课教师教育教学能力满意度与重要度认知的交叉分析可以看出，在校生认为任课教师教育教学能力满意度的均值为4.38，重要度的均值为4.60，两者相差0.22，说明任课教师教育教学能力满意度需要加强（见表5-1-46）。

表5-1-46 在校生对任课教师教育教学能力满意度与重要度认知的交叉分析

调查项目	人数	均值	标准差
任课教师教育教学能力满意度	2055	4.38	0.840
任课教师教育教学能力重要度	2055	4.60	0.745

（4）对任课教师二级指标满意度与重要度认知的交叉分析

通过对在校生对任课教师二级指标满意度与重要度认知的交叉分析可以

看出，在校生对任课教师教学态度满意度的均值处于重要度的均值之下，满意度的均值为 4.41，重要度的均值为 4.61，两者相差 0.20；对任课教师学科知识与能力的满意度的均值为 4.43，重要度的均值为 4.59，两者相差 0.16；对任课教师教育教学能力满意度的均值与重要度的均值差距较大，满意度的均值为 4.38，重要度的均值为 4.60，两者相差 0.22。纵观上述均值数据可以发现，在校生对任课教师二级指标满意度的均值明显低于重要度的均值，说明需要对这几项进行改善加强，尤其是任课教师教学态度和任课教师教育教学能力（见表 5-1-47、图 5-1-1）。

表 5-1-47　在校生对任课教师二级指标满意度与重要度认知的交叉分析

	调查项目	人数	均值	标准差
满意度	任课教师教学态度	2055	4.41	0.812
	任课教师学科知识与能力	2055	4.43	0.803
	任课教师教育教学能力	2055	4.38	0.840
重要度	任课教师教学态度	2055	4.61	0.731
	任课教师学科知识与能力	2055	4.59	0.741
	任课教师教育教学能力	2055	4.60	0.745

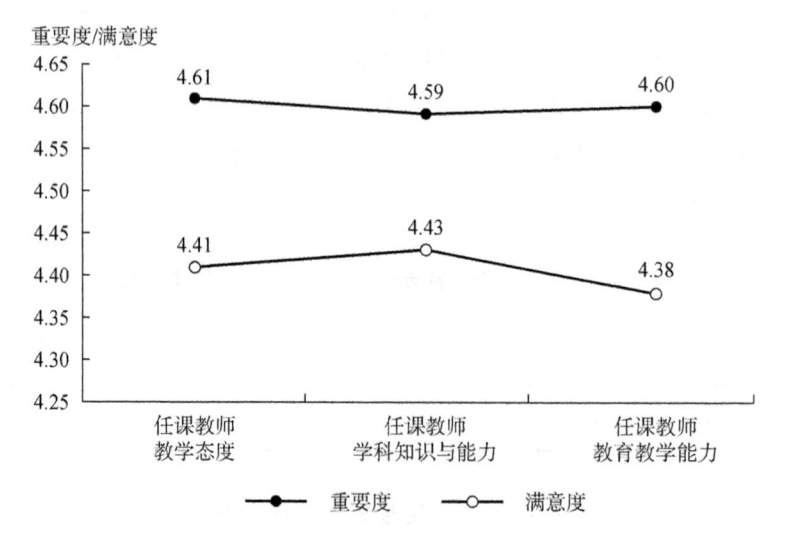

图 5-1-1　在校生对任课教师二级指标满意度与重要度的交叉折线

第二节 被调查对象对教学资源及培养经费的认知

一、被调查对象对教学资源的认知

（一）对实训教室及实验设施的认知

1. 导师和任课教师对实践教学及实验设施满意度的认知

从理论导师和任课教师对实践教学及设施的满意度认知总体分布情况中可以看出，21.3%的理论导师和任课教师"很满意"实践教学及资源，32.6%的理论导师和任课教师比较"满意"实践教学及资源，也有12.6%的理论导师和任课教师"不满意"实践教学及资源，4.4%的理论导师和任课教师"很不满意"实践教学及资源（见表5-2-1）。

表5-2-1 理论导师和任课教师对实践教学及设施满意度的认知情况

满意度	人数	占比/%
很满意	729	21.3
满意	1117	32.6
一般	999	29.1
不满意	432	12.6
很不满意	151	4.4
总计	3428	100.0

2. 在校生对实训教室及实验设施的认知

（1）对实训教室及实验设施满意度的认知

在校生对实训教室及实验设施"很满意"的有868人，占总人数的42.2%；"满意"的有685人，占总数的33.3%；"一般"以下的151人，占总数的7.4%；"一般"以上的人数多出"一般"以下1402人，占总人数的68.2%。可见在校生对实训教室及实验设施是比较满意的（见表5-2-2）。

表 5-2-2 在校生对实训教室及实验设施满意度的认知情况

满意度	人数	占比/%
很满意	868	42.2
满意	685	33.3
一般	351	17.1
不满意	104	5.1
很不满意	47	2.3
总计	2055	100.0

(2) 对实训教室及实验设施重要度的认知

在校生认为实训教室及实验设施"很重要"的有1164人,占总人数的56.6%;认为"重要"的有638人,占总人数的31.0%;"一般"以下的63人,占总人数的3.1%;"一般"以上的人数多出"一般"以下1739人,占总人数的84.6%。可见在校生认为实训教室及实验设施是比较重要的(见表5-2-3)。

表 5-2-3 在校生对实训教室及实验设施重要度的认知情况

重要度	人数	占比/%
很重要	1164	56.6
重要	638	31.0
一般	190	9.3
不重要	34	1.7
很不重要	29	1.4
总计	2055	100.0

(3) 对实训教室及实验设施满意度与重要度认知的差异

通过对在校生对实训教室及实验设施满意度与重要度认知的交叉分析可以看出,在校生认为实训教室及实验设施满意度的均值为4.08,重要度的均值为4.40,两者相差0.32,说明实训教室及实验设施满意度需要加强(见表5-2-4)。

表 5-2-4 在校生对实训教室及实验设施满意度与重要度认知的交叉分析

调查项目	人数	均值	标准差
实训教室及实验设施满意度	2055	4.08	0.998
实训教室及实验设施重要度	2055	4.40	0.833

3. 毕业生对实训教室及实验设施的认知

（1）对实训教室及实验设施的满意度认知

在毕业生对实训教室及实验设施满意度的认知总体分布情况中，"很满意"的比例最高，为42.9%；其次是"满意"的比例，为28.0%；"不满意"的比例最低，为6.6%（见表5-2-5）。

表 5-2-5 毕业生对实训教室及实验设施满意度的认知情况

满意度	人数	占比/%
很满意	959	42.9
满意	626	28.0
一般	330	14.7
不满意	147	6.6
很不满意	174	7.8
总计	2236	100.0

（2）对实训教室及实验设施重要度的认知

在毕业生对实训教室及实验设施重要度认知的总体分布情况中，认为"很重要"的比例最高，为57.9%；其次是认为"重要"的比例，为28.7%；认为"很不重要"的比例最低，为1.4%（见表5-2-6）。

表 5-2-6 毕业生对实训教室及实验设施重要度的认知情况

满意度	人数	占比/%
很重要	1294	57.9
重要	641	28.7
一般	221	9.9
不重要	48	2.1
很不重要	32	1.4
总计	2236	100.0

(3) 对实训教室及实验设施满意度与重要度认知的差异

通过对毕业生对实训教室及实验设施的满意度与重要度认知的交叉分析可以看出，毕业生认为实训教室及实验设施满意度的均值为 3.92，在"一般"以上，重要度的均值为 4.39，在"重要"以上，重要度的均值高于满意度均值，两者相差 0.47（见表 5-2-7）。

表 5-2-7 毕业生对实训教室及实验设施满意度与重要度认知的交叉分析

调查项目	人数	均值	标准差
实训教室及实验设施重要度	2236	4.39	0.859
实训教室及实验设施满意度	2236	3.92	1.238

(二) 对网络、图书资料的认知

1. 理论导师和任课教师对网络、图书资料的满意度认知

从理论导师和任课教师对网络、图书资料的满意度认知总体分布情况中可以看出，27.0%的理论导师和任课教师"很满意"拥有的网络、图书资料；34.8%的理论导师和任课教师比较"满意"拥有的网络、图书资料；也有10.5%的理论导师和任课教师"不满意"拥有的网络、图书资料；还有 4.2%的理论导师和任课教师"很不满意"拥有的网络、图书资料（见表5-2-8）。

表 5-2-8 理论导师和任课教师对网络、图书资料满意度的认知情况

满意度	人数	占比/%
很满意	926	27.0
满意	1192	34.8
一般	805	23.5
不满意	360	10.5
很不满意	145	4.2
总计	3428	100.0

2. 在校生对网络、图书资料的认知

(1) 对网络、图书资料满意度的认知

从在校生对网络、图书资料满意度的认知情况可以看出，"很满意"的有 956 人，占总人数的 46.5%；"满意"的有 657 人，占总人数的 32.0%；

"一般"以下有 127 人，占总数的 6.2%；"一般"以上的人数多出"一般"以下 1486 人，占总人数的 72.3%。可见在校生对网络、图书资料是比较满意的（见表 5-2-9）。

表 5-2-9　在校生对网络、图书资料满意度的认知情况

满意度	人数	占比/%
很满意	956	46.5
满意	657	32.0
一般	315	15.3
不满意	86	4.2
很不满意	41	2.0
总计	2055	100.0

（2）对网络、图书资料重要度的认知

从在校生对网络、图书资料重要度认知总体分布情况中可以看出，认为"很重要"的有 1235 人，占总人数的 60.1%；认为"重要"的有 601 人，占总人数的 29.2%；认为"一般"以下的有 47 人，占总人数的 2.3%；"一般"以上的人数多出"一般"以下 1789 人，占总人数的 87.1%。可见在校生整体上认为网络、图书资料是比较重要的（见表 5-2-10）。

表 5-2-10　在校生对网络、图书资料重要度的认知情况

重要度	人数	占比/%
很重要	1235	60.1
重要	601	29.2
一般	172	8.4
不重要	21	1.0
很不重要	26	1.3
总计	2055	100.0

（3）对网络、图书资料满意度与重要度认知的差异

通过对在校生对网络、图书资料满意度与重要度认知的交叉分析可以看出，在校生认为网络、图书资料满意度的均值为 4.17，重要度的均值为

4.46，两者相差 0.29，说明网络、图书资料满意度需要加强（见表 5-2-11）。

表 5-2-11　在校生对网络、图书资料满意度与重要度认知的交叉分析

调查项目	人数	均值	标准差
网络、图书资料满意度	2055	4.17	0.968
网络、图书资料重要度	2055	4.46	0.793

3. 毕业生对网络、图书资料的认知

（1）对网络、图书资料满意度的认知

在毕业生对网络图书资料满意度认知的总体分布情况中，"很满意"的比例最高，为 54.1%；其次是"满意"的比例，为 24.8%；"不满意"的比例最低，为 4.4%（见表 5-2-12）。

表 5-2-12　毕业生对网络、图书资料满意度的认知情况

满意度	人数	占比/%
很满意	1209	54.1
满意	555	24.8
一般	205	9.2
不满意	99	4.4
很不满意	168	7.5
总计	2236	100.0

（2）对网络、图书资料重要度的认知

在毕业生对网络图书资料重要度的认知总体分布情况中，认为"很重要"的比例最高，为 63.3%；其次是认为"重要"的比例，为 26.9%；认为"很不重要"的比例最低，为 1.1%（见表 5-2-13）。

表 5-2-13　毕业生对网络、图书资料重要度的认知情况

重要度	人数	占比/%
很重要	1416	63.3
重要	602	26.9
一般	167	7.5

续表

重要程度	人数	占比/%
不重要	27	1.2
很不重要	24	1.1
总计	2236	100.0

（3）对网络、图书资料满意度与重要度认知的差异

通过对毕业生对网络、图书资料满意度与重要度认知的交叉分析可以看出，在校生认为网络、图书资料满意度的均值为 4.14，重要度的均值为 4.50，两者相差 0.36，说明网络、图书资料满意度需要加强（见表 5-2-14）。

表 5-2-14 毕业生对网络、图书资料满意度与重要度认知的交叉分析

调查项目	人数	均值	标准差
网络、图书资料满意度	2236	4.14	1.212
网络、图书资料重要度	2236	4.50	0.775

（三）对案例教学资源的认知

1. 理论导师和任课教师对案例教学资源满意度的认知

从理论导师和任课教师对案例教学资源满意度的认知总体分布情况中可以看出，18.5%的理论导师和任课教师"很满意"拥有的案例教学资源，33.7%的理论导师和任课教师"满意"拥有的案例教学资源，也有13.3%的理论导师和任课教师"不满意"拥有的案例教学资源，3.5%的理论导师和任课教师"很不满意"拥有的案例教学资源（见表5-2-15）。

表 5-2-15 理论导师和任课教师对案例教学资源满意度的认知情况

满意度	人数	占比/%
很满意	635	18.5
满意	1154	33.7
一般	1064	31.0
不满意	457	13.3
很不满意	118	3.5
总计	3428	100.0

2. 在校生对案例教学资源的认知

(1) 对案例教学资源满意度的认知

在校生对案例教学资源"很满意"的有 873 人，占总数的 42.5%；"满意"的有 669 人，占总人数的 32.6%；"一般"以下的有 135 人，占总人数的 6.5%；"一般"以上的人数多出"一般"以下 1407 人，占总人数的 68.5%。可见在校生对案例教学资源是比较满意的（见表 5-2-16）。

表 5-2-16　在校生对案例教学资源满意度的认知情况

满意度	人数	占比/%
很满意	873	42.5
满意	669	32.6
一般	378	18.4
不满意	99	4.8
很不满意	36	1.7
总计	2055	100.0

(2) 对案例教学资源重要度的认知

在校生认为案例教学资源"很重要"的有 1274 人，占总人数的 62.0%；认为"重要"的有 577 人，占总人数的 28.0%；认为"一般"以下的有 52 人，占总人数的 2.6%；"一般"以上的人数多出"一般"以下 1799 人，占总人数的 87.5%。可见在校生认为案例教学资源是比较重要的（见表 5-2-17）。

表 5-2-17　在校生对案例教学资源重要度的认知情况

重要度	人数	占比/%
很重要	1274	62.0
重要	577	28.0
一般	152	7.4
不重要	26	1.3
很不重要	26	1.3
总计	2055	100.0

(3) 对案例教学资源的满意度与重要度认知的差异

通过对在校生对案例教学资源满意度与重要度认知的交叉分析可以看出，在校生认为案例教学资源满意度的均值为 4.09，重要度的均值为 4.48，两者相差 0.39，说明案例教学资源满意度需要加强（见表 5-2-18）。

表 5-2-18　在校生对案例教学资源满意度与重要度认知的交叉分析

调查项目	人数	均值	标准差
案例教学资源满意度	2055	4.09	0.975
案例教学资源重要度	2055	4.48	0.791

3. 毕业生对案例教学资源的认知

(1) 对案例教学资源满意度的认知

在毕业生对案例教学资源满意度认知的总体分布情况中，"很满意"的比例最高，为 42.5%；其次是"满意"的比例，为 28.3%；"不满意"的比例最低，为 6.4%（见表 5-2-19）。

表 5-2-19　毕业生对案例教学资源满意度的认知情况

满意度	人数	占比/%
很满意	950	42.5
满意	634	28.3
一般	348	15.6
不满意	142	6.4
很不满意	162	7.2
总计	2236	100.0

(2) 对案例教学资源重要度的认知

在毕业生对案例教学资源重要度认知的总体分布情况中，认为"很重要"的比例最高，为 63.7%；其次是认为"重要"的比例，为 25.3%；认为"很不重要"的比例最低，为 0.8%（见表 5-2-20）。

表 5-2-20 毕业生对案例教学资源重要度的认知情况

重要度	人数	占比/%
很重要	1425	63.7
重要	565	25.3
一般	191	8.6
不重要	36	1.6
很不重要	19	0.8
总计	2236	100.0

(3) 对案例教学资源的满意度与重要度认知的差异

通过对毕业生对案例教学资源的满意度与重要度的认知的交叉分析可以看出，毕业生对案例教学资源满意度的均值为3.92，重要度的均值为4.49，重要度的均值高于满意度均值，两者相差0.57（见表5-2-21）。

表 5-2-21 毕业生对案例教学资源满意度与重要度认知的交叉分析

调查项目	人数	均值	标准差
案例教学资源满意度	2236	3.92	1.217
案例教学资源重要度	2236	4.49	0.787

(四) 对实践教学基地的认知

1. 理论导师和任课教师对实践教学基地满意度的认知

从理论导师和任课教师对实践基地数量的满意度认知总体分布情况中可以看出，26.3%的理论导师和任课教师"很满意"实践基地数量，34.6%的理论导师和任课教师"满意"实践基地数量，也有9.9%的理论导师和任课教师"不满意"实践基地数量，4.0%的理论导师和任课教师"很不满意"实践基地数量（见表5-2-22）。

表 5-2-22 理论导师和任课教师对实践基地数量满意度的认知情况

满意度	人数	占比/%
很满意	901	26.3
满意	1186	34.6

续表

满意度	人数	占比/%
一般	865	25.2
不满意	338	9.9
很不满意	138	4.0
总计	3428	100.0

2. 在校生对实践教学基地的认知

(1) 对实践教学基地满意度的认知

从在校生对实践教学基地满意度的认知总体分布情况中可以看出,"很满意"的有 944 人,占总人数的 45.9%;"满意"的有 655 人,占总人数的 31.9%;"一般"以下有 121 人,占总人数的 5.9%;"一般"以上的人数多出"一般"以下 1478 人,占总人数的 71.9%。可见在校生对实践教学基地是比较满意的(见表 5-2-23)。

表 5-2-23　在校生对实践教学基地满意度的认知情况

满意度	人数	占比/%
很满意	944	45.9
满意	655	31.9
一般	335	16.3
不满意	90	4.4
很不满意	31	1.5
总计	2055	100.0

(2) 对实践教学基地重要度的认知

从在校生认为实践教学基地重要度认知总体分布情况中可以看出,认为"很重要"的有 1376 人,占总人数的 67.0%;认为"重要"的有 494 人,占总人数的 24.0%;"一般"以下有 53 人,占总人数的 2.6%;"一般"以上的人数多出"一般"以下 1817 人,占总人数的 88.4%。可见在校生认为实践教学基地是比较重要的(见表 5-2-24)。

表 5-2-24　在校生对实践教学基地重要度的认知情况

重要度	人数	占比/%
很重要	1376	67.0
重要	494	24.0
一般	132	6.4
不重要	18	0.9
很不重要	35	1.7
总计	2055	100.0

（3）对实践教学基地的满意度与重要度认知的差异

通过对在校生对实践教学基地满意度与重要度认知的交叉分析可以看出，在校生认为实践教学基地满意度的均值为4.16，重要度的均值为4.54，两者相差0.38，说明实践教学基地满意度需要加强（见表5-2-25）。

表 5-2-25　在校生对实践教学基地满意度与重要度认知的交叉分析

调查项目	人数	均值	标准差
实践教学基地满意度	2055	4.16	0.952
实践教学基地重要度	2055	4.54	0.796

3. 毕业生对实践教学基地的认知

（1）对实践教学基地满意度的认知

在毕业生对实践教学基地满意度的认知总体分布情况中，"很满意"的比例最高，为48.4%；其次是"满意"的比例，为26.5%；"不满意"的比例最低，为5.4%（见表5-2-26）。

表 5-2-26　毕业生对实践教学基地满意度的认知情况

满意度	人数	占比/%
很满意	1081	48.4
满意	592	26.5
一般	269	12.0
不满意	121	5.4
很不满意	173	7.7
总计	2236	100.0

(2) 对实践教学基地重要度的认知

在毕业生对实践教学基地重要度的认知总体分布情况中，认为"很重要"的比例最高，为67.7%；其次是认为"重要"的比例，为22.8%；认为"很不重要"的比例最低，为1.4%（见表5-2-27）。

表5-2-27　毕业生对实践教学基地重要度的认知情况

重要度	人数	占比/%
很重要	1514	67.7
重要	510	22.8
一般	148	6.6
不重要	34	1.5
很不重要	30	1.4
总计	2236	100.0

(3) 对实践教学基地的满意度与重要度认知的差异

通过对毕业生对实践教学基地的满意度与重要度认知的交叉分析可以看出，毕业生对实践教学基地满意度的均值为4.02，重要度的均值为4.54，两者都在"满意"或"重要"以上，但是重要度的均值高于满意度均值，两者相差0.52（见表5-2-28）。

表5-2-28　毕业生对实践教学基地满意度与重要度认知的交叉分析

调查项目	人数	均值	标准差
实践教学基地满意度	2236	4.02	1.232
实践教学基地重要度	2236	4.54	0.796

二、理论导师和任课教师对培养经费的认知

从理论导师和任课教师对培养经费满意度的认知总体分布情况中可以看出，16.1%的理论导师和任课教师"很满意"培养经费数目，29.3%的理论导师和任课教师对培养经费数目"满意"，也有16.8%的理论导师和任课教师"不满意"培养经费数目，6.8%的理论导师和任课教师"很不满意"培养经费数目（见表5-2-29）。

表 5-2-29　理论导师和任课教师对培养经费满意度的认知情况

满意度	人数	占比/%
很满意	550	16.1
满意	1005	29.3
一般	1063	31.0
不满意	576	16.8
很不满意	234	6.8
总计	3428	100.0

第三节　被调查对象对管理体制、学制及合作等的认知

一、被调查对象对管理体制的认知

（一）对管理工作相关文件、制度、条例等的认知

1. 理论导师和任课教师对管理工作相关制度及实施情况的认知

从理论导师和任课教师对管理工作相关制度及实施情况的满意度认知总体分布情况中可以看出，28.3%的理论导师和任课教师"很满意"管理制度及实施情况，37.8%的理论导师和任课教师"满意"管理制度及实施情况，也有9.0%的理论导师和任课教师"不满意"管理制度及实施情况，3.3%的理论导师和任课教师"很不满意"管理制度及实施情况（见表5-3-1）。

表 5-3-1　理论导师和任课教师对管理制度及实施情况满意度的认知情况

满意度	人数	占比/%
很满意	969	28.3
满意	1294	37.8
一般	742	21.6
不满意	310	9.0
很不满意	113	3.3
总计	3428	100.0

2. 在校生对管理工作相关文件、制度、条例等的认知

（1）对管理工作相关文件、制度、条例等满意度的认知

从在校生对教育硕士管理工作相关文件、制度、条例等满意度的认知总体分布情况中可以看出，"很满意"的有890人，占总人数的43.3%；"满意"的有681人，占总人数的33.1%；"一般"以下的有126人，占总人数的6.2%；"一般"以上的人数多于"一般"以下1445人，占总人数的70.3%。可见在校生对教育硕士管理工作相关文件、制度、条例等的满意度较高（见表5-3-2）。

表5-3-2 在校生对管理工作相关文件、制度、条例等满意度的认知情况

满意度	人数	占比/%
很满意	890	43.3
满意	681	33.1
一般	358	17.4
不满意	92	4.5
很不满意	34	1.7
总计	2055	100.0

（2）对管理工作相关文件、制度、条例等重要度的认知

从在校生对教育硕士管理工作相关文件、制度、条例等重要度的认知总体分布情况可以看出，认为"很重要"的有1118人，占总人数的54.4%；认为"重要"的有585人，占总人数的28.5%；认为"一般"以下有84人，占总人数的4.1%；"一般"以上的人数多出"一般"以下1619人，占总人数的78.8%。可见在校生认为教育硕士管理工作相关文件、制度、条例等的重要度比较高（见表5-3-3）。

表5-3-3 在校生对管理工作相关文件、制度、条例等重要度的认知情况

重要度	人数	占比/%
很重要	1118	54.4
重要	585	28.5
一般	268	13.0

续表

重要度	人数	占比/%
不重要	51	2.5
很不重要	33	1.6
总计	2055	100.0

(3) 对管理工作相关文件、制度、条例等满意度和重要度认知的差异

通过在校生对教育硕士管理工作相关文件、制度、条例等满意度和重要度认知的交叉分析可以看出，在校生对教育硕士管理工作相关文件、制度、条例等满意度的均值为4.12，重要度的均值为4.32，两者相差0.20，说明教育硕士管理工作相关文件、制度、条例等满意度需要加强（见表5-3-4）。

表5-3-4　在校生对管理工作相关文件、制度、条例等

满意度和重要度认知的交叉分析

调查项目	人数	均值	标准差
管理工作相关文件、制度、条例等满意度	2055	4.12	0.960
管理工作相关文件、制度、条例等重要度	2055	4.32	0.905

3. 毕业生对管理工作相关文件、制度、条例等的认知

(1) 对管理工作相关文件、制度、条例等满意度的认知

在毕业生对管理工作相关文件、制度、条例等的满意度的认知总体分布情况中，"很满意"的比例最高，为43.2%；其次是"满意"的比例，为26.7%；"不满意"的比例最低，为5.3%（见表5-3-5）。

表5-3-5　毕业生对管理工作相关文件、制度、条例等满意度的认知情况

满意度	人数	占比/%
很满意	966	43.2
满意	596	26.7
一般	388	17.3
不满意	119	5.3
很不满意	167	7.5
总计	2236	100.0

(2) 对管理工作相关文件、制度、条例等重要度的认知

在毕业生对管理工作相关文件、制度、条例等的重要度的认知总体分布情况中，认为"很重要"的比例最高，为51.4%；其次是认为"重要"的比例，为29.1%；认为"很不重要"的比例最低，为1.3%（见表5-3-6）。

表5-3-6　毕业生对管理工作相关文件、制度、条例等重要度的认知情况

重要度	人数	占比/%
很重要	1150	51.4
重要	651	29.1
一般	327	14.6
不重要	79	3.6
很不重要	29	1.3
总计	2236	100.0

(3) 毕业生对管理工作相关文件、制度、条例等的满意度与重要度的认知差异

通过对毕业生对教硕管理工作相关文件、制度、条例等满意度与重要度认知的交叉分析可以看出，满意度的均值为3.93，说明满意度在"一般"以上；重要度的均值为4.26，说明重要度在"重要"以上，重要度的均值高于满意度均值，两者相差0.33（见表5-3-7）。

表5-3-7　毕业生对管理工作相关文件、制度、条例等满意度与重要度认知的交叉分析

调查项目	人数	均值	标准差
管理工作相关文件、制度、条例等的满意度	2236	3.93	1.219
管理工作相关文件、制度、条例等的重要度	2236	4.26	0.923

(二) 对管理者工作效率与态度的认知

1. 理论导师和任课教师对管理机构满意度的认知

从理论导师和任课教师对管理机构满意度的认知总体分布情况中可以看出，33.5%的理论导师和任课教师"很满意"管理机构，35.5%的理论导师和

任课教师"满意"管理机构，也有8.3%的理论导师和任课教师"不满意"管理机构，3.6%的理论导师和任课教师"很不满意"管理机构（见表5-3-8）。

表5-3-8　理论导师和任课教师对管理机构满意度的认知情况

满意度	人数	占比/%
很满意	1148	33.5
满意	1215	35.5
一般	655	19.1
不满意	286	8.3
很不满意	124	3.6
总计	3428	100.0

2. 在校生对管理者工作效率与态度的认知

（1）对管理者工作效率与态度满意度的认知

从在校生对教育硕士管理者工作效率与态度满意度的认知总体分布情况中可以看出，"很满意"的有953人，占总数的46.4%；"满意"的有685人，占总人数的33.3%；"一般"以下有110人，占总人数的5.4%；"一般"以上的人数多出"一般"以下1528人，占总人数的74.4%。可见在校生对教育硕士管理者工作效率与态度满意度较高（见表5-3-9）。

表5-3-9　在校生对管理者工作效率与态度满意度的认知情况

满意度	人数	占比/%
很满意	953	46.4
满意	685	33.3
一般	307	14.9
不满意	72	3.5
很不满意	38	1.9
总计	2055	100.0

（2）对管理者工作效率与态度重要度的认知

从在校生对教育硕士管理者工作效率与态度重要度认知总体分布情况可

以看出，认为"很重要"的有 1263 人，占总人数的 61.5%；认为"重要"的有 534 人，占总人数的 26.0%；"一般"以下有 78 人，占总人数的 3.8%；"一般"以上的人数多出"一般"以下 1719 人，占总人数的 83.6%。可见在校生整体上对教育硕士管理者工作效率与态度满意度较高（见表 5-3-10）。

表 5-3-10　在校生对管理者工作效率与态度重要度的认知情况

重要度	人数	占比/%
很重要	1263	61.5
重要	534	26.0
一般	180	8.7
不重要	43	2.1
很不重要	35	1.7
总计	2055	100.0

（3）对管理者工作效率与态度满意度与重要度认知的差异

通过对在校生对教育硕士管理者工作效率与态度满意度与重要度认知的交叉分析可以看出，在校生认为教育硕士管理者工作效率与态度满意度的均值为 4.19，重要度的均值为 4.43，两者相差 0.24，说明教育硕士管理者工作效率与态度满意度需要加强（见表 5-3-11）。

表 5-3-11　在校生对管理者工作效率与态度满意度与重要度认知的交叉分析

调查项目	人数	均值	标准差
管理者工作效率与态度满意度	2055	4.19	0.940
管理者工作效率与态度重要度	2055	4.43	0.867

3. 毕业生对管理者工作效率与态度的认知

（1）对管理者工作效率与态度满意度的认知

在毕业生对教育硕士管理者的工作效率与态度满意度的认知总体分布情况中，"很满意"的比例最高，为 50.6%；其次是"满意"的比例，为 25.5%；"不满意"的比例最低，为 5.0%（见表 5-3-12）。

表 5-3-12　毕业生对管理者的工作效率与态度满意度的认知情况

满意度	频数	占比/%
很满意	1132	50.6
满意	569	25.5
一般	251	11.2
不满意	112	5.0
很不满意	172	7.7
总计	2236	100.0

(2) 对管理者工作效率与态度重要度的认知

在毕业生对教育硕士管理者的工作效率与态度重要度的认知总体分布情况中，认为"很重要"的比例最高，为61.5%；其次是认为"重要"的比例，为26.1%；认为"很不重要"的比例最低，为1.5%（见表5-3-13）。

表 5-3-13　毕业生对管理者的工作效率与态度重要度的认知情况

满意度	人数	占比/%
很重要	1376	61.5
重要	584	26.1
一般	204	9.1
不重要	39	1.8
很不重要	33	1.5
总计	2236	100.0

(3) 对管理者工作效率与态度满意度与重要度认知的差异

通过对毕业生对教育硕士管理者的工作效率与态度满意度与重要度认知的交叉分析可以看出，毕业生对管理者的工作效率与态度满意度的均值为4.06，重要度的均值为4.44，说明两者都在"满意"或"重要"以上，但是重要度的均值高于满意度均值，两者相差0.38（见表5-3-14）。

表 5-3-14　毕业生对管理者的工作效率与态度满意度与重要度认知的交叉分析

调查项目	人数	均值	标准差
管理者的工作效率与态度满意度	2236	4.06	1.228
管理者的工作效率与态度重要度	2236	4.44	0.844

二、被调查对象对合理学制的认知

（一）理论导师和任课教师对教育硕士合理学制的认知

从理论导师和任课教师对培养教育硕士的合理学制总体认知情况中可以看出，39.0%的理论导师和任课教师认为培养教育硕士的合理学制为3年，32.3%的理论导师和任课教师认为培养教育硕士的合理学制为2年半，28.7%的理论导师和任课教师认为培养教育硕士的合理学制为2年（见表5-3-15）。

表5-3-15 理论导师和任课教师对培养教育硕士合理学制的认知情况

学制	人数	占比/%
3年	1338	39.0
2年半	1105	32.3
2年	985	28.7
总计	3428	100.0

（二）在校生对教育硕士合理学制的认知

从在校生对教育硕士合理学制的认知情况中可以看出，认为2年学制合理的有1338人，占总人数的65.1%；认为2年半学制合理的有422人，占总人数20.5%；认为3年学制合理的有295人，占总人数的14.4%。可见大部分在校生认为现行的2年制学制是比较合理的（见表5-3-16）。

表5-3-16 在校生对教育硕士合理学制的认知情况

学制	人数	占比/%
2年	1338	65.1
2年半	422	20.5
3年	295	14.4
总计	2055	100.0

三、理论导师和任课教师对与政府和社会合作的认知

（一）对地方教育行政部门支持的满意度认知

从理论导师和任课教师对地方教育行政部门支持满意度的认知总体分布情况中可以看出，21.0%的理论导师和任课教师"很满意"地方教育行政部门支持，33.0%的理论导师和任课教师"满意"地方教育行政部门支持，也有12.6%的理论导师和任课教师"不满意"地方教育行政部门支持，4.5%的理论导师和任课教师"很不满意"地方教育行政部门支持（见表5-3-17）。

表5-3-17 理论导师和任课教师对地方教育行政部门支持满意度的认知情况

满意度	人数	占比/%
很满意	719	21.0
满意	1131	33.0
一般	991	28.9
不满意	432	12.6
很不满意	155	4.5
总计	3428	100.0

（二）对与中小学幼儿园合作关系的满意度认知

从理论导师和任课教师对与中小学幼儿园合作关系满意度的认知总体分布情况中可以看出，27.1%的理论导师和任课教师"很满意"与中小学幼儿园的合作关系，36.8%的理论导师和任课教师"满意"与中小学幼儿园的合作关系，也有9.4%的理论导师和任课教师"不满意"与中小学幼儿园的合作关系，3.9%的理论导师和任课教师"很不满意"与中小学幼儿园的合作关系（见表5-3-18）。

表5-3-18 理论导师和任课教师对与中小学幼儿园合作关系满意度的认知情况

满意度	人数	占比/%
很满意	929	27.1
满意	1260	36.8

续表

满意度	人数	占比/%
一般	781	22.8
不满意	324	9.4
很不满意	134	3.9
总计	3428	100.0

第四节 本章小结

①在对理论导师的调查中，在指导学生人数方面，理论导师指导学生人数的各项分布比较均匀，实践导师则集中在1~3人这一选项中；交流方面，实践导师与学生交流最多的是教学能力，其次是教学和学科知识，最少的是学位论文；与导师的关系方面，大部分学生认为自己与导师的关系为良师益友型；在校生与导师交流最多的依次是学业内容、学术研究和职业规划，交流频数方面约有一半学生都在3次以及3次以上。

②导师参与工作的方面：大部分理论导师都经常参与实践教学，实践导师参与最多的工作分别是课程教学、论文指导和专题报告。

③导师的自我认知方面：92.7%的理论导师都比较了解自身职责，74.5%的实践导师比较了解自身职责，说明实践导师对自身职责的了解程度有待提高，57.2%的理论导师都比较了解实践导师，说明双方需增加沟通，多互相了解；对教师队伍的满意方面，61.7%的理论导师和任课教师对专职教师队伍力量的满意度在"满意"及以上，66.7%的理论导师和任课教师对任课教师队伍水平的满意度在"满意"及以上，55.3%的理论导师和任课教师对兼职教师的满意度在"满意"及以上。

④学生对导师的认知方面：90.4%的在校生对理论导师的满意度在"满意"及以上，81.4%的在校生对实践导师的满意度在"满意"及以上，85.2%的在校生对任课教师的满意度在"满意"及以上，91.1%的在校生认为实践导师的重要度在"重要"及以上；83.3%的毕业生对理论导师的满意度在"满意"及以上，73.9%的毕业生对实践导师的满意度在"满意"

及以上，80.3%的毕业生对任课教师的满意度在"满意"及以上，94.0%的毕业生认为理论导师的重要度在"重要"及以上，88.9%的毕业生认为实践导师的重要度在"重要"及以上，92.3%的毕业生认为任课教师的重要度在"重要"及以上。说明毕业生对实践导师与任课教师较为满意并认为对他们起到重要作用。

⑤在校生对理论导师的指导态度、学科知识与能力及教育教学能力都很满意，并且在校生们普遍认为这些能力处在"很重要"的层面。通过在校生对导师各层面满意度与重要度认知的差异可以发现，他们的均值都较高，但也出现极小值为1.00的情况，说明这三方面还需加强。

⑥通过对教学资源认知状况可知，导师对实践教学和设施程度集中在"满意"和"一般"，在校生对其满意度集中在"很满意"和"满意"，说明在校生的满意度要略高于导师，并且在校生认为实训教师和实验设施很重要。虽然在校生对实训教室与实验设施的满意度和重要度交叉之后的均值较高，但也存在均值为1.00的情况，说明这两方面还需进一步提高。已经毕业的毕业生对实训教室和实验设施处于"很满意"的状态，并且认为这方面很重要。在网络、图书资料这一方面，理论导师、在校生及毕业生都处于"满意"和"很满意"的状态；并且在校生和毕业生均认为这方面很重要，但还有需要加强的必要。从对案例教学资源的认知情况发现，理论导师对案例教学资源的满意度集中在"满意"和"一般"，处于低满意度；在校生满意度略高于理论导师，集中在"很满意"和"满意"；毕业生对于案例教学资源很满意，认为其十分重要。理论导师对实践教学基地较为满意，毕业生和在校生对其满意度稍高于理论导师。

⑦理论导师对于培养经费的满意度方面：集中在"一般"和"满意"中，处于低满意度。在对管理体制的认知中，理论导师对管理工作相关文件、制度、条例等集中在"满意"这一层次中，在校生和毕业生集中在"很满意"这一层次中，并且毕业生认为管理工作相关文件、制度、条例等很重要。对管理者工作效率与态度的认知中，理论导师主要集中在"满意"和"很满意"两个层次中，处于高满意度。在校生和毕业生同样处于高满意度，并且认为工作效率与态度十分重要，但其中也有不足之处，需要加强改进。

⑧在对合理学制的认知调查中，有39.0%的理论导师认为应当进行3年制学习，有32.2%的理论导师认为应当进行2年半制学习，所以一多半的导师认为学制要处于2年半到3年之间。而65.1%的在校生认为应当进行2年制学习。

⑨在对与政府和社会合作的认知中了解到，理论导师对地方教育行政部门支持的满意度集中在"满意"和"一般"两个层次，处于低满意度状态，因此地方教育行政部门还需进一步支持。

⑩在对于中小学幼儿园等合作关系的满意度方面，理论导师的选项集中在"满意"和"很满意"中，处于较高满意度。

第六章　全日制教育硕士培养过程调查

第一节　生源质量调查

一、生源质量总体情况

（一）2017年录取情况

1. 第一志愿录取率

第一志愿录取率在整体上能够反映出不同地区、院校的生源供给数量乃至质量。以2017年为例，全国教育硕士各培养院校第一志愿平均录取率为64.0%，在9个批次的教育硕士培养院校中，有4个批次院校的第一志愿录取率高于全国平均水平。其中，由高至低分别为，第四批次（74.2%）、第一批次（73.2%）、第六批次（70.5%）和第三批次（69.5%）；剩余五个批次的院校由高至低分别为第九批次（59.2%）、第五批次（56.3%）、第二批次（51.7%）、第八批次（42.2%）、第七批次（40.8%）。

2. 与前置专业的不匹配情况

（1）录取总人数与其前置专业的不匹配情况

2017年，46所样本院校教育硕士实际招生总人数为8633人，其中，1933人录取的专业（领域）与其前置专业不匹配，不匹配率为22.4%，且在整体上呈现出随着教育硕士专业学位授予权审批批次推延，录取专业（领域）同考生前置专业的不匹配度逐渐增大趋势（第五批次、第八批次院校除外）。抽取的样本院校批次及录取总人数与前置专业的不匹配情况见表6-1-1。

表 6-1-1　各批次院校录取总人数与其前置专业的不匹配情况

审批批次	不匹配率/%	审批批次	不匹配率/%
第一批	15.4	第六批	30.7
第二批	19.9	第七批	37.7
第三批	23.7	第八批	17.0
第四批	26.0	第九批	30.1
第五批	19.4	—	—

（2）第一志愿录取的考生与其前置专业的不匹配情况

当教育硕士培养院校第一志愿上线率有限而难以完成招生计划时，由于形势所迫，调剂的考生很容易与其前置专业不匹配。从 46 所样本院校 2017 年教育硕士录取的数据来看，第一志愿录取考生总人数为 5527，第一志愿的录取率为 64.0%；与前置专业不匹配的人数为 1207 人，占第一志愿录取人数的 21.8%。随着授权院校批次的增加，各专业（领域）录取的考生与其前置专业不匹配率呈明显的增高趋势：第一批次院校的不匹配率最低，为 10.4%，除了第五批次院校为 16.1%外，第二批次到第九批次的不匹配率均在 20.0% 以上，其中第七批次的不匹配率最高，达到 58.5%（见表 6-1-2）。

表 6-1-2　各批次院校第一志愿录取的考生与其前置专业的不匹配情况

审批批次	不匹配率/%	审批批次	不匹配率/%
第一批	10.4	第六批	30.0
第二批	22.9	第七批	58.5
第三批	22.9	第八批	26.6
第四批	26.8	第九批	32.9
第五批	16.1	—	—

（3）调剂考生与其前置专业不匹配情况

在 2017 年教育硕士招生录取工作中，46 所样本院校共调剂录取考生 3106 人，占录取总人数的 36.0%，其中，与前置专业不匹配的人数为 726 人，占调剂总人数的 23.4%，高出第一志愿录取考生专业不匹配率 1.6 个百分点，调剂考生与其前置专业不匹配情况见表 6-1-3。

表 6-1-3　各批次院校调剂考生与其前置专业的不匹配情况

审批批次	不匹配率/%	审批批次	不匹配率/%
第一批	29.0	第六批	32.4
第二批	16.7	第七批	23.4
第三批	25.3	第八批	10.1
第四批	23.6	第九批	26.0
第五批	23.7	—	—

通过统计来看，学校的全日制专业学位研究生生源中一本院校学生比较少，且第一志愿招生人数比例不高，接受调剂和跨专业报考的人数较多，最终导致培养难度增加。

（二）师生调查情况

1. 理论导师和任课教师调查情况

理论导师和任课教师中"很满意"学生生源质量的为16.7%，"满意"学生生源质量的为31.8%，也有14.8%的理论导师和任课教师"不满意"学生生源质量，4.1%的理论导师和任课教师"很不满意"学生生源质量（见表6-1-4）。

表 6-1-4　理论导师和任课教师对学生生源质量满意度的认知情况

满意度	人数	占比/%
很满意	574	16.7
满意	1089	31.8
一般	1119	32.6
不满意	506	14.8
很不满意	140	4.1
总计	3428	100.0

2. 学生调查情况

（1）在校生调查

①前置专业学习经历。从在校生前置专业总体分布情况看，在校生前置专业中属于师范类或者取得教师资格证的有1442人，占总人数的

70.2%；剩余的 613 人占总人数的 29.8%，是非师范类院校的毕业生（见表 6-1-5）。

表 6-1-5　在校生前置专业分布情况

在校生前置专业	人数	占比/%
师范类或取得教师资格证	1442	70.2
非师范类毕业生	613	29.8
总计	2055	100.0

②前置专业与在学专业的相关性。从在校生前置专业与在学专业关系总体分布情况看，在校生中前置专业与在学专业一致的占总人数的 57.1%，相关的占总人数的 25.6%，剩余的 17.3%属于跨专业的情况，从整体上来看，跨专业的在校生只占少数（见表 6-1-6）。

表 6-1-6　在校生前置专业与在学专业关系分布情况

在校生前置专业与在学专业关系	人数	占比/%
一致	1174	57.1
相关	525	25.6
跨专业	356	17.3
总计	2055	100.0

（2）毕业生调查

①前置专业学习经历。在毕业生前置专业总体分布情况中，非师范类毕业生共有 598 人，占 26.7%；师范类或取得教师资格证的有 1638 人，占 73.3%（见表 6-1-7）。

表 6-1-7　毕业生前置专业分布情况

毕业生前置专业	人数	占比/%
师范类或取得教师资格证	1638	73.3
非师范类毕业生	598	26.7
总计	2236	100.0

②前置专业与毕业专业的相关性。从毕业生前置专业与毕业专业关系的总体分布情况可以看出,毕业生的前置专业与毕业专业一致的人数最多,有 1289 人,占 57.6%;其次是相关,有 644 人,占 28.8%;跨专业人数最少,只有 303 人,只占 13.6%(见表 6-1-8)。

表 6-1-8　毕业生前置专业与毕业专业关系分布情况

毕业生前置专业与毕业专业关系	人数	占比/%
一致	1289	57.6
相关	644	28.8
跨专业	303	13.6
总计	2236	100.0

二、影响学生选择学校、专业的因素

(一)影响毕业生更换学校的因素

在毕业生更换学校的原因中,筛选出选择"愿意"和"很愿意"的有效样本应为 608 份,但因 10 人没有回答该题,所以实际有效样本为 598 份。

本项调查有效问卷份数为 1060 份。在毕业生更换学校的原因中,"就业前景不好"占 18.7%,"职业发展前景不好"占 17.3%,"导师指导力量弱"占 5.2%,"师生关系不好"占 3.2%,"为了考博"占 9.3%,"父母亲朋等对该专业不认可"占 6.2%,"不感兴趣"占 5.7%,"学习成绩不好"占 1.9%,"学校声誉"占 8.7%,"专业声誉"占 7.8%,"其他"占 16.0%。可以看出,毕业生在选择学校时优先考虑就业前景,其次是职业发展前景,可见就业是毕业生最为关注的问题(见表 6-1-9)。

表 6-1-9　毕业生更换学校的原因分布情况

更换学校原因	人数	占比/%
就业前景不好	198	18.7
职业发展前景不好	183	17.3
导师指导力量弱	55	5.2

续表

更换学校原因	人数	占比/%
师生关系不好	34	3.2
为了考博	99	9.3
父母亲朋等对该专业不认可	66	6.2
不感兴趣	60	5.7
学习成绩不好	20	1.9
学校声誉	92	8.7
专业声誉	83	7.8
其他	170	16.0
总计	1060	100.0

（二）影响学生选择专业的因素

1. 在校生选择专业的因素

从选择本专业时考虑因素总体分布情况可以看出，在选择本专业时考虑"就业前景"的在校生有1584人，占被调查在校生人数的77.1%；其次是"学校声誉"占45.4%；考虑因素最少的是"为了读博"，占比只有2.8%。可以看出，在校生在选择专业时优先考虑就业前景，可见就业是在校生最为关注的问题；此外，"为了读博"的占比最少，也从侧面说明了这个问题（见表6-1-10）。

表6-1-10 在校生选择本专业时考虑因素分布情况

选择本专业时考虑因素	人数	占比/%
就业前景	1584	77.1
学校声誉	933	45.4
专业声誉	568	27.6
为了读博	57	2.8
导师指导力量	365	17.8
个人兴趣特长	915	44.5

续表

选择本专业时考虑因素	人数	占比/%
老师亲朋等建议	494	24.0
其他	84	4.1

2. 毕业生更换专业的因素

在毕业生更换专业的原因中，筛选出选择"愿意"和"很愿意"的有效样本应为587份，但因11人没有回答该题，所以实际有效样本为576份。

本项调查有效问卷份数为1020份。在毕业生更换专业的原因中，"就业前景不好"占19.8%，"职业发展前景不好"占18.8%，"导师指导力量弱"占5.3%，"师生关系不好"占2.1%，"为了考博"占9.3%，"父母亲朋等对该专业不认可"占6.4%，"不感兴趣"占5.1%，"学习成绩不好"占1.3%，"学校声誉"占7.8%，"专业声誉"占8.9%，"其他"占15.2%。可以看出，毕业生在选择专业时优先考虑就业前景，其次是职业发展前景，可见就业是毕业生最为关注的问题（见表6-1-11）。

表6-1-11 毕业生更换专业的原因分布情况

更换专业原因	人数	占比/%
就业前景不好	202	19.8
职业发展前景不好	192	18.8
导师指导力量弱	54	5.3
师生关系不好	21	2.1
为了考博	95	9.3
父母亲朋等对该专业不认可	65	6.4
不感兴趣	52	5.1
学习成绩不好	13	1.3
学校声誉	80	7.8
专业声誉	91	8.9
其他	155	15.2
总计	1020	100.0

第二节 培养目标定位调查

一、教师对培养目标定位的了解程度

（一）理论导师和任课教师对培养目标定位的了解程度

接受调查的理论导师和任课教师中对教育硕士培养目标"很了解"的人数有1351人，占比为39.4%；对教育硕士培养目标"了解"的人数最多，有1701人，占比为49.6%；对教育硕士培养目标了解"一般"的有346人，占比为10.1%；对教育硕士培养目标"不了解"的有27人，占比为0.8%；对教育硕士培养目标"很不了解"的人数最少，有3人，占比为0.1%。可见大多数教育硕士理论导师和任课教师对教育硕士培养目标比较了解（见表6-2-1）。

表6-2-1 理论导师和任课教师对教育硕士培养目标定位了解程度的分布情况

了解程度	人数	占比/%
很了解	1351	39.4
了解	1701	49.6
一般	346	10.1
不了解	27	0.8
很不了解	3	0.1
总计	3428	100.0

（二）实践导师对培养目标定位的了解程度

从实践导师对教育硕士培养目标了解程度的总体分布情况可以发现，选择"了解"的人数最多，有1283人，占比为48.5%；其次是"一般了解"，有615人，占比为23.2%；"很不了解"的人数最少，有93人，占比为3.5%。因此，对于教育硕士培养目标，大多数实践导师还是了解的（见表6-2-2）。

表 6-2-2　实践导师对教育硕士培养目标了解程度的分布情况

了解程度	人数	占比/%
很了解	511	19.3
了解	1283	48.5
一般	615	23.2
不了解	145	5.5
很不了解	93	3.5
总计	2647	100.0

二、理论导师和任课教师对培养目标定位的认知

从调查中可以看出，37.3%的理论导师和任课教师"很满意"教育硕士培养目标，36.5%的理论导师和任课教师"满意"教育硕士培养目标，也有7.3%的理论导师和任课教师"不满意"教育硕士培养目标，3.8%的理论导师和任课教师"很不满意"教育硕士培养目标（见表6-2-3）。

表 6-2-3　理论导师和任课教师对教育硕士培养目标满意度的认知情况

满意度	人数	占比/%
很满意	1278	37.3
满意	1253	36.5
一般	516	15.1
不满意	250	7.3
很不满意	131	3.8
总计	3428	100.0

三、学生对培养目标定位的认知

（一）在校生对培养目标定位的认知

1. 对培养目标定位满意度的认知

从在校生对本专业培养目标定位满意度的认知总体分布情况可以看出，在校生对本专业培养目标定位"很满意"的占47.2%，"满意"的占

34.0%,"一般"的占14.2%,"一般"以下的只占4.6%,可见在校生整体上对于本专业培养目标定位是比较满意的(见表6-2-4)。

表6-2-4 在校生对本专业培养目标定位满意度的认知情况

满意度	人数	占比/%
很满意	970	47.2
满意	699	34.0
一般	292	14.2
不满意	63	3.1
很不满意	31	1.5
总计	2055	100.0

2. 对培养目标定位重要度的认知

从在校生对本专业培养目标定位重要度认知总体分布情况可以看出,在校生认为本专业培养目标定位"很重要"的占64.7%,认为"重要"的占25.6%,认为"一般"的占6.4%,认为"很不重要"的占1.8%,认为"不重要"的占1.5%(见表6-2-5)。

表6-2-5 在校生对本专业培养目标定位重要度的认知情况

重要度	人数	占比/%
很重要	1330	64.7
重要	526	25.6
一般	132	6.4
不重要	31	1.5
很不重要	36	1.8
总计	2055	100.0

3. 对培养目标定位满意度与重要度差异的认知

通过对在校生对本专业培养目标定位满意度与重要度认知的交叉分析可以看出,在校生认为本专业培养目标定位满意度的均值为4.22,重要度的均值为4.50,重要度的均值比满意度的均值高0.28,即在校生认为学校的专业培养目标定位比较重要,但是满意度却相对较低,说明此项能力需要加强(见表6-2-6)。

表 6-2-6　在校生对本专业培养目标定位满意度与重要度认知的交叉分析

调查项目	人数	均值	标准差
本专业培养目标定位满意度	2055	4.22	0.908
本专业培养目标定位重要度	2055	4.50	0.828

（二）毕业生对培养目标定位的认知

1. 对培养目标定位满意度的认知

在毕业生对本专业培养目标定位满意度的认知情况中，"很满意"的占比最高，为49.8%；其次是"满意"的占比，为26.3%；"不满意"的占比最低，为4.6%（见表6-2-7）。

表 6-2-7　毕业生对本专业培养目标定位满意度的认知情况

满意度	人数	占比/%
很满意	1113	49.8
满意	588	26.3
一般	259	11.6
不满意	104	4.6
很不满意	172	7.7
总计	2236	100.0

2. 对培养目标定位重要度的认知

在毕业生对本专业培养目标定位重要度的认知情况中，认为"很重要"的占比最高，为64.5%；其次是认为"重要"的占25.3%；认为"不重要"的占比最低，为0.9%（见表6-2-8）。

表 6-2-8　毕业生对本专业培养目标定位重要度的认知情况

重要度	人数	占比/%
很重要	1444	64.5
重要	565	25.3
一般	183	8.2
不重要	20	0.9

续表

重要度	人数	占比/%
很不重要	24	1.1
总计	2236	100.0

3. 对培养目标定位满意度与重要度认知的差异

通过对毕业生本专业培养目标定位满意度与重要度认知的交叉分析可以看出,毕业生认为本专业培养目标定位的满意度的均值为4.06,重要度的均值为4.51,两者都在"满意"或"重要"以上,但是重要度的均值高于满意度均值,二者相差0.45(见表6-2-9)。

表6-2-9　毕业生对本专业培养目标定位满意度与重要度认知的交叉分析

调查项目	人数	均值	标准差
本专业培养目标定位满意度	2236	4.06	1.220
本专业培养目标定位重要度	2236	4.51	0.772

第三节　课程教学调查

一、理论导师和任课教师对课程教学满意度的认知

(一) 对培养方案满意度的认知

在理论导师和任课教师对培养方案满意度认知的总体情况中,35.1%的理论导师和任课教师"很满意"培养方案,37.9%的理论导师和任课教师"满意"培养方案,也有7.5%的理论导师和任课教师"不满意"培养方案,3.4%的理论导师和任课教师"很不满意"培养方案(见表6-3-1)。

表6-3-1　理论导师和任课教师对培养方案满意度的认知情况

满意度	人数	占比/%
很满意	1204	35.1
满意	1299	37.9

续表

满意度	人数	占比/%
一般	553	16.1
不满意	258	7.5
很不满意	114	3.4
总计	3428	100.0

（二）对教学大纲满意度的认知

在理论导师和任课教师对教学大纲满意度认知的总体情况中，71.8%的理论导师和任课教师"很满意"和"满意"教学大纲，可见大多数理论导师和任课教师都认为教学大纲比较完备；但也有10.6%的理论导师和任课教师"不满意"和"很不满意"教学大纲（见表6-3-2）。

表6-3-2 理论导师和任课教师对教学大纲满意度的认知情况

满意度	人数	占比/%
很满意	1164	34.0
满意	1298	37.8
一般	602	17.6
不满意	257	7.5
很不满意	107	3.1
总计	3428	100.0

（三）对课程教学质量满意度的认知

在理论导师和任课教师对课程教学质量的满意度总体情况中，27.2%的理论导师和任课教师"很满意"课程教学质量，40.9%的理论导师和任课教师"满意"课程教学质量，也有7.7%的理论导师和任课教师"不满意"课程教学质量，2.8%的理论导师和任课教师"很不满意"课程教学质量（见表6-3-3）。

表 6-3-3　理论导师和任课教师对课程教学质量满意度的认知情况

满意度	人数	占比/%
很满意	931	27.2
满意	1403	40.9
一般	734	21.4
不满意	263	7.7
很不满意	97	2.8
总计	3428	100.0

（四）对课程结构满意度的认知

在理论导师和任课教师对课程结构满意度认知的总体情况中，29.4%的理论导师和任课教师"很满意"课程结构，38.9%的理论导师和任课教师"满意"课程结构，但有8.9%的理论导师和任课教师"不满意"课程结构，有3.4%的理论导师和任课教师"很不满意"课程结构（见表6-3-4）。

表 6-3-4　理论导师和任课教师对课程结构满意度的认知情况

满意度	人数	占比/%
很满意	1009	29.4
满意	1335	38.9
一般	666	19.4
不满意	306	8.9
很不满意	112	3.4
总计	3428	100.0

（五）对教学方式满意度的认知

在理论导师和任课教师对教学方式满意度认知的总体情况中，66.6%的理论导师和任课教师"很满意"和"满意"教学方式，也有11.6%的理论导师和任课教师"不满意"和"很不满意"教学方式（见表6-3-5）。

表 6-3-5　理论导师和任课教师对教学方式满意度的认知情况

满意度	人数	占比/%
很满意	972	28.4
满意	1311	38.2
一般	749	21.8
不满意	297	8.7
很不满意	99	2.9
总计	3428	100.0

二、在校生对课程教学的认知

（一）在校生对课程教学满意度的认知

1. 对课程结构满意度的认知

从在校生对课程结构满意度的认知情况可以看出，"很满意"的有899人，占总人数的43.8%；"满意"的有695人，占总人数的33.8%；"一般"以下的有109人，占总人数的5.3%；"一般"以上的满意度比例比"一般"以下的高72.3个百分点。可见在校生对课程结构是比较满意的（见表6-3-6）。

表 6-3-6　在校生对课程结构满意度的认知情况

满意度	人数	占比/%
很满意	899	43.8
满意	695	33.8
一般	352	17.1
不满意	84	4.1
很不满意	25	1.2
总计	2055	100.0

2. 对课程内容满意度的认知

从在校生对课程内容满意度的认知情况可以看出，"很满意"的有957人，占总人数的46.6%；"满意"的有648人，占总人数的31.5%；"一般"

以下的有 104 人，占总人数的 5.1%；"一般"以上的满意度比例比"一般"以下的高 73.0 个百分点。可见在校生对课程结构是比较满意的（见表 6-3-7）。

表 6-3-7　在校生对课程内容满意度的认知情况

满意度	人数	占比/%
很满意	957	46.6
满意	648	31.5
一般	346	16.8
不满意	69	3.4
很不满意	35	1.7
总计	2055	100.0

3. 对课程教学方式满意度的认知

从在校生对课程教学方式满意度的认知情况可以看出，"很满意"的有 959 人，占总人数的 46.7%；"满意"的有 652 人，占总人数的 31.7%；"一般"以下的有 92 人，占总人数的 4.5%；"一般"以上满意度的比例比"一般"以下的高 73.9 个百分点。可见在校生对课程教学方式的满意度较高（见表 6-3-8）。

表 6-3-8　在校生对课程教学方式满意度的认知情况

满意度	人数	占比/%
很满意	959	46.7
满意	652	31.7
一般	352	17.1
不满意	64	3.1
很不满意	28	1.4
总计	2055	100.0

4. 对课程考核方式满意度的认知

从在校生对课程考核方式满意度的认知情况中可以看出，"很满意"的有 948 人，占总人数的 46.1%；"满意"的有 674 人，占总人数的 32.8%；"一般"以下的有 100 人，占总人数的 4.9%；"一般"以上的人数多出"一般"以下 1522 人，占总人数的 74.1%。可见在校生对课程考核方式是比较满意的（见表 6-3-9）。

表 6-3-9 在校生对课程考核方式满意度的认知情况

满意度	人数	占比/%
很满意	948	46.1
满意	674	32.8
一般	333	16.2
不满意	70	3.4
很不满意	30	1.5
总计	2055	100.0

（二）在校生对课程教学重要度的认知

1. 对课程结构重要度的认知

从在校生对课程结构重要度的认知情况可以看出，认为"很重要"的有 1298 人，占总人数的 63.2%；认为"重要"的有 559 人，占总人数的 27.2%；"一般"以下的有 60 人，占总人数的 2.9%；"一般"以上重要度的比例比"一般"以下的高 87.5 个百分点。可见在校生认为课程结构是重要的（见表 6-3-10）。

表 6-3-10 在校生对课程结构重要度的认知情况

重要度	人数	占比/%
很重要	1298	63.2
重要	559	27.2
一般	138	6.7
不重要	23	1.1
很不重要	37	1.8
总计	2055	100.0

2. 对课程内容重要度的认知

从在校生对课程内容重要度的认知情况可以看出，认为"很重要"的有1350人，占总人数的65.7%；认为"重要"的有536人，占总人数的26.1%；认为"一般"以下的有52人，占总人数的2.5%；"一般"以上的重要度比例高于"一般"以下的比例。可见在校生认为课程内容是比较重要的（见表6-3-11）。

表 6-3-11　在校生对课程内容重要度的认知情况

重要度	人数	占比/%
很重要	1350	65.7
重要	536	26.1
一般	117	5.7
不重要	19	0.9
很不重要	33	1.6
总计	2055	100.0

3. 对课程教学方式重要度的认知

从在校生对课程教学方式重要度的认知情况中可以看出，认为"很重要"的有1357人，占总人数的66.0%；认为"重要"的有515人，占总人数的25.1%；认为"一般"以下的有51人，占总人数的2.5%；"一般"以上的人数高出"一般"以下的人数为1821人，占总人数的88.6%。可见在校生认为课程教学方式是比较重要的（见表6-3-12）。

表 6-3-12　在校生对课程教学方式重要度的认知情况

重要度	人数	占比/%
很重要	1357	66.0
重要	515	25.1
一般	132	6.4
不重要	25	1.2
很不重要	26	1.3
总计	2055	100.0

4. 对课程考核方式重要度的认知

从在校生对课程考核方式重要度的认知情况可以看出，认为"很重要"的有 1222 人，占总人数的 59.5%；认为"重要"的有 583 人，占总人数的 28.3%；认为"一般"以下的有 59 人，占总人数的 2.9%；"一般"以上的人数多出"一般"以下 1746 人，占总人数的 85.0%。可见在校生认为课程考核方式是比较重要的（见表 6-3-13）。

表 6-3-13　在校生对课程考核方式重要度的认知情况

重要度	人数	占比/%
很重要	1222	59.5
重要	583	28.3
一般	191	9.3
不重要	31	1.5
很不重要	28	1.4
总计	2055	100.0

（三）在校生对课程教学满意度与重要度认知的差异

1. 对课程结构满意度与重要度认知的差异

通过对在校生对课程结构满意度与重要度认知的交叉分析可以看出，在校生认为课程结构满意度的均值为 4.15，重要度的均值为 4.49，两者相差 0.34，说明课程结构的满意度需要加强（见表 6-3-14）。

表 6-3-14　在校生对课程结构满意度与重要度认知的交叉分析

调查项目	人数	均值	标准差
课程结构满意度	2055	4.15	0.928
课程结构重要度	2055	4.49	0.817

2. 对课程内容满意度与重要度认知的差异

通过对在校生对课程内容满意度与重要度认知的交叉分析可以看出，在校生认为课程内容满意度的均值为 4.18，重要度的均值为 4.53，两者相差 0.35，说明课程内容的满意度需要加强（见表 6-3-15）。

表 6-3-15　在校生对课程内容满意度与重要度认知的交叉分析

调查项目	人数	均值	标准差
课程结构满意度	2055	4.18	0.943
课程结构重要度	2055	4.53	0.782

3. 对课程教学方式满意度与重要度认知的差异

通过对在校生对课程教学方式满意度与重要度认知的交叉分析可以看出，在校生认为课程教学方式满意度的均值为 4.19，重要度的均值为 4.53，两者相差 0.34，说明课程教学方式的满意度需要加强（见表 6-3-16）。

表 6-3-16　在校生对课程教学方式满意度与重要度认知的交叉分析

调查项目	人数	均值	标准差
课程教学方式满意度	2055	4.19	0.921
课程教学方式重要度	2055	4.53	0.776

4. 对课程考核方式满意度与重要度认知的差异

通过对在校生对课程考核方式满意度与重要度认知的交叉分析可以看出，在校生认为课程考核方式满意度的均值为 4.19，重要度的均值为 4.43，两者相差 0.24，说明课程考核方式的满意度需要加强（见表 6-3-17）。

表 6-3-17　在校生对课程考核方式满意度与重要度认知的交叉分析

调查项目	人数	均值	标准差
课程考核方式满意度	2055	4.19	0.925
课程考核方式重要度	2055	4.43	0.828

三、毕业生对课程教学的认知

（一）毕业生对所学专业知识对工作帮助程度的认知

本项调查有效问卷份数为 1960 份。在毕业生对所学专业知识对现有工作的帮助总体认知的分布情况中，认为"帮助很大"的占 33.3%，认为"帮助比较大"的占 38.8%，认为"一般"的占 14.5%，认为"帮助不太大"的占6.5%。认为"完全无帮助"的占6.9%（见表6-3-18）。

表6-3-18 毕业生对所学专业知识对现有工作的帮助的认知情况

所学专业知识对现有工作的帮助	人数	占比/%
帮助很大	653	33.3
帮助比较大	760	38.8
一般	285	14.5
帮助不太大	128	6.5
完全无帮助	134	6.9
总计	1960	100.0

（二）毕业生认为应该加强的课程

毕业生中认为读研阶段应补充或加强"实践课程"的占被调查毕业生人数的53.4%，应补充或加强"学科教学课程"的占36.3%，应补充或加强"职业指导课程"的占33.5%，应补充或加强"教育心理课程"的占31.6%，应补充或加强"学科知识课程"的占30.7%，应补充或加强"科研方法课程"的占28.6%，应补充或加强"教育基本理论课程"的占18.0%，应补充或加强"其他"的占3.6%（见表6-3-19）。

表6-3-19 毕业生认为应该补充或加强的课程分布情况

希望增设的课程	人数	占比/%
实践课程	1194	53.4
学科教学课程	811	36.3
职业指导课程	748	33.5
教育心理课程	707	31.6
学科知识课程	687	30.7
科研方法课程	640	28.6
教育基本理论课程	402	18.0
其他	80	3.6

(三) 毕业生对课程教学的总体认知

1. 对课程教学满意度的认知

在毕业生对课程教学满意度的认知情况中,"很满意"的占比最高,为49.2%;其次是"满意"的占比,为28.1%;"不满意"的占比最低,为3.7%(见表6-3-20)。

表6-3-20 毕业生对课程教学满意度的认知情况

满意度	人数	占比/%
很满意	1101	49.2
满意	628	28.1
一般	254	11.4
不满意	83	3.7
很不满意	170	7.6
总计	2236	100.0

2. 对课程教学重要度的认知

在毕业生对课程教学重要度的认知情况中,认为"很重要"的占比最高,为67.6%;其次是认为"重要"的占比,为24.9%;认为"不重要"的占比最低,为0.8%(见表6-3-21)。

表6-3-21 毕业生对课程教学重要度的认知情况

重要度	人数	占比/%
很重要	1513	67.6
重要	556	24.9
一般	125	5.6
不重要	18	0.8
很不重要	24	1.1
总计	2236	100.0

3. 对课程教学满意度与重要度认知的差异

通过对毕业生对课程教学的满意度与重要度认知的交叉分析可以看出,

毕业生认为课程教学满意度的均值为 4.08，重要度的均值为 4.57，说明两者都在"满意"或"重要"以上，但是重要度的均值高于满意度均值，两者相差 0.49（见表 6-3-22）。

表 6-3-22　毕业生对课程教学满意度与重要度认知的交叉分析

调查项目	人数	均值	标准差
课程教学满意度	2236	4.08	1.197
课程教学重要度	2236	4.57	0.731

第四节　案例教学和实践教学调查

一、案例教学调查

此项调查只针对于承担课程教学任务的理论导师和任课教师，统计的总人数为 2415 人。

（一）理论导师和任课教师对案例在教学中作用的了解程度

针对理论导师和任课教师对案例在教学中作用的了解程度，有 86.1% 的理论导师和任课教师"很了解"和"了解"案例在教学中的作用，只有 1.1% 的理论导师和任课教师"不了解"和"很不了解"案例在教学中的作用（见表 6-4-1）。

表 6-4-1　理论导师和任课教师对案例在教学中作用了解程度的分布情况

了解程度	人数	占比/%
很了解	805	33.3
了解	1276	52.8
一般	309	12.8
不了解	19	0.8
很不了解	6	0.3
总计	2415	100.0

(二) 理论导师和任课教师对教学案例开发的熟悉程度

理论导师和任课教师对教学案例开发的熟悉程度为"很熟悉"的占 23.9%,"熟悉"的占 45.5%,只有 3.5% 的人"不熟悉"和"很不熟悉"教学案例的开发(见表 6-4-2)。

表 6-4-2 理论导师和任课教师对教学案例开发熟悉程度的分布情况

熟悉程度	人数	占比/%
很熟悉	577	23.9
熟悉	1098	45.5
一般	655	27.1
不熟悉	71	2.9
很不熟悉	14	0.6
总计	2415	100.0

(三) 理论导师和任课教师在教学中使用案例教学的情况

针对理论导师和任课教师对案例教学的使用程度,有 48.3% 的教师"经常使用"案例教学,43.9% 的教师"不太经常使用"案例教学,也有 6.9% 的教师"很少使用"案例教学,还有 0.9% 的教师"从未使用"过案例教学(见表 6-4-3)。

表 6-4-3 理论导师和任课教师对案例教学使用程度的分布情况

使用程度	频数	占比/%
经常使用	1166	48.3
不太经常使用	1060	43.9
很少使用	166	6.9
从未使用	23	0.9
总计	2415	100.0

二、实践教学调查

(一) 理论导师参与指导学生实践教学情况

理论导师"经常参与"指导学生实践的比例为 39.6%,11.8% 的理论导师"很少参与"指导学生实践，还有3.0%的理论导师"从未参与"指导学生实践（见表6-4-4）。

表6-4-4　理论导师参与指导学生实践教学程度的分布情况

参与程度	人数	占比/%
经常参与	1093	39.6
一般参与	1260	45.6
很少参与	326	11.8
从未参与	84	3.0
总计	2763	100.0

（二）理论导师和任课教师对实践教学满意度的认知

理论导师和任课教师对实践教学计划"很满意"的比例为32.2%，"满意"的比例为37.7%，"不满意"的比例为7.4%，"很不满意"的比例为3.2%（见表6-4-5）。

表6-4-5　理论导师和任课教师对实践教学计划满意度的认知情况

满意度	人数	占比/%
很满意	1106	32.2
满意	1292	37.7
一般	668	19.5
不满意	252	7.4
很不满意	110	3.2
总计	3428	100.0

（三）在校生对实践教学的总体认知

1. 对实践教学满意度的认知

从在校生对实践教学满意度的认知情况中可以看出，"很满意"的有994人，占总人数的48.4%；"满意"的有702人，占总人数的34.2%；"一般"以下的有99人，占总人数的4.8%；"一般"以上的人数多出"一般"以下1597人，占总人数的77.7%。可见在校生对实践教学是比较满意的（见表6-4-6）。

表 6-4-6 在校生对实践教学满意度的认知情况

满意度	人数	占比/%
很满意	994	48.4
满意	702	34.2
一般	260	12.6
不满意	74	3.6
很不满意	25	1.2
总计	2055	100.0

2. 对实践教学重要度的认知

从在校生对实践教学重要度的认知情况中可以看出，认为"很重要"的有 1474 人，占总人数的 71.7%；认为"重要"的有 460 人，占总人数的 22.4%；认为"一般"以下的有 45 人，占总人数的 2.2%；"一般"以上的人数多出"一般"以下 1889 人，占总人数的 91.9%。可见在校生认为实践教学是比较重要的（见表 6-4-7）。

表 6-4-7 在校生对实践教学重要度的认知情况

重要度	人数	占比/%
很重要	1474	71.7
重要	460	22.4
一般	76	3.7
不重要	9	0.4
很不重要	36	1.8
总计	2055	100.0

3. 对实践教学满意度与重要度认知的差异

通过对在校生对实践教学满意度与重要度认知的交叉分析可以看出，在校生认为实践教学满意度均值为 4.25，重要度的均值为 4.62，两者相差 0.37，说明实践教学满意度需要加强（见表 6-4-8）。

表 6-4-8 在校生对实践教学满意度与重要度认知的交叉分析

调查项目	人数	均值	标准差
实践教学满意度	2055	4.25	0.896
实践教学重要度	2055	4.62	0.739

（四）毕业生对实践教学的总体认知

1. 对实践教学满意度的认知

在毕业生对实践教学满意度的认知情况中，"很满意"的占比最高，为48.8%；其次是"满意"的占比，为26.3%；"不满意"的占比最低，为5.1%（见表6-4-9）。

表 6-4-9 毕业生对实践教学满意度的认知情况

满意度	人数	占比/%
很满意	1092	48.8
满意	588	26.3
一般	281	12.6
不满意	113	5.1
很不满意	162	7.2
总计	2236	100.0

2. 对实践教学重要度的认知

在毕业生对实践教学重要度的认知情况中，认为"很重要"的占比最高，为71.0%；其次是认为"重要"的占比，为21.0%；认为"不重要"的占比最低，为1.0%（见表6-4-10）。

表 6-4-10 毕业生对实践教学重要度的认知情况

重要度	人数	占比/%
很重要	1588	71.0
重要	470	21.0
一般	131	5.9
不重要	23	1.0
很不重要	24	1.1
总计	2236	100.0

3. 对实践教学满意度与重要度认知的差异

通过对毕业生对实践教学满意度与重要度认知的交叉分析可以看出，毕业生认为实践教学满意度的均值为4.04，重要度的均值为4.60，两者都在"满意"或"重要"以上，但是重要度的均值高于满意度的均值，两者相差0.56（见表6-4-11）。

表6-4-11 毕业生对实践教学满意度与重要度认知的交叉分析

调查项目	人数	均值	标准差
实践教学满意度	2236	4.04	1.211
实践教学重要度	2236	4.60	0.740

第五节　本章小结

①通过理论导师与实践导师对研究生培养目标的了解程度发现，理论导师对培养目标集中在"了解"和"很了解"，占比89.0%，处于高满意度；实践导师对培养目标的了解集中在"了解"和"一般"，处于低满意度。说明实践导师仍需加强对培养目标的了解。

②通过在校生与毕业生对培养目标的定位满意度与重要度可以发现，在校生满意度集中在"满意"和"很满意"，共占比81.2%，处于高满意度；重要度集中在"很重要"和"重要"，共占比90.3%，说明在校生认为培养目标对自身发展极其重要，并对所在院校的培养目标处于较高满意度。毕业生对培养目标的定位主要集中在"很满意"和"满意"中，两项加起来占比76.1%；重要度主要集中在"重要"和"很重要"，两项加起来共占比89.8%；通过比较发现，在校生对培养目标定位满意度高于毕业生，但其重要度相差很小，仅相差0.01。这说明在校生与毕业生相比，对培养目标期望较高，但是所占的重要度差不多。

③对课程教学调查后发现，教师对培养方案、教学大纲、课程质量、课程结构以及教学方法方面满意度集中在"满意"这一程度，在校生对于这些方面集中在"很满意"这一程度中，说明学生对课程教学的满意度要高于教师，并且在校生们认为这些很重要。在对毕业生调查后发现，课程教学

对于现有的工作帮助情况集中在"帮助很大"和"帮助比较大",说明上述课程教学的这些方面对于毕业生今后的工作有较大的帮助,并且应重点加强实践课程,提高实践技能。

④对案例教学和实践教学调查后发现,理论导师和任课教师都了解其所起到的作用,而且熟悉程度较高,在日常生活中常常使用案例教学。理论导师指导学生参与实践教学的程度较高,并且对其产生的结果较为满意。在校生对于实践教学处于高满意度的状态,并认为实践教学对于其自身发展很重要。毕业生很满意在校时的实践教学,并且认为实践教学起到了很重要的作用。

第七章　全日制教育硕士培养成效调查

第一节　学位论文质量调查

一、理论导师和任课教师对学位论文质量满意度的认知

从理论导师和任课教师对教育硕士学位论文质量满意度的认知总体情况中可以看出，17.8%的理论导师和任课教师"很满意"学位论文质量，38.8%的理论导师和任课教师"满意"学位论文质量，也有10.1%的理论导师和任课教师"不满意"学位论文质量，还有2.5%的理论导师和任课教师"很不满意"学位论文质量（见表7-1-1）。

表7-1-1　理论导师和任课教师对教育硕士学位论文质量满意度的认知情况

满意度	人数	占比/%
很满意	610	17.8
满意	1331	38.8
一般	1058	30.8
不满意	345	10.1
很不满意	84	2.5
总计	3428	100.0

二、在校生对学位论文质量的认知

(一) 对学位论文质量满意度的认知

从在校生对教育硕士学位论文质量满意度的认知情况来看,"很满意"的有1036人,占总人数的50.4%;"满意"的有702人,占总数的34.2%;"一般"以下有71人,占总人数的3.5%;"一般"以上的人数多出"一般"以下1667人,占总人数的81.1%。可见在校生对教育硕士学位论文质量满意度在整体上较高(见表7-1-2)。

表7-1-2 在校生对教育硕士学位论文质量满意度的认知情况

满意度	人数	占比/%
很满意	1036	50.4
满意	702	34.2
一般	246	12.0
不满意	43	2.1
很不满意	28	1.3
总计	2055	100.0

(二) 对学位论文质量重要度的认知

从在校生对教育硕士学位论文质量重要度的认知情况可以看出,认为"很重要"的有1334人,占总人数的64.9%;认为"重要"的有536人,占总人数的26.1%;认为"一般"以下的有57人,占总人数的2.8%;"一般"以上的人数多出"一般"以下1813人,占总人数的88.2%。可见在校生认为教育硕士学位论文质量的重要度比较高(见表7-1-3)。

表7-1-3 在校生对教育硕士学位论文质量重要度的认知情况

重要度	人数	占比/%
很重要	1334	64.9
重要	536	26.1
一般	128	6.2

续表

重要度	人数	占比/%
不重要	27	1.3
很不重要	30	1.5
总计	2055	100.0

(三) 对学位论文质量满意度与重要度的认知差异

通过对在校生对教育硕士学位论文质量满意度与重要度认知的交叉分析可以看出，在校生认为教育硕士学位论文质量满意度的均值为4.30，重要度的均值为4.52，两者相差0.22，说明教育硕士学位论文质量满意度需要加强（见表7-1-4）。

表7-1-4 在校生对教育硕士学位论文质量满意度与重要度认知的交叉分析

调查项目	人数	均值	标准差
学位论文质量满意度	2055	4.30	0.860
学位论文质量重要度	2055	4.52	0.793

三、毕业生对学位论文质量的认知

(一) 对学位论文质量满意度的认知

在毕业生对教育硕士学位论文质量满意度的认知总体情况中，"很满意"的比例最高，为49.9%；其次是"满意"的比例，为27.0%；"不满意"的比例最低，为4.6%（见表7-1-5）。

表7-1-5 毕业生对教育硕士学位论文质量满意度的认知情况

满意度	人数	占比/%
很满意	1116	49.9
满意	604	27.0
一般	242	10.8
不满意	102	4.6
很不满意	172	7.7
总计	2236	100.0

(二) 对学位论文质量重要度的认知

在毕业生对教育硕士学位论文质量重要度的认知总体情况中,认为"很重要"的比例最高,为61.3%;其次是认为"重要"的比例,为29.1%;认为"很不重要"的比例最低,为1.2%(见表7-1-6)。

表7-1-6 毕业生对教育硕士学位论文质量重要度的认知情况

重要度	人数	占比/%
很重要	1371	61.3
重要	652	29.1
一般	149	6.7
不重要	37	1.7
很不重要	27	1.2
总计	2236	100.0

(三) 对学位论文质量满意度与重要度认知的差异

通过对毕业生对教育硕士学位论文质量的满意度与重要度认知的交叉分析可以看出,毕业生认为学位论文满意度的均值为4.07,重要度的均值为4.48,两者都在"满意"或"重要"以上,但是重要度的均值高于满意度均值,两者相差0.41(见表7-1-7)。

表7-1-7 毕业生对教育硕士学位论文质量满意度与重要度认知的交叉分析

调查项目	人数	均值	标准差
学位论文质量重要度	2236	4.48	0.792
学位论文质量满意度	2236	4.07	1.216

第二节 毕业生总体质量调查

一、毕业生工作岗位调查

(一) 对现有工作满意度的认知

本项调查有效问卷份数为1960份。从毕业生对现有工作满意度的认知总体情况可以看出,毕业生对于工作"很满意"的占32.3%,"满意"的占

41.5%,"一般"的占15.2%,"不满意"及"很不满意"的占11.0%(见表7-2-1)。

表7-2-1 毕业生对现有工作满意度的认知情况

满意度	人数	占比/%
很满意	633	32.3
满意	813	41.5
一般	298	15.2
不满意	122	6.2
很不满意	94	4.8
总计	1960	100.0

(二)对工作岗位上取得业绩的认知

本项调查有效问卷份数为1960份。从毕业生对工作岗位取得业绩的认知总体情况可以看出,毕业生中有8.6%认为在工作岗位上取得了"很大"的业绩,有38.9%认为取得了"比较大"的业绩,认为业绩"一般"及认为取得的业绩"不太大"和"完全没有"的占52.5%(见表7-2-2)。

表7-2-2 毕业生对工作岗位取得业绩的认知情况

业绩	人数	占比/%
很大	169	8.6
比较大	762	38.9
一般	834	42.6
不太大	138	7.0
完全没有	57	2.9
总计	1960	100.0

二、用人单位对毕业生综合素养满意度的认知

(一)对毕业生岗位所需专业知识满意度的认知

用人单位对教育硕士毕业生岗位所需专业知识满意度的认知总体情况如

下：选择"很满意"的有 1078 人，占比 63.1%；选择"满意"的有 451 人，占比 26.4%；选择"一般"的有 92 人，占比 5.4%；选择"不满意"的有 53 人，占比 3.1%；选择"很不满意"的有 35 人，占比 2.0%。由此看来，用人单位对教育硕士毕业生岗位所需专业知识的满意度比较高（见表 7-2-3）。

表 7-2-3 用人单位对毕业生岗位所需专业知识满意度的认知情况

满意度	人数	占比/%
很满意	1078	63.1
满意	451	26.4
一般	92	5.4
不满意	53	3.1
很不满意	35	2.0
总计	1709	100.0

（二）对毕业生职业道德满意度的认知

用人单位对毕业生职业道德（含工作态度等）满意度的认知总体情况如下：选择"很满意"的有 1263 人，占比 73.9%；选择"满意"的有 327 人，占比 19.1%；选择"一般"的有 56 人，占比 3.3%；选择"不满意"的有 29 人，占比 1.7%；选择"很不满意"的有 34 人，占比 2.0%。由此看来，用人单位对教育硕士毕业生职业道德（含工作态度等）的满意度比较高（见表 7-2-4）。

表 7-2-4 用人单位对毕业生职业道德（含工作态度等）满意度的认知情况

满意度	人数	占比/%
很满意	1263	73.9
满意	327	19.1
一般	56	3.3
不满意	29	1.7
很不满意	34	2.0
总计	1709	100.0

(三) 对毕业生工作能力满意度的认知

用人单位对毕业生工作能力满意度的认知总体情况如下：选择"很满意"的有1144人，占比66.9%；选择"满意"的有450人，占比26.3%；选择"一般"的有67人，占比3.9%；选择"不满意"的有17人，占比1.1%；选择"很不满意"的有31人，占比1.8%。由此看来，用人单位对教育硕士毕业生工作能力满意度较高（见表7-2-5）。

表7-2-5　用人单位对毕业生工作能力满意度的认知情况

满意度	人数	占比/%
很满意	1144	66.9
满意	450	26.3
一般	67	3.9
不满意	17	1.1
很不满意	31	1.8
总计	1709	100.0

(四) 对毕业生工作业绩满意度的认知

用人单位对毕业生工作业绩满意度的认知总体情况如下：选择"很满意"的有1026人，占比60.0%；选择"满意"的有548人，占比32.1%；选择"一般"的有78人，占比4.6%；选择"不满意"的有22人，占比1.3%；选择"很不满意"的有35人，占比2.0%。由此看来，用人单位对教育硕士毕业生工作业绩满意度较高（见表7-2-6）。

表7-2-6　用人单位对毕业生工作业绩满意度的认知情况

满意度	人数	占比/%
很满意	1026	60.0
满意	548	32.1
一般	78	4.6
不满意	22	1.3
很不满意	35	2.0
总计	1709	100.0

第三节 毕业生综合素养调查

一、用人单位对毕业生综合素养各要素重要度的认知

（一）用人单位对毕业生二级指标重要度的总体认知

从用人单位招聘时对毕业生二级指标重要度的认知统计量表来看，在均值上，用人单位在招聘中认为职业道德与职业情感的重要度的均值最高，为4.64，认为职业规划能力重要度的均值最低，为4.36；这说明用人单位在招聘中认为职业道德与职业情感的重要度较高，认为职业规划能力的重要度相对较低，即在招聘时用人单位最看重教育硕士毕业生的职业道德与职业情感（见表7-3-1）。

表7-3-1 用人单位对毕业生二级指标重要度的认知统计量表

二级指标重要度	人数	均值	标准差
在招聘中职业道德与职业情感的重要度	1709	4.64	0.775
在招聘中专业知识的重要度	1709	4.55	0.769
在招聘中教育教学基础知识的重要度	1709	4.47	0.797
在招聘中教学实践能力的重要度	1709	4.54	0.796
在招聘中管理实践能力的重要度	1709	4.49	0.796
在招聘中沟通协调能力的重要度	1709	4.59	0.760
在招聘中团队合作能力的重要度	1709	4.59	0.754
在招聘中组织管理能力的重要度	1709	4.49	0.809
在招聘中自主学习与反思能力的重要度	1709	4.57	0.797
在招聘中教育实践研究能力的重要度	1709	4.48	0.822
在招聘中职业规划能力的重要度	1709	4.36	0.850
在招聘中自我认知能力的重要度	1709	4.48	0.807
在招聘中心理调适能力的重要度	1709	4.55	0.797

(二) 用人单位对毕业生各指标的认知情况

1. 对毕业生职业道德与职业情感重要度的认知

在用人单位对在招聘中毕业生职业道德与职业情感重要度的认知情况中，选择"很重要"的有1293人，占比75.6%；选择"重要"的309人，占比18.1%；选择"一般"的53人，占比3.1%；认为"不重要"和"很不重要"的占比很低。说明用人单位认为在招聘中教育硕士毕业生职业道德与职业情感处于"重要"及以上程度（见表7-3-2）。

表7-3-2 用人单位对毕业生职业道德与职业情感重要度的认知情况

重要度	人数	占比/%
很重要	1293	75.6
重要	309	18.1
一般	53	3.1
不重要	20	1.2
很不重要	34	2.0
总计	1709	100.0

2. 对毕业生专业知识重要度的认知

在用人单位对在招聘中毕业生专业知识重要度的认知情况中，选择"很重要"的有1141人，占比66.7%；选择"重要"的439人，占比25.7%；选择"一般"的77人，占比4.5%；认为"不重要"和"很不重要"的占比很低。说明用人单位认为在招聘中教育硕士毕业生专业知识处于"重要"及以上程度（见表7-3-3）。

表7-3-3 用人单位对毕业生专业知识重要度的认知情况

重要度	人数	占比/%
很重要	1141	66.7
重要	439	25.7
一般	77	4.5
不重要	32	1.9
很不重要	20	1.2
总计	1709	100.0

3. 对毕业生教育教学基础知识重要度的认知

在用人单位对在招聘中毕业生教育教学基础知识重要度的认知情况中，选择"很重要"的有1039人，占比60.7%；选择"重要"的506人，占比29.6%；选择"一般"的119人，占比7.0%；认为"不重要"和"很不重要"的占比很低。说明用人单位认为在招聘中教育硕士毕业生教育教学基础知识处于"重要"及以上程度（见表7-3-4）。

表7-3-4　用人单位对毕业生教育教学基础知识重要度的认知情况

重要度	人数	占比/%
很重要	1039	60.7
重要	506	29.6
一般	119	7.0
不重要	20	1.2
很不重要	25	1.5
总计	1709	100.0

4. 对毕业生教学实践能力重要度的认知

在用人单位对在招聘中毕业生教学实践能力重要度的认知情况中，选择"很重要"的有1138人，占比66.6%；选择"重要"的433人，占比25.3%；选择"一般"的79人，占比4.6%；认为"不重要"和"很不重要"的占比很低。说明用人单位认为在招聘中教育硕士毕业生教学实践能力处于"重要"及以上程度（见表7-3-5）。

表7-3-5　用人单位对毕业生教学实践能力重要度的认知情况

重要度	人数	占比/%
很重要	1138	66.6
重要	433	25.3
一般	79	4.6
不重要	35	2.1
很不重要	24	1.4
总计	1709	100.0

5. 对毕业生管理实践能力重要度的认知

在用人单位对在招聘中毕业生管理实践能力重要度的认知情况中，选择"很重要"的有 1076 人，占比 63.0%；选择"重要"的 476 人，占比 27.9%；选择"一般"的 106 人，占比 6.2%；认为"不重要"和"很不重要"的占比很低。说明用人单位认为在招聘中教育硕士毕业生管理实践能力处于"重要"及以上程度（见表 7-3-6）。

表 7-3-6 用人单位对毕业生管理实践能力重要度的认知情况

重要度	人数	占比/%
很重要	1076	63.0
重要	476	27.9
一般	106	6.2
不重要	28	1.6
很不重要	23	1.3
总计	1709	100.0

6. 对毕业生沟通协调能力重要度的认知

在用人单位对在招聘中毕业生沟通协调能力重要度的认知情况中，选择"很重要"的有 1196 人，占比 70.0%；选择"重要"的 388 人，占比 22.7%；选择"一般"的 82 人，占比 4.8%；认为"不重要"和"很不重要"的占比很低。说明用人单位认为在招聘中教育硕士毕业生沟通协调能力处于"重要"及以上程度（见表 7-3-7）。

表 7-3-7 用人单位对毕业生沟通协调能力重要度的认知情况

重要度	人数	占比/%
很重要	1196	70.0
重要	388	22.7
一般	82	4.8
不重要	18	1.1
很不重要	25	1.4
总计	1709	100.0

7. 对毕业生团队合作能力重要度的认知

在用人单位对在招聘中毕业生团队合作能力重要度的认知情况中，选择"很重要"的有 1194 人，占比 69.9%；选择"重要"的 392 人，占比 22.9%；选择"一般"的 80 人，占比 4.7%；认为"不重要"和"很不重要"的占比很低。说明用人单位认为在招聘中教育硕士毕业生团队合作能力处于"重要"及以上程度（见表 7-3-8）。

表 7-3-8　用人单位对毕业生团队合作能力重要度的认知情况

重要度	人数	占比/%
很重要	1194	69.9
重要	392	22.9
一般	80	4.7
不重要	20	1.2
很不重要	23	1.3
总计	1709	100.0

8. 对毕业生组织管理能力重要度的认知

在用人单位对在招聘中毕业生组织管理能力重要度的认知情况中，选择"很重要"的有 1092 人，占比 63.9%；选择"重要"的 452 人，占比 26.4%；选择"一般"的 99 人，占比 5.8%；认为"不重要"和"很不重要"的占比很低。说明用人单位认为在招聘中教育硕士毕业生组织管理能力处于"重要"及以上程度（见表 7-3-9）。

表 7-3-9　用人单位对毕业生组织管理能力重要度的认知情况

重要度	人数	占比/%
很重要	1092	63.9
重要	452	26.4
一般	99	5.8
不重要	50	3.0
很不重要	16	0.9
总计	1709	100.0

9. 对毕业生自主学习与反思能力重要度的认知

在用人单位对在招聘中毕业生自主学习与反思能力重要度的认知情况中，选择"很重要"的有1198人，占比70.1%；选择"重要"的379人，占比22.2%；选择"一般"的78人，占比4.6%；认为"不重要"和"很不重要"的占比很低。说明用人单位认为在招聘中教育硕士毕业生自主学习与反思能力处于"重要"及以上程度（见表7-3-10）。

表7-3-10　用人单位对毕业生自主学习与反思能力重要度的认知情况

重要度	人数	占比/%
很重要	1198	70.1
重要	379	22.2
一般	78	4.6
不重要	23	1.3
很不重要	31	1.8
总计	1709	100.0

10. 对毕业生教育实践研究能力重要度的认知

在用人单位对在招聘中毕业生教育实践研究能力重要度的认知情况中，选择"很重要"的有1065人，占比62.3%；选择"重要"的487人，占比28.5%；选择"一般"的88人，占比5.1%；认为"不重要"和"很不重要"的占比很低。说明用人单位认为在招聘中教育硕士毕业生教育实践研究能力处于"重要"及以上程度（见表7-3-11）。

表7-3-11　用人单位对毕业生教育实践研究能力重要度的认知情况

重要度	人数	占比/%
很重要	1065	62.3
重要	487	28.5
一般	88	5.1
不重要	46	2.7
很不重要	23	1.4
总计	1709	100.0

11. 对毕业生职业规划能力重要度的认知

在用人单位对在招聘中毕业生职业规划能力重要度的认知情况中，选择"很重要"的有910人，占比53.2%；选择"重要"的589人，占比34.5%；选择"一般"的145人，占比8.5%；认为"不重要"和"很不重要"的占比很低。说明用人单位认为在招聘中教育硕士毕业生职业规划能力处于"重要"及以上程度（见表7-3-12）。

表7-3-12　用人单位对毕业生职业规划能力重要度的认知情况

重要度	人数	占比/%
很重要	910	53.2
重要	589	34.5
一般	145	8.5
不重要	38	2.2
很不重要	27	1.6
总计	1709	100.0

12. 对毕业生自我认知能力重要度的认知

在用人单位对在招聘中毕业生自我认知能力重要度的认知情况中，选择"很重要"的有1066人，占比62.4%；选择"重要"的482人，占比28.2%；选择"一般"的106人，占比6.2%；认为"不重要"和"很不重要"的占比很低。说明用人单位认为在招聘中教育硕士毕业生自我认知能力处于"重要"及以上程度（见表7-3-13）。

表7-3-13　用人单位对毕业生自我认知能力重要度的认知情况

重要度	人数	占比/%
很重要	1066	62.4
重要	482	28.2
一般	106	6.2
不重要	31	1.8
很不重要	24	1.4
总计	1709	100.0

13. 对毕业生心理调试能力重要度的认知

在用人单位对在招聘中毕业生心理调试能力重要度的认知情况中，选择"很重要"的有 1166 人，占比 68.2%；选择"重要"的 400 人，占比 23.4%；选择"一般"的 94 人，占比 5.5%；认为"不重要"和"很不重要"的占比很低。说明用人单位认为在招聘中教育硕士毕业生心理调试能力处于"重要"及以上程度（见表 7-3-14）。

表 7-3-14　用人单位对毕业生心理调试能力重要度的认知情况

重要度	人数	占比/%
很重要	1166	68.2
重要	400	23.4
一般	94	5.5
不重要	19	1.1
很不重要	30	1.8
总计	1709	100.0

二、毕业生和实践导师对综合素养各要素满意度的认知

（一）毕业生对自身综合素养各要素满意度的认知

1. 对职业道德与职业情感满意度的认知

在毕业生对职业道德与职业情感满意度认知的总体情况中，"很满意"的比例最高，为 46.0%；其次是"满意"的比例，为 29.1%；"不满意"的比例最低，为 6.0%（见表 7-3-15）。

表 7-3-15　毕业生对职业道德与职业情感满意度的认知情况

满意度	人数	占比/%
很满意	1029	46.0
满意	650	29.1
一般	267	11.9
不满意	134	6.0
很不满意	156	7.0
总计	2236	100.0

2. 对所学专业知识满意度的认知

在毕业生对所学专业知识满意度认知的总体情况中,"很满意"的比例最高,为40.7%;其次是"满意"的比例,为33.6%;"不满意"的比例最低,为5.6%(见表7-3-16)。

表7-3-16 毕业生对所学专业知识满意度的认知情况

满意度	人数	占比/%
很满意	911	40.7
满意	751	33.6
一般	310	13.9
不满意	125	5.6
很不满意	139	6.2
总计	2236	100.0

3. 对教育教学基础知识满意度的认知

在毕业生对教育教学基础知识满意度认知的总体情况中,"很满意"的比例最高,为38.6%;其次是"满意"的比例,为35.9%;"不满意"的比例最低,为5.3%(见表7-3-17)。

表7-3-17 毕业生对教育教学基础知识满意度的认知情况

满意度	人数	占比/%
很满意	864	38.6
满意	803	35.9
一般	304	13.7
不满意	119	5.3
很不满意	146	6.5
总计	2236	100.0

4. 对教学实践能力满意度的认知

在毕业生对教学实践能力满意度认知的总体情况中,"很满意"的比例最高,为40.7%;其次是"满意"的比例,为32.0%;"不满意"的比例最低,为5.9%(见表7-3-18)。

表 7-3-18 毕业生对教学实践能力满意度的认知情况

满意度	人数	占比/%
很满意	909	40.7
满意	716	32.0
一般	332	14.8
不满意	131	5.9
很不满意	148	6.6
总计	2236	100.0

5. 对管理实践能力满意度的认知

在毕业生对管理实践能力满意度认知的总体情况中,"很满意"的比例最高,为34.8%;其次是"满意"的比例,为34.4%;"不满意"的比例最低,为6.0%(见表7-3-19)。

表 7-3-19 毕业生对管理实践能力满意度的认知情况

满意度	人数	占比/%
很满意	778	34.8
满意	770	34.4
一般	418	18.7
不满意	134	6.0
很不满意	136	6.1
总计	2236	100.0

6. 对沟通协调能力满意度的认知

在毕业生对沟通协调能力满意度认知的总体情况中,"很满意"的比例最高,为40.7%;其次是"满意"的比例,为30.9%;"不满意"的比例最低,为4.7%(见表7-3-20)。

表 7-3-20 毕业生对沟通协调能力满意度的认知情况

满意度	人数	占比/%
很满意	910	40.7
满意	690	30.9

续表

满意度	人数	占比/%
一般	383	17.1
不满意	106	4.7
很不满意	147	6.6
总计	2236	100.0

7. 对团队合作能力满意度的认知

在毕业生对团队合作能力满意度认知的总体情况中,"很满意"的比例最高,为39.1%;其次是"满意"的比例,为32.4%;"不满意"的比例最低,为4.7%(见表7-3-21)。

表7-3-21 毕业生对团队合作能力满意度的认知情况

满意度	人数	占比/%
很满意	875	39.1
满意	725	32.4
一般	384	17.2
不满意	104	4.7
很不满意	148	6.6
总计	2236	100.0

8. 对组织管理能力满意度的认知

在毕业生对组织管理能力满意度认知的总体情况中,"很满意"的比例最高,为38.6%;其次是"满意"的比例,为31.8%;"不满意"的比例最低,为4.7%(见表7-3-22)。

表7-3-22 毕业生对组织管理能力满意度的认知情况

满意度	人数	占比/%
很满意	862	38.6
满意	711	31.8
一般	408	18.2

续表

满意度	人数	占比/%
不满意	106	4.7
很不满意	149	6.7
总计	2236	100.0

9. 对自主学习与反思能力满意度的认知

在毕业生对自主学习与反思能力满意度认知的总体情况中,"很满意"的比例最高,为41.7%;其次是"满意"的比例,为32.9%;"不满意"的比例最低,为4.7%(见表7-3-23)。

表7-3-23 毕业生对自主学习与反思能力满意度的认知情况

满意度	人数	占比/%
很满意	932	41.7
满意	735	32.9
一般	319	14.2
不满意	105	4.7
很不满意	145	6.5
总计	2236	100.0

10. 对教育实践研究能力满意度的认知

在毕业生对教育实践研究能力满意度认知的总体情况中,"很满意"的比例最高,为39.6%;其次是"满意"的比例,为31.7%;"不满意"的比例最低,为5.4%(见表7-3-24)。

表7-3-24 毕业生对教育实践研究能力满意度的认知情况

满意度	人数	占比/%
很满意	885	39.6
满意	708	31.7
一般	374	16.7
不满意	121	5.4
很不满意	148	6.6
总计	2236	100.0

11. 对职业规划能力满意度的认知

在毕业生对职业规划能力满意度认知的总体情况中，"很满意"的比例最高，为36.4%；其次是"满意"的比例，为31.3%；"不满意"的比例最低，为6.3%（见表7-3-25）。

表7-3-25　毕业生对职业规划能力满意度的认知情况

满意度	人数	占比/%
很满意	815	36.4
满意	699	31.3
一般	423	18.9
不满意	141	6.3
很不满意	158	7.1
总计	2236	100.0

12. 对自我认知能力满意度的认知

在毕业生对自我认知能力满意度认知的总体情况中，"很满意"的比例最高，为38.6%；其次是"满意"的比例，为33.9%；"不满意"的比例最低，为4.9%（见表7-3-26）。

表7-3-26　毕业生对自我认知能力满意度的认知情况

满意度	人数	占比/%
很满意	863	38.6
满意	757	33.9
一般	351	15.7
不满意	110	4.9
很不满意	155	6.9
总计	2236	100.0

13. 对心理调试能力满意度的认知

在毕业生对心理调试能力满意度认知的总体情况中，"很满意"的比例最高，为39.4%；其次是"满意"的比例，为29.7%；"不满意"的比例最低，为6.0%（见表7-3-27）。

表7-3-27 毕业生对心理调试能力满意度的认知情况

满意度	人数	占比/%
很满意	882	39.4
满意	665	29.7
一般	373	16.8
不满意	134	6.0
很不满意	182	8.1
总计	2236	100.0

（二）实践导师对毕业生综合素养各要素满意度的认知

1. 对毕业生职业道德与职业情感满意度的认知

在实践导师对毕业生职业道德与职业情感满意度的认知情况中，实践导师选择"很满意"的人数为975人，占比36.8%；"满意"的有950人，占比35.9%；选择"一般"的有524人，占比19.8%；"不满意"的人数为156人，占比5.9%；"很不满意"的人数最少，有42人，占比1.6%。可以看出，实践导师对学生此方面能力处于高满意度，集中在"很满意"和"满意"（见表7-3-28）。

表7-3-28 实践导师对毕业生职业道德与职业情感满意度的认知情况

满意度	人数	占比/%
很满意	975	36.8
满意	950	35.9
一般	524	19.8
不满意	156	5.9
很不满意	42	1.6
总计	2647	100.0

2. 对毕业生专业知识满意度的认知

在实践导师对毕业生专业知识满意度的认知情况中，实践导师选择

"很满意"的人数为787人，占比29.7%；"满意"的有1117人，占比42.2%；选择"一般"的人数有584人，占比22.1%；"不满意"的人数为126人，占比4.8%；"很不满意"的人数最少，有33人，占比1.2%。可以看出，实践导师对学生此方面能力满意度较高，但"很满意"度不高，主要集中在"满意"这一项（见表7-3-29）。

表7-3-29 实践导师对毕业生专业知识满意度的认知情况

满意度	人数	占比/%
很满意	787	29.7
满意	1117	42.2
一般	584	22.1
不满意	126	4.8
很不满意	33	1.2
总计	2647	100.0

3. 对毕业生教育教学基础知识满意度的认知

在实践导师对毕业生教育教学基础知识满意度的认知情况中，实践导师选择"很满意"的人数为699人，占比26.4%；"满意"的有1099人，占比41.5%；"一般"的人数有670人，占比25.3%；"不满意"的人数为155人，占比5.9%；"很不满意"的人数最少，有24人，占比0.9%。从中可以看出，实践导师对学生此方面能力满意度较高，但"很满意"度不高，主要集中在"满意"这一项（见表7-3-30）。

表7-3-30 实践导师对毕业生教育教学基础知识满意度的认知情况

满意度	人数	占比/%
很满意	699	26.4
满意	1099	41.5
一般	670	25.3
不满意	155	5.9
很不满意	24	0.9
总计	2647	100.0

4. 对毕业生教学实践能力满意度的认知

在实践导师对毕业生教学实践能力满意度的认知情况中，实践导师选择"很满意"的人数为552人，占比20.8%；"满意"的人数为1018人，占比38.5%；"一般"的人数为818人，占比30.9%；"不满意"的人数为214人，占比8.1%；"很不满意"的人数为45人，占比1.7%。从中可以发现，实践导师对学生此方面能力处于低满意度，大多集中在"满意"和"一般"这两项。所以学校应当加强对学生此方面能力的培养（见表7-3-31）。

表 7-3-31　实践导师对毕业生教学实践能力满意度的认知情况

满意度	人数	占比/%
很满意	552	20.8
满意	1018	38.5
一般	818	30.9
不满意	214	8.1
很不满意	45	1.7
总计	2647	100.0

5. 对毕业生管理实践能力满意度的认知

在实践导师对毕业生管理实践能力满意度的认知情况中，实践导师选择"很满意"的人数为498人，占比18.8%；"满意"的人数为987人，占比37.3%；"一般"的人数为828人，占比31.3%；"不满意"的人数为294人，占比11.1%；"很不满意"的人数为40人，占比1.5%。从中可以发现，实践导师对学生此方面能力处于低满意度，大多集中在"满意"和"一般"这两项。所以学校应当重点加强对学生此方面能力的培养（见表7-3-32）。

表 7-3-32　实践导师对毕业生管理实践能力满意度的认知情况

满意度	人数	占比/%
很满意	498	18.8
满意	987	37.3
一般	828	31.3

续表

满意度	人数	占比/%
不满意	294	11.1
很不满意	40	1.5
总计	2647	100.0

6. 对毕业生沟通协调能力满意度的认知

在实践导师对毕业生沟通协调能力满意度的认知情况中，实践导师选择"很满意"的人数为746人，占比28.2%；"满意"的人数为1073人，占比40.5%；"一般"的人数为620人，占比23.4%；"不满意"的人数为177人，占比6.7%；"很不满意"的人数为31人，占比1.2%。可以发现，实践导师对学生此方面能力满意度不高，主要集中在"满意"这一项。所以学校应当加强对学生此方面能力的培养（见表7-3-33）。

表7-3-33　实践导师对毕业生沟通协调能力满意度的认知情况

满意度	人数	占比/%
很满意	746	28.2
满意	1073	40.5
一般	620	23.4
不满意	177	6.7
很不满意	31	1.2
总计	2647	100.0

7. 对毕业生团队合作能力满意度的认知

在实践导师对毕业生团队合作能力满意度的认知情况中，实践导师选择"很满意"的人数为876人，占比33.1%；"满意"的人数为995人，占比37.6%；"一般"的人数为587人，占比22.2%；"不满意"的人数为160人，占比6.0%；"很不满意"的人数为29人，占比1.1%。可以发现，"满意"和"很满意"两项加起来占到70.7%，所以实践导师对学生此方面能力处于高满意度（见表7-3-34）。

表 7-3-34　实践导师对毕业生团队合作能力满意度的认知情况

满意度	人数	占比/%
很满意	876	33.1
满意	995	37.6
一般	587	22.2
不满意	160	6.0
很不满意	29	1.1
总计	2647	100.0

8. 对毕业生组织管理能力满意度的认知

在实践导师对毕业生组织管理能力满意度的认知情况中，实践导师选择"很满意"的人数为601人，占比22.7%；"满意"的人数为1038人，占比39.2%；"一般"的人数为786人，占比29.7%；"不满意"的人数为188人，占比7.1%；"很不满意"的人数为34人，占比1.3%。可以发现，实践导师对学生此方面能力处于低满意度，大多集中在"满意"和"一般"这两项。所以学校应当加强对学生此方面能力的培养（见表7-3-35）。

表 7-3-35　实践导师对毕业生组织管理能力满意度的认知情况

满意度	人数	占比/%
很满意	601	22.7
满意	1038	39.2
一般	786	29.7
不满意	188	7.1
很不满意	34	1.3
总计	2647	100.0

9. 对毕业生自主学习与反思能力的满意度认知

在实践导师对毕业生自主学习与反思能力满意度的认知情况中，实践导师选择"很满意"的人数为827人，占比31.2%；"满意"的人数为1027人，占比38.8%；"一般"的人数为580人，占比21.9%；"不满意"的人数为171人，占比6.5%；"很不满意"的人数为42人，占比1.6%。可以发现，实践导师对学生此方面能力处于高满意度，大多集中在"满意"和"很满意"这两项（见表7-3-36）。

表7-3-36 实践导师对毕业生自主学习与反思能力满意度的认知情况

满意度	人数	占比/%
很满意	827	31.2
满意	1027	38.8
一般	580	21.9
不满意	171	6.5
很不满意	42	1.6
总计	2647	100.0

10. 对毕业生教育实践研究能力满意度的认知

在实践导师对毕业生教育实践研究能力满意度的认知情况中，实践导师选择"很满意"的人数为687人，占比26.0%；"满意"的人数为1024人，占比38.7%；"一般"的人数为681人，占比25.7%；"不满意"的人数为217人，占比8.2%；"很不满意"的人数为38人，占比1.4%。可以发现，实践导师对学生此方面能力"很满意"度不高，主要集中在"满意"这一项。这说明学校还应当适当加强对学生此方面能力的培养（见表7-3-37）。

表7-3-37 实践导师对毕业生教育实践研究能力满意度的认知情况

满意度	人数	占比/%
很满意	687	26.0
满意	1024	38.7
一般	681	25.7
不满意	217	8.2
很不满意	38	1.4
总计	2647	100.0

三、毕业生和实践导师对综合素养各要素需要加强程度的认知

(一) 毕业生对自身综合素养各要素需要加强程度的认知

1. 对职业道德与职业情感需要加强程度的认知

在毕业生对职业道德与职业情感需要加强程度的认知情况中，认为"很需要"的比例最高，为35.6%；其次是认为"需要"的比例，为28.8%；认为"很不需要"和"不需要"的比例最低，均为9.6%（见表7-3-38）。

表7-3-38 毕业生对职业道德与职业情感需要加强程度的认知情况

需要加强程度	人数	占比/%
很需要	795	35.6
需要	645	28.8
一般	366	16.4
不需要	215	9.6
很不需要	215	9.6
总计	2236	100.0

2. 对所学专业知识需要加强程度的认知

在毕业生对所学专业知识需要加强程度的认知情况中，认为"很需要"的比例最高，为39.4%；其次是认为"需要"的比例，为29.1%；认为"不需要"的比例最低，为6.7%（见表7-3-39）。

表7-3-39 毕业生对所学专业知识需要加强程度的认知情况

需要加强程度	人数	占比/%
很需要	881	39.4
需要	650	29.1
一般	382	17.1
不需要	151	6.7
很不需要	172	7.7
总计	2236	100.0

3. 对教育教学基础知识需要加强程度的认知

在毕业生对教育教学基础知识需要加强程度的认知情况中，认为"很需要"的比例最高，为39.6%；其次是认为"需要"的比例，为28.1%；认为"很不需要"的比例最低，为5.6%（见表7-3-40）。

表7-3-40　毕业生对教育教学基础知识需要加强程度的认知情况

需要加强程度	人数	占比/%
很需要	886	39.6
需要	627	28.1
一般	390	17.4
不需要	208	9.3
很不需要	125	5.6
总计	2236	100.0

4. 对教学实践能力需要加强程度的认知

在毕业生对教学实践能力需要加强程度的认知情况中，认为"很需要"的比例最高，为40.9%；其次是认为"需要"的比例，为29.9%；认为"很不需要"的比例最低，为5.2%（见表7-3-41）。

表7-3-41　毕业生对教学实践能力需要加强程度的认知情况

需要加强程度	人数	占比/%
很需要	914	40.9
需要	668	29.9
一般	345	15.4
不需要	192	8.6
很不需要	117	5.2
总计	2236	100.0

5. 对管理实践能力需要加强程度的认知

在毕业生对管理实践能力需要加强程度的认知情况中，认为"很需要"的比例最高，为36.5%；其次是认为"需要"的比例，为33.3%；认为"不需要"的比例最低，为5.7%（见表7-3-42）。

表 7-3-42　毕业生对管理实践能力需要加强程度的认知情况

需要加强程度	人数	占比/%
很需要	817	36.5
需要	745	33.3
一般	382	17.1
不需要	126	5.7
很不需要	166	7.4
总计	2236	100.0

6. 对沟通协调能力需要加强程度的认知

在毕业生对沟通协调能力需要加强程度的认知情况中，认为"很需要"的比例最高，为37.1%；其次是认为"需要"的比例，为31.2%；认为"很不需要"的比例最低，为5.9%（见表7-3-43）。

表 7-3-43　毕业生对沟通协调能力需要加强程度的认知情况

需要加强程度	人数	占比/%
很需要	831	37.1
需要	697	31.2
一般	411	18.4
不需要	165	7.4
很不需要	132	5.9
总计	2236	100.0

7. 对团队合作能力需要加强程度的认知

在毕业生对团队合作能力需要加强程度的认知情况中，认为"很需要"的比例最高，为36.8%；其次是认为"需要"的比例，为29.7%；认为"很不需要"的比例最低，为7.3%（见表7-3-44）。

表 7-3-44　毕业生对团队合作能力需要加强程度的认知情况

需要加强程度	人数	占比/%
很需要	822	36.8
需要	665	29.7
一般	408	18.2

需要加强程度	人数	占比/%
不需要	177	8.0
很不需要	164	7.3
总计	2236	100.0

8. 对组织管理能力需要加强程度的认知

在毕业生对组织管理能力需要加强程度的认知情况中，认为"很需要"的比例最高，为37.3%；其次是认为"需要"的比例，为31.4%；认为"很不需要"的比例最低，为6.3%（见表7-3-45）。

表7-3-45 毕业生对组织管理能力需要加强程度的认知情况

需要加强程度	人数	占比/%
很需要	835	37.3
需要	701	31.4
一般	406	18.1
不需要	154	6.9
很不需要	140	6.3
总计	2236	100.0

9. 对自主学习与反思能力需要加强程度的认知

在毕业生对自主学习与反思能力需要加强程度的认知情况中，认为"很需要"的比例最高，为41.5%；其次是认为"需要"的比例，为29.8%；认为"不需要"的比例最低，为6.3%（见表7-3-46）。

表7-3-46 毕业生对自主学习与反思能力需要加强程度的认知情况

需要加强程度	人数	占比/%
很需要	929	41.5
需要	666	29.8
一般	340	15.2
不需要	141	6.3
很不需要	160	7.2
总计	2236	100.0

10. 对教育实践研究能力需要加强程度的认知

在毕业生对教育实践研究能力需要加强程度的认知情况中，认为"很需要"的比例最高，为41.2%；其次是认为"需要"的比例，为30.3%；认为"很不需要"和"不需要"的比例最低，均为6.8%（见表7-3-47）。

表7-3-47　毕业生对教育实践研究能力需要加强程度的认知情况

需要加强程度	人数	占比/%
很需要	920	41.2
需要	678	30.3
一般	334	14.9
不需要	152	6.8
很不需要	152	6.8
总计	2236	100.0

11. 对职业规划能力需要加强程度的认知

在毕业生对职业规划能力需要加强程度的认知情况中，认为"很需要"的比例最高，为36.9%；其次是认为"需要"的比例，为33.1%；认为"不需要"的比例最低，为6.3%（见表7-3-48）。

表7-3-48　毕业生对职业规划能力需要加强程度的认知情况

需要加强程度	人数	占比/%
很需要	824	36.9
需要	739	33.1
一般	335	14.9
不需要	141	6.3
很不需要	197	8.8
总计	2236	100.0

12. 对自我认知能力需要加强程度的认知

在毕业生对自我认知能力需要加强程度的认知情况中，认为"很需要"的比例最高，为38.4%；其次是认为"需要"的比例，为31.9%；认为"很不需要"的比例最低，为6.0%（见表7-3-49）。

表 7-3-49 毕业生对自我认知能力需要加强程度的认知情况

需要加强程度	人数	占比/%
很需要	859	38.4
需要	713	31.9
一般	348	15.6
不需要	182	8.1
很不需要	134	6.0
总计	2236	100.0

13. **对心理调试能力需要加强程度的认知**

在毕业生对心理调试能力需要加强程度的认知情况中，认为"很需要"的比例最高，为 38.2%；其次是认为"需要"的比例，为 34.8%；认为"很不需要"的比例最低，为 7.4%（见表 7-3-50）。

表 7-3-50 毕业生对心理调试能力需要加强程度的认知情况

需要加强程度	人数	占比/%
很需要	855	38.2
需要	777	34.8
一般	321	14.4
不需要	117	5.2
很不需要	166	7.4
总计	2236	100.0

（二）实践导师对毕业生综合素养需要加强程度的认知

1. **对毕业生职业道德与职业情感需要加强程度的认知**

在实践导师对毕业生职业道德与职业情感需要加强程度的认知情况中，实践导师选择"很需要"的人数为 491 人，占比 18.5%；"需要"的人数为 537 人，占比 20.3%；"一般"的人数为 640 人，占比 24.2%；"不需要"的人数为 441 人，占比 16.7%；"很不需要"的人数为 538 人，占比 20.3%。可以发现，此项能力需要加强程度集中在"一般"（见表 7-3-51）。

表 7-3-51 实践导师对毕业生职业道德与职业情感需要加强程度的认知情况

需要加强程度	人数	占比/%
很需要	491	18.5
需要	537	20.3
一般	640	24.2
不需要	441	16.7
很不需要	538	20.3
总计	2647	100.0

2. 对毕业生专业知识需要加强程度的认知

在实践导师对毕业生专业知识需要加强程度的认知情况中，实践导师选择"很需要"的人数为 470 人，占比 17.7%；"需要"的人数为 634 人，占比 24.0%；"一般"的人数为 643 人，占比 24.3%；"不需要"的人数为 496 人，占比 18.7%；"很不需要"的人数为 404 人，占比 15.3%。可以发现，此项能力需要加强程度集中在"一般"，而"需要"的占比也较高（见表 7-3-52）。

表 7-3-52 实践导师对毕业生专业知识需要加强程度的认知情况

需要加强程度	人数	占比/%
很需要	470	17.7
需要	634	24.0
一般	643	24.3
不需要	496	18.7
很不需要	404	15.3
总计	2647	100.0

3. 对毕业生教育教学基础知识需要加强程度的认知

在实践导师对毕业生教育教学基础知识需要加强程度的认知情况中，实践导师选择"很需要"的人数为 466 人，占比 17.6%；"需要"的人数为 669 人，占比 25.3%；"一般"的人数为 649 人，占比 24.5%；"不需要"的人数为 535 人，占比 20.2%；"很不需要"的人数为 328 人，占比 12.4%。可以发现，此项能力需要加强程度集中在"需要"，而"一般"的占比也较高（见表7-3-53）。

表7-3-53 实践导师对毕业生教育教学基础知识需要加强程度的认知情况

需要加强程度	人数	占比/%
很需要	466	17.6
需要	669	25.3
一般	649	24.5
不需要	535	20.2
很不需要	328	12.4
总计	2647	100.0

4. 对毕业生教育实践能力需要加强程度的认知

在实践导师对毕业生教学实践能力需要加强程度的认知情况中，实践导师选择"很需要"的人数为612人，占比23.1%；"需要"的人数为715人，占比27.0%；"一般"的人数为672人，占比25.4%；"不需要"的人数为428人，占比16.2%；"很不需要"的人数为220人，占比8.3%。可以发现，此项能力需要加强程度集中在"需要"，而"一般"的占比也较高（见表7-3-54）。

表7-3-54 实践导师对毕业生教学实践能力需要加强程度的认知情况

需要加强程度	人数	占比/%
很需要	612	23.1
需要	715	27.0
一般	672	25.4
不需要	428	16.2
很不需要	220	8.3
总计	2647	100.0

5. 对毕业生管理实践能力需要加强程度的认知

在实践导师对毕业生管理实践能力需要加强程度的认知情况中，实践导师选择"很需要"的人数为517人，占比19.5%；"需要"的人数为768人，占比29.0%；"一般"的人数为727人，占比27.5%；"不需要"的人数为427人，占比16.1%；"很不需要"的人数为208人，占比7.9%。可以发现，此项能力需要加强程度集中在"需要"，而"一般"的占比也较高（见表7-3-55）。

表7-3-55 实践导师对毕业生管理实践能力需要加强程度的认知情况

需要加强程度	人数	占比/%
很需要	517	19.5
需要	768	29.0
一般	727	27.5
不需要	427	16.1
很不需要	208	7.9
总计	2647	100.0

6. 对毕业生沟通协调能力需要加强程度的认知

在实践导师对毕业生沟通协调能力需要加强程度的认知情况中，实践导师选择"很需要"的人数为453人，占比17.1%；"需要"的人数为641人，占比24.2%；"一般"的人数为687人，占比26.0%；"不需要"的人数为524人，占比19.8%；"很不需要"的人数为342人，占比12.9%。可以发现，此项能力需要加强程度集中在"一般"，而"需要"的占比也较高（见表7-3-56）。

表7-3-56 实践导师对毕业生沟通协调能力需要加强程度的认知情况

需要加强程度	人数	占比/%
很需要	453	17.1
需要	641	24.2
一般	687	26.0
不需要	524	19.8
很不需要	342	12.9
总计	2647	100.0

7. 对毕业生团队合作能力需要加强程度的认知

在实践导师对毕业生团队合作能力需要加强程度的认知情况中，实践导师选择"很需要"的人数为476人,占比18.0%;"需要"的人数为609人,占比23.0%;"一般"的人数为654人,占比24.7%;"不需要"的人数为512人,占比19.3%;"很不需要"的人数为396人,占比15.0%。可以发现,此项能力需要加强程度集中在"一般",而"需要"的占比也较高(见表7-3-57)。

表7-3-57　实践导师对毕业生团队合作能力需要加强程度的认知情况

需要加强程度	人数	占比/%
很需要	476	18.0
需要	609	23.0
一般	654	24.7
不需要	512	19.3
很不需要	396	15.0
总计	2647	100.0

8. 对毕业生组织管理能力需要加强程度的认知

在实践导师对毕业生组织管理能力需要加强程度的认知情况中,实践导师选择"很需要"的人数为482人,占比18.2%;"需要"的人数为696人,占比26.3%;"一般"的人数为708人,占比26.8%;"不需要"的人数为504人,占比19.0%;"很不需要"的人数为257人,占比9.7%。可以发现,此项能力需要加强程度集中在"一般",而"需要"的占比也较高(见表7-3-58)。

表7-3-58　实践导师对毕业生组织管理能力需要加强程度的认知情况

需要加强程度	人数	占比/%
很需要	482	18.2
需要	696	26.3
一般	708	26.8
不需要	504	19.0
很不需要	257	9.7
总计	2647	100.0

9. 对毕业生自主学习与反思能力需要加强程度的认知

在实践导师对毕业生自主学习与反思能力需要加强程度的认知情况中，实践导师选择"很需要"的人数为547人，占比20.7%；"需要"的人数为628人，占比23.7%；"一般"的人数为618人，占比23.3%；"不需要"的人数为484人，占比18.3%；"很不需要"的人数为370人，占比14.0%。可以发现，此项能力需要加强程度集中在"需要"，而"一般"的占比也较高（见表7-3-59）。

表7-3-59 实践导师对毕业生自主学习与反思能力需要加强程度的认知情况

需要加强程度	人数	占比/%
很需要	547	20.7
需要	628	23.7
一般	618	23.3
不需要	484	18.3
很不需要	370	14.0
总计	2647	100.0

10. 对毕业生教育实践研究能力需要加强程度的认知

在实践导师对毕业生教育实践研究能力需要加强程度的认知情况中，实践导师选择"很需要"的人数为574人，占比21.7%；"需要"的人数为745人，占比28.1%；"一般"的人数为573人，占比21.7%；"不需要"的人数为458人，占比17.3%；"很不需要"的人数为297人，占比11.2%。可以发现，此项能力需要加强程度集中在"需要"（见表7-3-60）。

表7-3-60 实践导师对毕业生教育实践研究能力需要加强程度的认知情况

需要加强程度	人数	占比/%
很需要	574	21.7
需要	745	28.1
一般	573	21.7
不需要	458	17.3
很不需要	297	11.2
总计	2647	100.0

四、毕业生与实践导师对综合素养认知的差异

(一) 毕业生对自身综合素养认知的差异

从毕业生对自身综合素质提升情况各要素的满意度和加强度认知的交叉折线图来看，可以比较直观地看出：①满意度的均值曲线在加强度均值曲线之上；②"职业道德与职业情感"加强度和满意度的均值差距最为明显，毕业生认为职业道德与职业情感需要加强的程度与满意度存在较大差距，即毕业生虽然对自身职业道德与职业情感感到满意，但是教育硕士培养单位对职业道德与职业情感仍然要予以重视，以加强毕业生职业道德与职业情感的培养；③"管理实践能力""教育实践研究能力"的加强度与满意度的均值没有差距，说明教育硕士培养单位对毕业生的培养与毕业生自身所需求的达到一致，"教学实践能力"与"职业规划能力"的加强度的均值虽然不及满意度均值，但是差距最小，基本接近（见图7-3-1）。

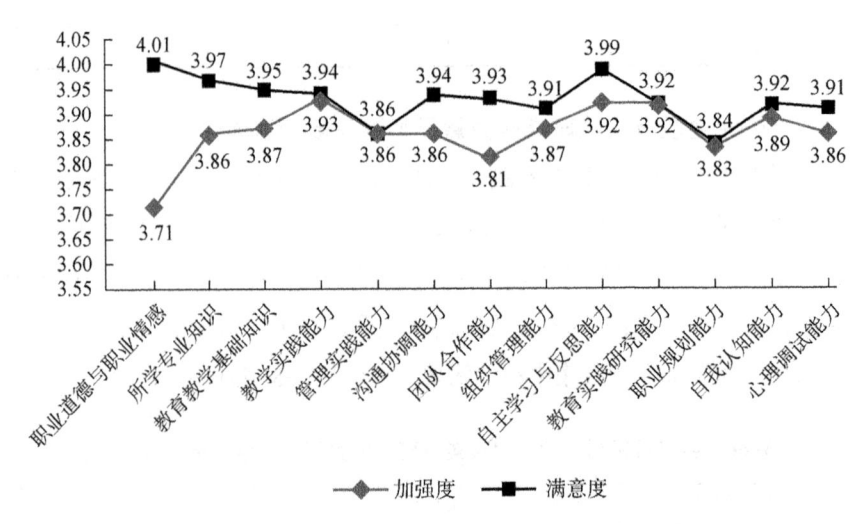

图 7-3-1 毕业生对自身综合素质满意度及加强度认知的交叉折线

(二) 实践导师对毕业生综合素养的认知差异

通过实践导师对毕业生综合素养二级指标满意度与加强度认知的交叉折线图发现：①实践导师对毕业生综合能力满意度均值整体处于加强度之上。②"教学实践能力"的满意度与加强度距离较近，满意度为3.69，加强度

为 3.40。在满意度数值低时，加强度数值较高，说明此项能力需要加强。
③ "管理实践能力"的满意度与加强度的距离极近，满意度为 3.61，加强度为 3.36。在满意度数值低时，加强度数值增高，说明此项能力急需加强。
④ "组织管理能力"和"教育实践研究能力"的满意度与加强度间数值有一定差距，但是距离也较近，说明这两项能力也有待加强（见图 7-3-2）。

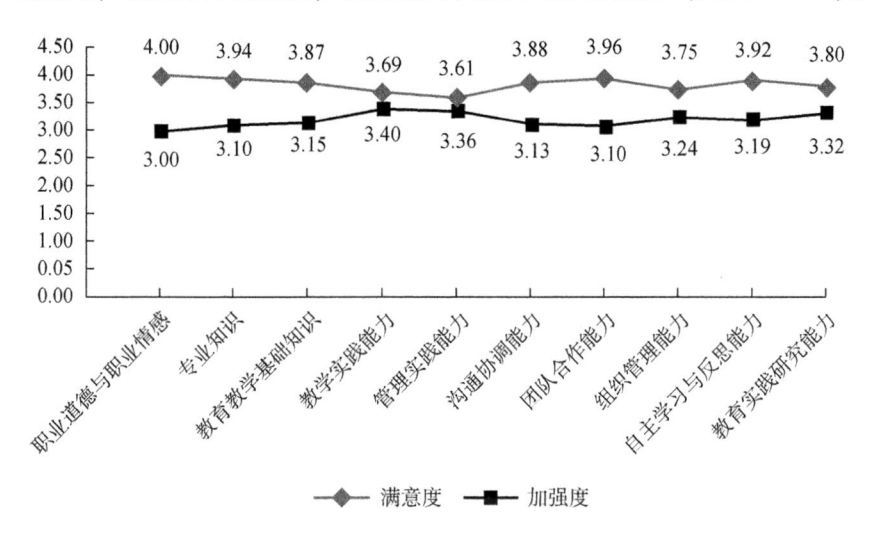

图 7-3-2　实践导师对毕业生综合素养二级指标满意度与加强度认知的交叉折线

第四节　本章小结

①学位论文方面，理论导师和任课教师大部分都比较满意学位论文的质量，在校生大部分都很满意学位论文的质量，也基本都认为学位论文很重要，但在校生对学位论文满意度整体情况略低于重要度；毕业生大部分都很满意学位论文的质量，也基本都认为学位论文很重要，但毕业生对学位论文满意度整体情况略低于重要度。

②工作方面，毕业生大部分都比较满意目前的工作，但很大一部分毕业生认为自己在业绩上比较一般；在毕业生综合素养方面，用人单位很满意毕业生所需的岗位专业知识、职业道德、工作能力和工作业绩；在毕业生综合素养的重要度方面，用人单位最看重职业道德与职业情感，其次是专业知识。

③在毕业生对自身综合素养各要素的满意度方面，最高的是职业道德与职业情感，其次是自主学习与反思能力，最低的是职业规划能力；在实践导师对毕业生综合素养各要素的满意度方面，最高的是职业道德与职业情感，其次是团队合作能力，最低的是管理实践能力；在认为毕业生综合素养各要素需要加强方面，毕业生和实践导师均认为最需要加强的是教学实践能力。

第八章　全日制教育硕士培养存在问题及分析

第一节　全日制教育硕士培养条件方面存在的问题

一、师资问题

根据对访谈内容的进一步整理可知，全日制教育硕士培养条件中师资方面的突出问题主要围绕师资力量薄弱、有实务背景的教师较少、双师型教师缺乏且机制不健全等方面（见图 8-1-1）。

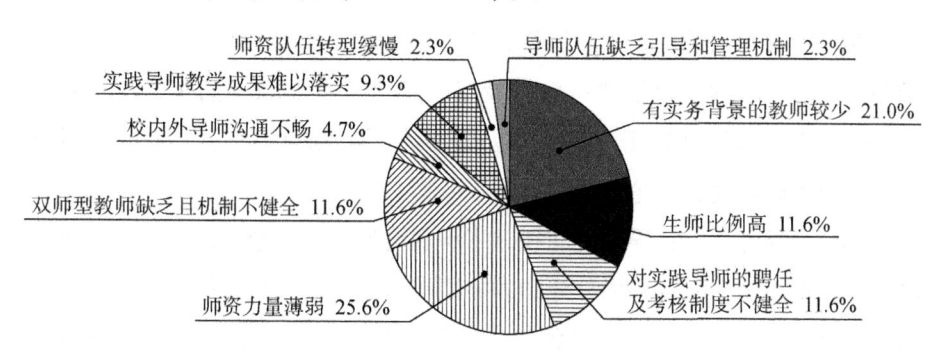

图 8-1-1　师资方面的突出问题

综合访谈和调查结果，发现师资方面存在如下具体问题：

①师资队伍结构有待优化。在年龄结构方面青年教师比例偏小，现有教师队伍中 35 周岁以下教师只占 8.1%，45 周岁以下教师累计占比 45.5%，不足一半；在学历结构方面有进一步提升空间，具有博士学位的教师比例为 56.0%，本科及以下的教师比例为 14.2%；在职称结构方面，有 13.3% 的教

师没有达到副教授职称。

②师生比偏低，师资力量略显不足。目前全日制教育硕士的培养工作主要依托于学术型导师的兼职及部分校外导师。导师同时承担学术和专业学位研究生培养工作，不堪重负。在接受调查的导师中，理论导师指导4人及以上的人数为1104人，占总数的40.0%；实践导师指导4人及以上的人数为378人，占总数的14.3%。

③具有实务背景的教师数量相对不高。各高校尤其是综合性研究型大学，作为教育硕士培养的师资具有实务背景的比较少。大部分教师都对中小学教学方面的实践及研究较少，教师对中小学教学也不够了解，缺乏经验。在接受调查的理论导师和任课教师中，不具备基础教育教研经历的有966人，占总数的28.2%。

④尚有部分教师的前置院校和专业学习与教育硕士培养无关。随着全日制教育硕士的招生规模逐渐扩大，众多高校设立相关专业。但是由于有些院校是非师范类院校，或者招收全日制教育硕士的时间不长，因此师资中具有相关经历的教师数量相对不足。在接受调查的教师中，非师范类院校毕业的有351人，占总数的10.2%，无相关专业的有391人，占总数的11.4%。

⑤导师对自己的职责了解还不到位。据调查，有7.3%的理论导师对自身导师职责了解程度处于"一般"及以下水平，有25.6%的实践导师对自身导师职责了解程度处于"一般"及以下水平。相对而言，实践导师对自身职责的了解程度比理论导师更弱。

⑥理论导师与实践导师之间缺乏了解和沟通。由于全日制教育硕士重在培养应用型人才，需要校内外导师的共同培养。很多情况下校内外导师缺乏沟通与交流。据调查，理论导师中对实践导师了解程度在"一般"及以下的比例为42.9%，其中"不了解"及"很不了解"占15.6%。

⑦对实践导师的聘任和考核工作没有形成有效的机制。目前部分培养单位的校外导师没有起到真正的作用，同时培养单位没有严格的规定对兼职导师进行考核，使其指导过程很难落实，并且校外实践导师的时间和精力有限，很难保证对每一位学生进行有效的指导。据调查，理论导师对兼职教师满意度在"一般"及以下的比例为44.7%，其中"不满意"和"很不满

意"的比例为15.7%。在校生对实践导师的满意度在"一般"及以下的比例为18.6%，其中"不满意"和"很不满意"的比例为5.9%。毕业生对实践导师的满意度在"一般"及以下的比例为26.2%，其中"不满意"和"很不满意"的比例为13.6%。

⑧理论导师队伍转型缓慢。部分院校培养全日制教育硕士并未按照自身的培养方案来进行培养。由于全日制教育硕士专业的导师大多是由其他学术型专业调来，因此其教育过程基本保持原学术型培养模式，且许多全日制教育硕士导师的研究兴趣主要放在学科学术研究上，对于基础教育的研究动态，尤其是实践能力，缺少必要的关注及兴趣，在理论与实践方面，不能给予全日制教育硕士有效的指导。据调查，理论导师对专职导师队伍的满意度在"一般"及以下的比例为38.4%，其中"不满意"和"很不满意"的比例为14.5%。在校生对理论导师的满意度在"一般"及以下的比例为9.6%，其中"不满意"和"很不满意"的比例为3.9%。毕业生对理论导师的满意度在"一般"及以下的比例为16.8%，其中"不满意"和"很不满意"的比例为12.0%。

二、教学资源问题

根据访谈的内容整理可知，全日制教育硕士培养条件中教育资源问题主要集中于没有专门的教室、实践基地；缺乏专用图书、资料，电子资源不足等几个方面（见图8-1-2）。

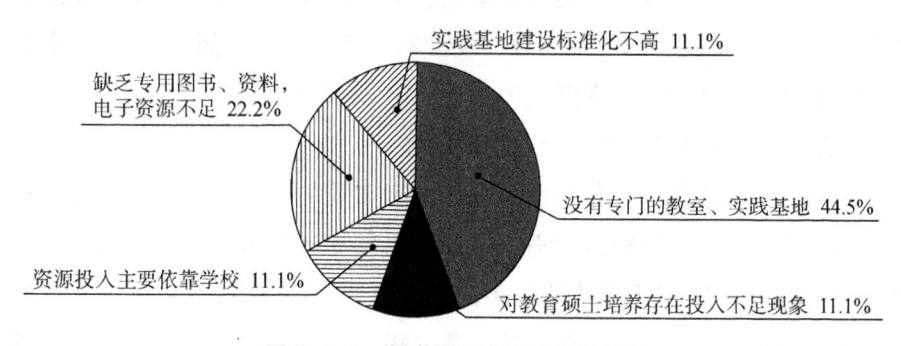

图8-1-2 教学资源方面的突出问题

- 实践基地建设标准化不高 11.1%
- 缺乏专用图书、资料，电子资源不足 22.2%
- 没有专门的教室、实践基地 44.5%
- 资源投入主要依靠学校 11.1%
- 对教育硕士培养存在投入不足现象 11.1%

综合访谈和调查结果发现，教学资源方面存在如下具体问题：

①部分培养单位没有专门的实训教室及实验设施。很多培养单位由于空间和经费的限制，其并没有专门针对教育硕士培养所需的微格教室、教学研讨教室等，仅有公共教室供教师以及学生使用。据调查，理论导师和任课教师对实践教学及资源满意度为"一般"及以下的为46.1%，其中"不满意"和"很不满意"的比例为17.0%。在校生对实践教学及资源满意度在"一般"及以下的为24.5%，其中"不满意"和"很不满意"的比例为7.4%。毕业生对实践教学及资源满意度在"一般"及以下的为29.2%，其中"不满意"和"很不满意"的比例为14.4%。

②网络和图书资料有待改善。教育专业学位研究生的专用图书特别是教科书、教研资料缺乏，电子资源不够。据调查，理论导师和任课教师对网络、图书资料的满意度为"一般"及以下的为38.2%，其中"不满意"及"很不满意"的比例为14.7%。在校生对网络、图书资料的满意度为"一般"及以下的比例为21.5%，其中"不满意"及"很不满意"的比例为6.2%。毕业生对网络、图书资料的满意度为"一般"及以下的比例为21.1%，其中"不满意"及"很不满意"的比例为11.9%。

③案例教学资源亟待加强。案例教学在教育硕士研究生培养中起步较晚，资源相对匮乏。据调查，理论导师和任课教师对拥有的案例教学资源满意度为"一般"及以下的比例为47.7%，其中，"不满意"及"很不满意"的比例为16.8%。在校生对拥有的案例教学资源满意度为"一般"及以下的比例为25.0%，其中，"不满意"及"很不满意"的比例为6.6%。毕业生对拥有的案例教学资源满意度为"一般"及以下的比例为29.2%，其中"不满意"及"很不满意"的比例为13.6%。

④实践基地建设标准化程度不高。对于实践基地的建设仍处于起步阶段，设施不够完善，师资力量不够雄厚，距离标准化程度尚有一些距离。据调查，理论导师和任课教师对实践教学基地满意度为"一般"及以下的比例为39.1%，其中，"不满意"及"很不满意"的比例为13.9%。在校生对实践教学基地满意度为"一般"及以下的比例为22.2%，其中，"不满意"及"很不满意"的比例为5.9%。毕业生对实践教学基地满意

度为"一般"及以下的比例为 25.1%，其中"不满意"及"很不满意"的比例为 13.1%。

三、经费问题

经费是全日制教育硕士培养环节中不可缺少的方面。在访谈过程中，部分院校访谈者表示目前经费充足，每年的投入有一定保障，并且经过国家几轮的深入改革，也有一定的投入；同时有个别高校认为目前经费投入虽有一定困难，但仍创造条件保障经费的充足；但是大多数院校访谈者则表示存在经费严重不足等情况。经费方面的问题主要集中于培养单位对全日制教育硕士的培养经费投入不足；难以保证专款专用；开支不够便利，使用率低；没有经费方面的考察与评估等方面（见图8-1-3）。

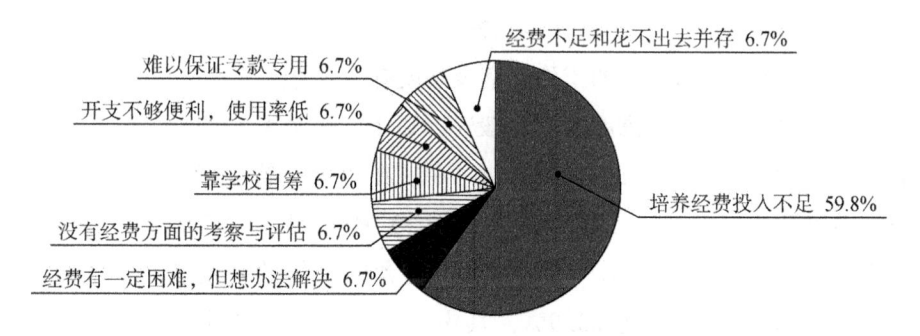

图 8-1-3 经费方面的突出问题

综合访谈和调查结果，发现经费方面存在如下具体问题：

①经费来源渠道比较单一，主要依靠培养院校自筹，且投入不足。部分院校属于省属地方高校，国家对其的资金投入并不高。若想要对学生进行培养，学校只能自筹经费。且综合大学和地方高师院校在学科建设和学校资源平台建设中，对教育硕士点建设存在重视不够、投入不足现象。师资建设、实验平台、实践基地建设等方面都需要经费的支持。目前来看，很多方面的建设并没有达到预期的标准。

②部分培养单位没有经费方面的考察与评估，且支出不够便利，使用效率低。在很多情况下，各级学院对于经费的支出并没有严格控制和标准，存在对经费乱用，难以保证专款专用、经费用不完和不够用的情况。且目前很

多培养单位都存在经费开支不够便利、使用效率低的情况。据调查，理论导师和任课教师对培养经费的满意度为"一般"及以下的比例为高达54.6%，其中"不满意"及"很不满意"的比例为23.6%。

四、管理体制相关问题

①管理工作相关文件、制度、条例等方面需要进一步完善。据调查，理论导师和任课教师对管理制度及实施情况满意度为"一般"及以下的比例为33.9%，其中"不满意"及"很不满意"的比例为12.3%。在校生对管理工作相关文件、制度、条例等满意度为"一般"及以下的比例为23.6%，其中"不满意"及"很不满意"的比例为6.2%。毕业生对管理工作相关文件、制度、条例等满意度为"一般"及以下的比例为30.2%，其中"不满意"及"很不满意"的比例为12.8%。

②管理机构、管理者的工作效率及态度有待改善。据调查，理论导师和任课教师对管理机构满意度为"一般"及以下的比例为31.0%，其中，"不满意"及"很不满意"的比例为11.9%。在校生对管理者的工作效率及态度满意度为"一般"及以下的比例为20.3%，其中"不满意"及"很不满意"的比例为5.4%。毕业生对管理者的工作效率及态度满意度为"一般"及以下的比例为23.9%，其中"不满意"及"很不满意"的比例为12.7%。

五、与政府和基础教育部门的合作问题

在与政府和基础教育部门合作方面，理论导师和任课教师对地方教育行政部门支持的满意度为"一般"及以下的比例为46.0%，其中"不满意"及"很不满意"的比例为17.1%。在与中小学、幼儿园等合作关系方面，理论导师和任课教师对与中小学、幼儿园合作的满意度为"一般"及以下的比例为36.2%，其中"不满意"及"很不满意"的比例为13.4%。表明高校与政府和基础教育部门的合作有待加强。

第二节 全日制教育硕士培养过程中存在的问题

一、生源质量问题

对于大部分地方院校而言，教育硕士生源大多来自本校、二本院校以及三本院校，且调剂和跨专业考生较多，并且学生对教育专业并不了解，也不了解教育硕士的性质，相对于本科是师范专业的学生来说培养难度较大。据调查，理论导师和任课教师中对教育硕士生源质量满意度为"一般"及以下的比例高达51.5%，其中"不满意"及"很不满意"生源质量的比例为18.9%。根据访谈结果得知，其突出问题主要围绕生源的跨专业考生较多，学习背景差异大；调剂学生较多；报考率不高；学科素养不达标；科研意识较为薄弱等方面（见图8-2-1）。

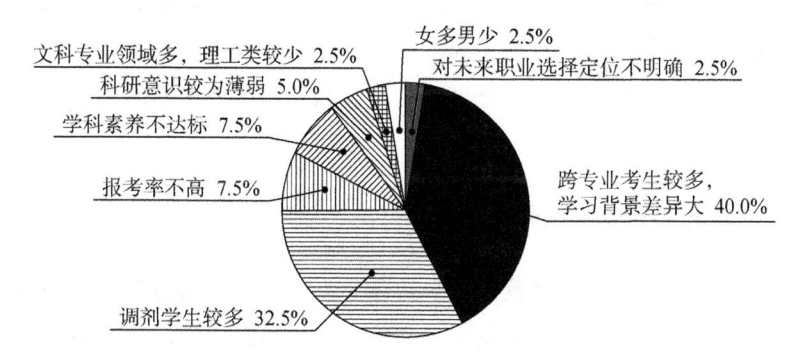

图 8-2-1 生源方面的突出问题

综合访谈和调查结果，发现生源质量方面存在如下具体问题：

①第一志愿录取率较低。以2017年为例，全国教育硕士各培养院校第一志愿平均录取率仅为64.0%，其余为调剂生源。在9个批次的教育硕士培养院校中，有5个批次院校的第一志愿录取率均低于全国平均水平。

②跨专业考生多，学习背景差异较大。由于在报考条件中无前置专业限制，且教育硕士的培养目标为基础教育界教师，对考生有一定吸引力，另一方面很多学生未考虑到自身原专业的不适合等而选择报考教育硕士，这导致其专业相关度不理想、学科专业跨度大、后期培养难度大。现阶段

生源多数来自非师范专业以及跨专业考生，学生在专业知识和教学技能上，与师范类本科生相比无明显优势，在科研能力上又逊色于学术型研究生，造成生源质量参差不齐，也不利于后期的培养。以2017年为例，录取的专业（领域）总人数与其前置专业不匹配的比例为22.4%。其中，第一志愿录取的学生有21.8%的比例与其前置专业不匹配，第七批次的不匹配率最高，占比达到58.5%；调剂专业录取的学生有23.4%的比例与前置专业不匹配，其中各批次授权院校调剂录取学生专业不匹配率平均为23.4%。据调查，在校生中有17.3%的学生属于跨专业，毕业生中有13.6%的学生属于跨专业。

③非师范类院校考生培养难度大。部分学生本科所学非师范专业，缺乏系统的教学实践能力，没有经历过完整的教育实践，致使教学基本技能缺乏、教学实践能力弱、学科素养不达标。据调查，在校生中有30.0%的学生来自非师范类院校，毕业生中有26.7%的学生来自非师范类院校。

④部分学生对未来职业选择定位不明确。目前学校在招收全日制教育硕士时不再局限于有工作经验的生源。因此，部分学生对自己未来的职业选择定位尚未明确，导致生源对于自身的培养目标和培养要求不明确，给培养带来些许难度。

二、培养目标定位问题

目标定位是培养全日制教育硕士的首要先决因素。通过对专家访谈内容的梳理，发现虽然部分培养单位表示其培养目标的定位有比较规范的制定并且逐步推行中，但仍存在显著性问题，如培养目标定位不明确、培养目标定位过于局限、培养目标定位与教师资格考试连接不紧密等。其中培养目标定位不明确是主要问题，目前培养的计划偏重"教育学"，专业性不够明确，尤其是学科教学方向的专业性、实践性不强（见图8-2-2）。

据调查，理论导师和任课教师对培养目标定位了解程度为"一般"及以下的比例为11.0%；对培养目标定位满意度为"一般"及以下的比例为26.2%，其中"不满意"及"很不满意"的比例为11.1%。实践导师对培养目标定位了解程度为"一般"及以下的比例为32.2%，其中"不了解"及"很不了解"的比例为9.0%。在校生对培养目标定位满意度为"一般"

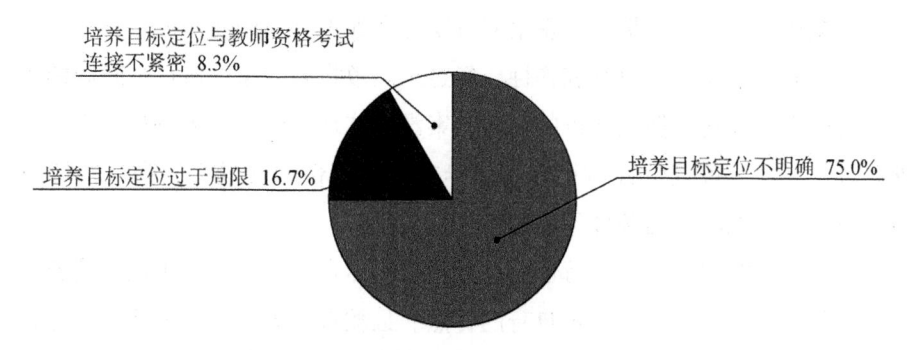

图 8-2-2 培养目标定位方面的突出问题

及以下的比例为18.8%，其中"不满意"及"很不满意"的比例为4.6%。毕业生对培养目标定位满意度为"一般"及以下的比例为23.9%，其中"不满意"及"很不满意"的比例为12.4%。

三、培养方案问题

虽然培养方案日趋规范，但是绝大多数培养单位的培养方案课程设置涉及单位多，领域多，深入研究不够充分。因此对于培养单位来说，培养方案这一方面仍然存在较大的问题，例如：培养方案缺乏针对性；培养方案的制定过于刚性；培养方案雷同度较高等（见图8-2-3）。据调查，理论导师和任课教师对培养方案的满意度在"一般"及以下的比例为26.9%，其中"不满意"及"很不满意"的比例为10.8%。

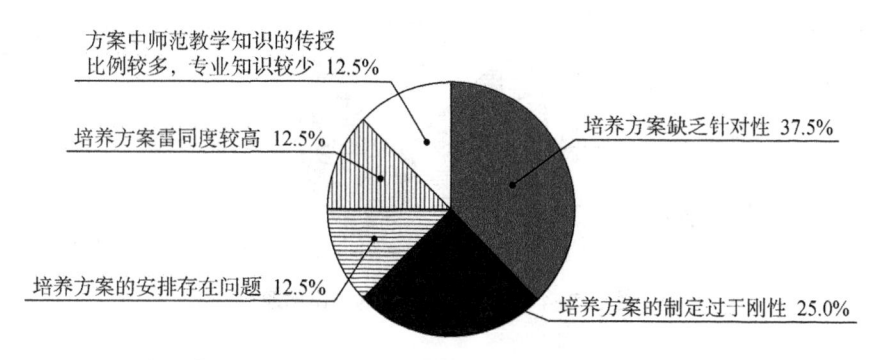

图 8-2-3 培养方案方面的突出问题

根据访谈和调查结果，发现培养方案存在如下具体问题：

①培养方案缺乏针对性和弹性。经过全国教指委专家的修订，新版的培养方案趋于合理化，但是各校的培养方案没有体现专业学位的特色，实践性课程较少，不具备较强针对性。在培养方案中刚性内容较多，弹性内容较少，发挥主观能动性的条件不充分。

②培养方案缺乏个性化特色，课程安排不尽合理。各培养单位的培养方案雷同化，没有体现各个院校自身的特点。且教育学类基础理论课程学分过高，课程设置存在内容重复的现象。

四、课程教学问题

课程教学质量有待提高。据调查，理论导师和任课教师对课程教学的满意度在"一般"及以下的比例为31.9%，其中"不满意"和"很不满意"的比例为10.5%。毕业生对课程教学的满意度在"一般"及以下的比例为22.7%，其中"不满意"和"很不满意"的比例为11.3%；认为所学专业知识对现有工作帮助程度在"一般"及以下的比例为27.8%，其中"帮助不太大"及"完全没有帮助"的比例为13.3%。同时，访谈专家认为由于培养时间较短，部分高校在课堂教学方面存在种种问题，如课堂教学和实践应用脱节、课程改革落实不到位、课程设计随意性大等（见图8-2-4）。

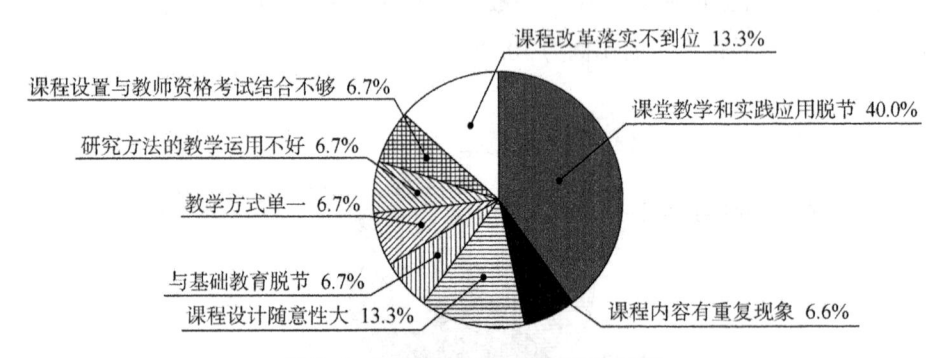

图 8-2-4　课程教学方面的突出问题

综合访谈和调查结果，发现课程教学方面存在如下具体问题：

①缺乏科学的教学大纲，课程教学内容有重复。在部分院校的课堂教学过程中，教学内容存在重复的情况。甚至某些院校的课程设计中，没有严格

的课程标准体系，教学设计的随意性较大。据调查，理论导师和任课教师对教学大纲的满意度在"一般"及以下的比例为28.2%，其中"不满意"及"很不满意"的比例为10.6%。在校生对课程内容满意度在"一般"及以下的比例为21.9%，其中"不满意"及"很不满意"的比例为5.1%。

②课程结构有待完善。据调查，理论导师和任课教师对课程结构的满意度在"一般"及以下的比例为31.6%，其中"不满意"及"很不满意"的比例为12.2%。在校生对课程结构满意度在"一般"及以下的比例为22.4%，其中"不满意"及"很不满意"的比例为5.3%。毕业生认为读研阶段应补充和加强的课程从高至低的占比依次为：实践课程占22.7%、学科教学课程占15.4%、职业指导课程占14.2%、教育心理课程占13.4%、学科知识课程占13.0%、科研方法课程占12.1%、教育基本理论课程占7.6%。

③课堂教学方式单一。现如今在教育硕士的课堂上往往还是以讲授法为主，没有课程教学方式的创新。据调查，理论导师和任课教师对课程教学的满意度在"一般"及以下的比例为33.4%，其中"不满意"及"很不满意"的比例为11.6%。在校生对课程教学方式满意度在"一般"及以下的比例为21.6%，其中"不满意"及"很不满意"的比例为4.5%。

④课堂教学和实践应用相脱节。全日制教育硕士学习的课程更多是为日后从事基础教育阶段教育奠定基础。而目前少数院校的课程教学更多的是以理论知识教学为主，更加偏向学术化，未与基础教育阶段的教学和改革相衔接，缺乏实践性。

⑤课程考核方式需要改进。根据调查，在校生对课程考核方式满意度在"一般"及以下的比例为21.1%，其中"不满意"及"很不满意"的比例为4.9%。

五、案例教学问题

专业学位研究生的培养重在职业能力的培养，课堂教学中广泛使用案例是提高培养质量的重要手段。现阶段全国教指委也对案例库的建设投入了资金和人力，取得了一定的成效。但是通过对访谈等内容的整理可以看出，案例教学仍然存在很多问题。例如：案例教学使用不够广泛，缺乏案例教学，开展不规范、不彻底等（见图8-2-5）。

开展不规范、不彻底 22.2%
案例教学使用不够广泛 38.9%
层次较低 5.6%
缺乏案例教学 33.3%

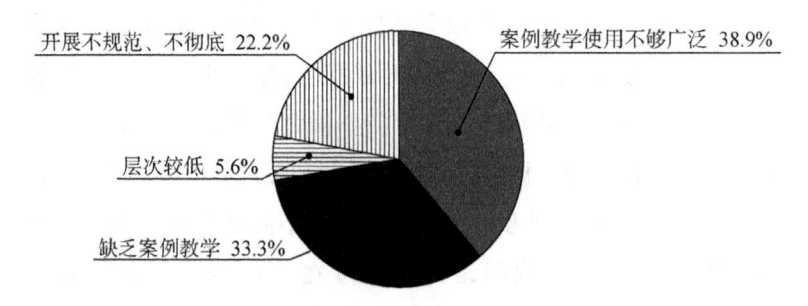

图8-2-5 案例教学方面的突出问题

综合访谈和调查结果，发现课程教学方面存在如下具体问题：

①教师对案例教学了解和熟悉程度有待提高。导师对案例教学的熟悉度不高，不愿意改变自己的教学模式。据调查，理论导师和任课教师对案例教学的了解程度在"一般"及以下的比例为13.8%；而对教学案例开发熟悉程度在"一般"及以下的比例为30.6%，其中"不熟悉"及"很不熟悉"的比例为3.5%。

②案例教学推广及使用率较低。案例教学使用不够广泛。现阶段可使用的案例教学较少，任课教师授课方式影响了案例的使用。对于一些新兴的培养单位来说案例较少，在课堂中也缺乏案例教学。据调查，理论教师和任课教师使用案例教学的程度在"一般"及以下的比例为51.8%，其中"很少使用"及"从未使用"过案例教学的比例为7.9%。

六、实践教学问题

经过近几年的发展，虽然部分院校教育硕士的定位已在社会和学校有些许共识，培养方案也在逐渐的制订和执行过程中，但是不同类型的教育硕士，尤其是对全日制教育硕士的实践环节需要加强指导。现阶段，很多学生没有实践的工作经验，在六个月的优先实习期内，如何顺利地从学生身份转变为准教师身份，是检验各个学校的实践教学环节和课程教学环节中如何体现实践性的一个重要标志。但是实践教学在进行中往往存在许多困难，如教学内容不足、缺乏系统性、与理论教学脱节、推进困难等（见图8-2-6）。同时，据调查，理论导师和任课教师对实践教学计划满意度在"一般"及以下的比例为30.1%，其中"不满意"及"很不满意"的比例为10.6%。在校生对实践教学满意度在"一般"及以下的比例为17.5%，其中"不满意"及"很不满意"的比例为4.8%。毕业生对实践教学满意度在"一般"及以下的比例为24.9%，其中"不满意"及"很不满意"的比例为12.3%。

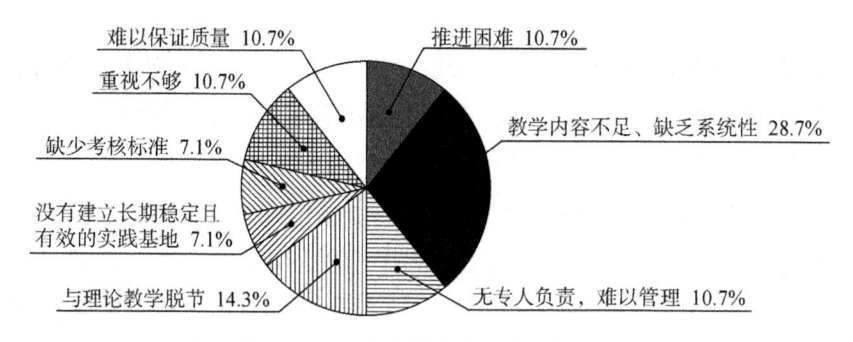

图 8-2-6　实践教学方面的突出问题

综合访谈和调查结果，发现实践教学方面存在如下具体问题：

①缺乏顶层设计，实习基地的建设缺乏制度化和常态化。由于高校和实习单位分属不同的行政单位，彼此独立，全日制教育硕士实习的形式、时间、指导教师、监督评价方式等缺乏系统性规划。有些院校尚未与中小学等基础教育实践形成流畅、融洽的联系，没有成立长期稳定的、有效的教育硕士实践基地。基地培养单位往往通过学生、朋友等关系求得实习单位的支持与合作，但是这种合作关系并不牢靠，常常因为双方单位的人事变动，而使两者的合作关系变得脆弱，导致实习基地建设难以制度化和常态化。

②导师指导实践教学力度不够。一方面，由于高校长期以来存在重科研轻实践的导向，导致教师关注论文发表和理论研究，对于教育硕士的实践能力培养关注度不强。据调查，理论导师参与指导学生实践教学的程度在"一般"及以下的比例为60.4%，其中"很少参与"及"从未参与"的比例为14.8%。另一方面，由于学校监督措施无法约束校外指导教师，导致校外指导教师指导不利，教学实践环节难以高质量推进。

③缺乏对学生实践教学的考核。有些院校没有深入研究学生实践教学的内容及要求，对于参加实践教学的学生没有严格的考核标准，缺乏对实践过程的成果进行评价，造成很多学生实践积极性不强，态度不认真。

第三节　全日制教育硕士培养成效中存在的问题

一、学位论文问题

访谈中，部分院校表示自己学校的学位论文方向形式虽然具有多样性，但其学位论文水平仍然存在问题。其中突出问题主要集中在与学术型区分不明显，没有突出特色；论文质量参差不齐；未与基础教育改革前沿问题衔接；论文格式不规范等方面（见图8-3-1）。据调查，理论导师和任课教师对学位论文质量的满意度在"一般"及以下的比例为43.5%，其中"不满意"及"很不满意"的比例为12.6%。在校生对学位论文质量的满意度在"一般"及以下的比例为15.5%，其中"不满意"及"很不满意"的比例为3.5%。毕业生对学位论文质量的满意度在"一般"及以下的比例为23.1%，其中"不满意"及"很不满意"的比例为12.3%。

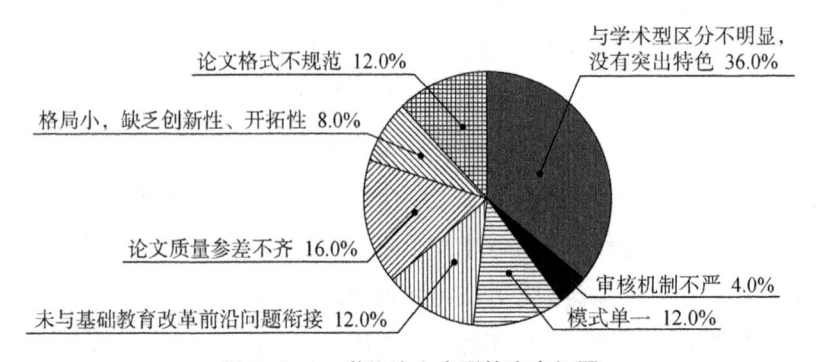

图8-3-1　学位论文方面的突出问题（论文格式不规范12.0%；与学术型区分不明显，没有突出特色36.0%；格局小，缺乏创新性、开拓性8.0%；论文质量参差不齐16.0%；未与基础教育改革前沿问题衔接12.0%；审核机制不严4.0%；模式单一12.0%）

根据访谈结果，发现学位论文方面存在如下具体问题：
①学位论文评审倾向于学术型标准、论文形式单一。由于教育硕士的师资和培养方案大部分由学术型相关专业承袭而来，因此在学位论文的要求上，教育硕士与学术型研究生区分并不明显。在后期论文的外审过程中，评审教师的评选规则也偏向于学术型标准。同时，尽管培养方案中明确了学位论文应符合研究规范并凸显应用价值，论文的形式可以多样化，如专题研究论文、调查研究报告、实验研究报告和案例研究报告等，但是由于现在的学

位论文评审机制未发生改变，校内外评审、省级及以上相关部门的论文评审基本上还是以学术研究性论文为主，因此研究生学位论文基本上是专题研究性论文为主，其他形式很少。

②学位论文质量参差不齐。全日制教育硕士研究生的学制一般为2年。按照教学安排，第一学年为在校学习时间，论文写作一般在第二学年进行，从开题到答辩时间较为短暂，而这期间研究生又面临教育教学实践和求职，这些都需要占用大量的时间和精力，可用于学位论文写作的时间非常有限。而体现其运用理论知识解决实际教学问题能力的学位论文需要较为充足的写作时间才能保证专业的质量。因此也会造成学位论文的质量参差不齐。

二、学生综合素养方面问题

学生的综合素养尚有待进一步提升。据调查，毕业生对现有工作的满意度在"一般"及以下的比例为26.2%，其中"不满意"及"很不满意"的比例为11.0%；在现有工作岗位上取得的业绩在"一般"及以下的比例为52.5%，其中"不太大"及"完全没有"的比例为9.9%。用人单位对毕业生岗位所需专业知识的满意度在"一般"及以下的比例为10.5%，其中"不满意"及"很不满意"的为5.1%；对毕业生职业道德（含工作态度等）满意度在"一般"及以下的比例为7.0%，其中"不满意"及"很不满意"的比例为3.7%；对毕业生工作能力满意度在"一般"及以下的比例为6.7%，其中"不满意"及"很不满意"的比例为2.8%；对毕业生工作业绩满意度在"一般"及以下的比例为7.9%，其中"不满意"及"很不满意"的比例为3.3%。在毕业生对自身综合素养各要素的满意度方面，最低的是职业规划能力；在实践导师对毕业生综合素养各要素的满意度方面，最低的是管理实践能力；在认为毕业生综合素养各要素需要加强的程度方面，毕业生认为最需要加强的是教学实践能力，实践导师认为最需要加强的是管理实践能力。

教育硕士专业技能方面突出的问题集中在：实践能力不足、教学技能差、研究能力不强等（见图8-3-2）。同时，访谈专家主要针对教育硕士的专业技能做出了评价，存在诸多问题：首先是学生教学和教研能力不强。学生课堂教学能力欠缺，对新的教学方法尝试不够，缺乏进行教学研究和教学改革的激情和勇气，且学科素养、教育理论素养有待进一步提高，教育教学理论掌握不系统、不扎实，其教育教学能力和教育研究能力有待进一步提升，主要表现为教育技能没有进阶，学科理解不够，从而导致职业能力薄弱，没有达到引领基础教育发展的要求，跟基础教育实践存在脱节。其次，由于很多学生为跨专业考研，缺乏教学必要的基本知识和专业能力，因此毕业生在教师资格考试和教师入编上岗统考上缺少明显优势。学生与基础教育未能实现无缝对接，多数毕业生需要二次培训才能上岗。

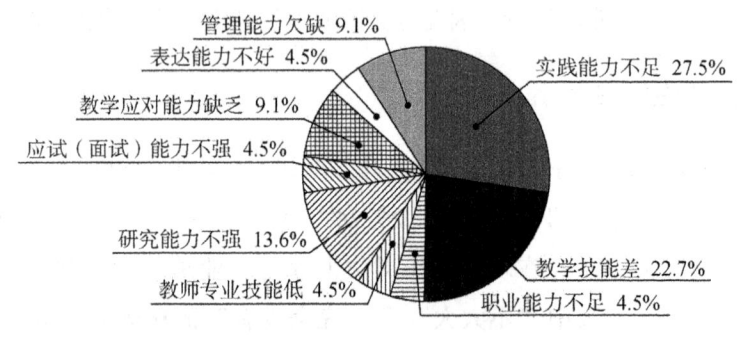

图8-3-2 教育硕士专业技能方面的突出问题

第四节 本章小结

①全日制教育硕士培养条件方面存在的问题主要表现在师资水平、教学资源、经费、管理体制、与政府和基础教育部门的合作等方面。

师资方面的问题主要表现在：师资队伍结构有待优化；师生比偏低，师资力量略显不足；具有实务背景的教师数量相对不高；尚有部分教师的前置院校和专业学习与教育硕士培养无关；导师对自己的职责了解还不到位；理论导师与实践导师之间缺乏了解和沟通；对实践导师的聘任和考核工作没有形成有效的机制；理论导师队伍转型缓慢。教学资源问题主要表现在：部分培养单位没有专门的实训教室及实验设施；网络和图书资料有待改善；案例教学资源亟待加强；实践基地建设标准化程度不高。经费方面的问题主要表现在：经费来源渠道比较单一，主要依靠培养院校自筹，且投入不足；部分培养单位没有经费方面的考察与评估，且支出不够便利，使用效率低。管理体制的问题主要表现在：管理工作相关文件、制度、条例等方面需要进一步完善；管理机构、管理者的工作效率及态度有待改善。与政府和基础教育部门的合作有待加强。

②全日制教育硕士培养过程中存在的问题主要表现在生源质量、培养目标定位、培养方案、课程教学、案例教学、实践教学等方面。

生源质量方面的问题主要表现在：第一志愿录取率较低，生源来源质量不高；跨专业考生多，学习背景差异较大，生源质量参差不齐；非师范类院校考生培养难度大；部分学生对未来职业选择定位不明确。培养目标定位的问题主要表现为培养目标定位不明确、目标定位过于局限、与教师资格考试连接不紧密等方面，其中培养目标定位不明确是主要问题。培养方案的问题主要表现在培养方案缺乏针对性和弹性、缺乏个性化特色，课程安排不尽合理等方面。课程教学问题主要体现在：缺乏科学的教学大纲，课程教学内容有重复；课程结构有待完善；课堂教学方式单一；课堂教学和实践应用相脱节；课程考核方式需要改进。案例教学问题主要表现为：教师对案例教学了解和熟悉程度有待提高；案例教学推广及使用率较低。实践教学问题主要表现为：缺乏顶层设计，实习基地的建设缺乏制度化和常态化；导师指导实践教学力度不够；缺乏对学生实践教学的考核。

③全日制教育硕士培养成效的问题主要表现在学位论文、学生综合素养方面。

学位论文的问题主要表现为：学位论文评审倾向于学术型标准、论文形式单一；学位论文质量参差不齐。学生综合素养方面问题主要表现为：教育硕士的教学和教研能力不强，学科素养、教育理论素养有待进一步提高，缺乏明显的就业择业竞争优势。

第九章　全日制教育硕士培养个案研究

第一节　个案院校简介[1]

沈阳师范大学于1998年成为第二批次在职教育硕士专业学位研究生培养试点院校，于2009年成为第一批次全日制教育硕士专业学位研究生培养院校。基于将教育硕士培养工作作为学校教师教育整体工作改革发展抓手的战略设计，2010年3月，学校成立了教育硕士研究生院，实现了教育硕士由"综合组织专人行政管理"向"专业组织综合项目管理"的重大转变。2010年9月，沈阳师范大学顺利通过辽宁省遴选和教育部答辩，成为全国专业学位研究生教育综合改革试点单位。在我国关于专业学位研究生教育综合改革"体制要有本质性突破，模式要有实质性变革"精神的要求和指导下，沈阳师范大学总结经验，积极探索，制定了"以全面提高教育硕士的创新精神和实践能力为目标，以管理体制改革为先导，以培养模式创新为载体，以师资队伍建设为要务，以课程与教学改革为重心，以实践基地、案例库、信息网络、教师专业技能实训馆室等平台建设为保障"的教育硕士发展建设规划。在上述精神和规划的指导下，经过广泛调研，严谨论证，2010年沈阳师范大学初建教育硕士专业学位研究生培养工作的独立学院制管理模式，全日制教育硕士研究生的"五以"培养模式和"三习"（教育见习、教育研习、教育

---

[1] 本节部分内容参考2018年1月沈阳师范大学《学位授权点自我评估总结报告》，笔者略有改动。

实习）实践教学模式；围绕这三个模式，沈阳师范大学在实践中大胆探索，在探索中逐步完善，至2013年经教育部验收，取得与华东师范大学并列第一的优异成绩，并且这三个模式稳定成型，此后一直成为沈阳师范大学教育硕士培养工作的基本范式。最终三项实践成果分别获全国教指委优秀教学成果一等奖、二等奖和三等奖。

沈阳师范大学建有教育硕士实践教学基地26个，入选"全国教育硕士专业学位研究生联合培养示范基地"3个、省级实践基地1个；建有教育硕士研究生案例库，收集各类案例、案例分析报告、课例和案例资料3000余件，其中7个案例入选国家案例库；教师编写案例教材共10部。近年来，教育硕士研究生院先后被评为辽宁省教育专业学位教育研究与实践重点基地和辽宁省教育系统先进单位。自2013年以来，学校先后同美国密苏里大学圣路易斯分校、厄巴纳大学、台湾台南大学、台湾新竹教育大学、台湾"清华大学"签署教育硕士或教育博士联合培养协议，且已经开始与密苏里大学圣路易斯分校联合招生培养教育博士14名。

学校现有全国教育专业学位教学案例专家工作小组成员1人，辽宁省教育类专业学位研究生教育指导委员会教育分委员会委员1人。近年来，学校教师陆续在全国会议上作教育硕士培养工作经验交流、专题报告20余场；参加全国教指委组织的活动30余项；参与全国教指委及各院校案例教学培训活动20余场，培训院校133所，培训教师3000余人；受相关院校邀请，陆续对教育硕士培养方案与工作计划进行指导、评估等活动30余场次；应邀对其他多所院校教育硕士学位论文进行匿名评阅；实地接待全国教育硕士师生参访10余次；主持全国教育硕士6门学位基础课课程标准的制定工作；获批全国教指委委托课题5项。

三个模式的实践极大促进了教育硕士整体培养质量的提升。譬如，沈阳市中小学从2014年开始允许沈阳师范大学教育硕士毕业生参加沈阳市教师招聘考试，4年累计成功签约83人；同时，也有多位毕业生与985、211等名校毕业生同台竞聘而胜出的例子。此外，学生毕业论文获评全国优秀学位论文5篇，省优秀论文2篇；参加全国教学技能大赛7场，获各级奖项18人，其中特等奖1人，二等奖3人，三等奖5人。沈阳师范大学教育硕士毕业生已普遍成为辽宁地区基础教育及中等职业技术教育的骨干力量。

第二节　沈阳师范大学管理体制改革实践❶

一、管理体制改革实践介绍

概括而言，沈阳师范大学教育硕士管理体制改革主要体现为独立学院制管理模式，即包括以学校教育硕士专业学位研究生教育指导委员会（以下简称"学校教指委"）为指导、以教育硕士研究生院为主体、以按专业方向（领域）划分的专业教学部为支撑，对教育硕士培养工作实施专业化、独立性、项目制、契约式的管理四方面的内容。前三个方面规定了该管理模式的组织结构与职能，后一个方面规定了组织活动的基本特性。学校教指委、教育硕士研究生院和各专业教学部的组织结构及职能分工如图 9-2-1 所示。

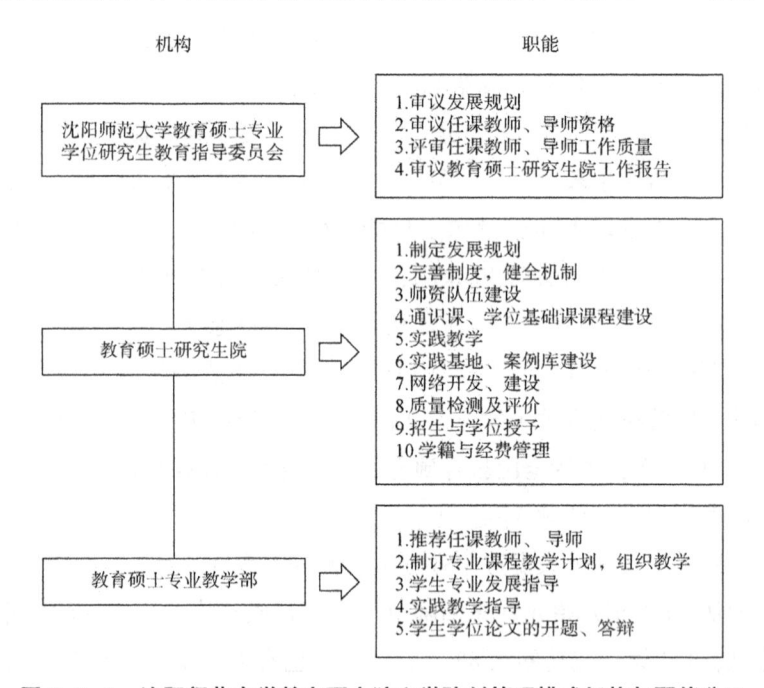

机构	职能
沈阳师范大学教育硕士专业学位研究生教育指导委员会	1.审议发展规划 2.审议任课教师、导师资格 3.评审任课教师、导师工作质量 4.审议教育硕士研究生院工作报告
教育硕士研究生院	1.制定发展规划 2.完善制度，健全机制 3.师资队伍建设 4.通识课、学位基础课课程建设 5.实践教学 6.实践基地、案例库建设 7.网络开发、建设 8.质量检测及评价 9.招生与学位授予 10.学籍与经费管理
教育硕士专业教学部	1.推荐任课教师、导师 2.制订专业课程教学计划，组织教学 3.学生专业发展指导 4.实践教学指导 5.学生学位论文的开题、答辩

图 9-2-1　沈阳师范大学教育硕士独立学院制管理模式机构与职能分工

---

❶ 本节部分内容参考 2015 年 9 月沈阳师范大学《教育硕士独立学院制管理模式的理论与实践探索教学成果报告》，笔者略有改动。

第九章　全日制教育硕士培养个案研究

依据学校关于教育硕士专业学位研究生教育的发展目标、组织职能与特色等方面的要求，全校教育硕士管理的主体部门——教育硕士研究生院内部设有一个综合办公室、两个专业培养部、一个学生工作部以及教工和学生党支部。其中，两个专业培养部分别负责全日制教育硕士和在职教育硕士专业培养工作。教育硕士研究生院的组织结构与工作模型如图9-2-2所示。❶

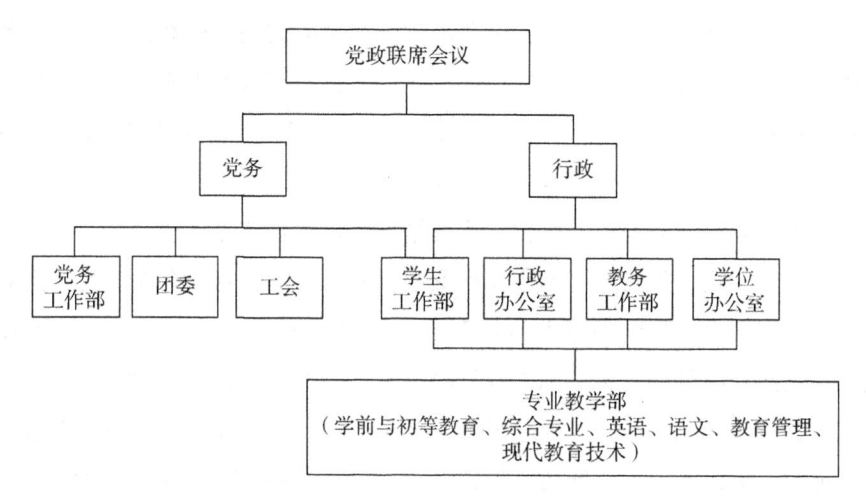

图 9-2-2　沈阳师范大学教育硕士研究生院组织机构与运行模型

沈阳师范大学教育硕士管理工作的顶层决策和审议组织为学校教指委，委员来自教育硕士专兼职导师、中小学和幼儿园一线专家以及教育行政部门相关工作管理人员。委员会制是集体领导的一种具体方式，已被证明是包括大学在内的专业性较强的组织普遍采用的议事和决策方式。教育硕士研究生院的院长由学校主管研究生工作的副校长兼任，常务副院长、支部书记、业务副院长均具有较高的专业建树，其他工作岗位的人员均具有优秀的专业管理经历。依据招生和培养方向（领域），教育硕士研究生院下设语文、英语、教育管理、现代教育技术、学前与初等教育、综合专业6个专业教学部；各专业教学部的负责人由教育硕士研究生院提名，由学校教指委审议、任命，学校党政领导及相关组织不予过问及干涉。教育硕士研究生院全面负

---

❶ 沈阳师范大学教育硕士研究生院. 学院概况[EB/OL]. (2019-06-23)[2021-03-31]. http://jyss.synu.edu.cn/xygk/list.htm.

责全校教育硕士的教学、研究、招生、财务、学籍等方面的工作，学校的教务、研究生、学科等职能部门对教育硕士研究生院不承担管理与指导职能。教育硕士研究生院实行培养经费总额年度包干制度，鼓励通过提高声誉和质量吸引生源，实现质量、规模效益协同提高。教育硕士研究生院每年在对各个专业教学部下达教育硕士培养方案的同时，也下达工作津贴方案，由于各年度的工作重点、任务不同，各专业教学部津贴的类别和标准也有差异。各专业教学部根据教育硕士培养的总体工作要求，在校内外举荐专兼职导师和任课教师人选。教育硕士研究生院根据相关标准审核后，报学校教指委审批、公示。教育硕士的任课教师、指导教师聘期届满之后由教育硕士研究生院会同各专业教学部进行考核，并依据结果决定是否续签聘约。

委员会、院、部三级一体化管理形成了分工科学、管理有序、运行高效的良好工作局面，沈阳师范大学教育硕士培养整体工作日趋凸显出"专业化、独立性、项目制、契约式"管理特色。从确立模式雏形到不断完善，再到2021年长达11年的实践过程中，沈阳师范大学教育硕士培养工作取得了长足的进步，不仅大大推动了学校其他专业学位研究生教育工作的发展，也对我国其他教育硕士培养院校产生了积极的影响。

二、主要解决的问题及其方法

（一）主要解决的问题

沈阳师范大学教育硕士专业学位研究生培养的实践表明，该模式解决的问题主要包括四个方面：

其一，组织的专业化解决了教育硕士培养目标的科学性和过程的规范性问题；

其二，职能的独立性解决了教育硕士培养的组织和个体的观念转变、工作责任心与工作效率问题；

其三，教育硕士研究生院同各专业教学部之间的项目制关系解决了教育硕士管理制度的完备与机制的优化问题；

其四，专兼职教师工作的契约式关系解决了教育硕士师资的质量、数量及其质量意识问题。

(二) 解决问题的方法

①依托独立性管理解决教育硕士培养的组织和个体的观念转变、工作责任心与工作效率问题的方法主要表现在以下三个方面：第一，教育硕士研究生院全面独立负责全校教育硕士的教学、科研、招生、财务、学籍等方面工作，学校的教务、研究生、学科等业务部门对教育硕士研究生院不负有管理与指导职能。成立由学校主管研究生工作副校长挂帅的专职部门，完成教育硕士工作由"综合性部门的专人管理"向"专业性部门的综合管理"转变，表明了这一工作的特殊性与战略发展意义，在客观上有助于相关组织与个人提高对专业学位改革与发展的认识，有助于转变传统的观念。此外，从整体上看，学校教育硕士管理的组织结构呈现高度的扁平化特征，决策的路径短，跨度适中，致使管理的活性强，效度高。第二，由于权力臂和责任链的缩短，避免了"有了成绩大家分享喜悦，有了失误大家均摊惩戒"当下大学管理的普遍现状，大大提高了组织和个体的责任心和工作效率。譬如，2015年，全国教指委在教育硕士培养院校评估指标中，更新了对任课教师和指导教师的要求，沈阳师范大学已于2018年9月颁布了教育硕士任课教师和指导教师评聘的新标准和要求。第三，各专业教学部的负责人由教育硕士研究生院考察、提名，由学校教指委审议、任命，学校党政领导及相关组织不予干涉，这增强了教育硕士工作的机动性和有效性。

②依托项目制管理解决教育硕士培养制度的完备与机制优化问题的方法主要表现在以下两个方面：第一，除教育硕士研究生院全体工作人员按学校有关规定享有工资和津贴外，教育硕士培养整体工作实行"以录取人数为基数的总额年度包干制度"，因此，有助于形成"以质量求发展，以发展促效益，以效益保质量"的良性循环。例如，从教育硕士研究生院成立至2018年，由教育硕士研究生院起草、颁布的各种规划、制度、意见就有57项；再如，沈阳师范大学全日制教育硕士实践教学经费实行年度专项预算制，从2012年至2018年，全校用于全日制教育硕士实践教学"三习"经费达至1,102,965元。第二，针对每届具体专业的教育硕士培养工作，教育硕士研究生院在沟通、协商的基础上，在对相应专业教学部下达该届教育硕士培养方案的同时，同时下达各项工作的津贴方案。由于各年度的工作重

点、任务不同，津贴的类别和标准也有差异。

③依托契约式管理解决教育硕士师资的质量、数量及教育硕士培养工作的质量意识问题的方法主要表现在以下三个方面：第一，按照沈阳师范大学《教育硕士专业学位研究生培养工作方案》，学校制定并定期修订《教育硕士研究生导师聘任与考核办法》与《教育硕士研究生任课教师遴选与考核办法》。依照该办法，教育硕士的任课教师、专兼职指导教师的遴选和聘任是在校内外范围内进行的，打破了单一部门专业教师的局限性，有助于打造和建设高水平的专兼职导师队伍。第二，成立教育硕士教学质量督导组，在每门课程实施的前、中、后三个时段，通过颁布落实课程标准、听课和召开教学工作座谈会、问卷调查与学生反思等环节，制定科学的评价制度与检测机制，努力提高教师的教学行为规范。第三，各专业教学部根据教育硕士总量和课堂教学、实践教学的工作任务，向教育硕士研究生院推荐人选；教育硕士研究生院根据相关标准审核后，报学校教指委审批、公示。教育硕士的任课教师、指导教师聘期届满之后由教育硕士研究生院会同各专业教学部进行考核，并依据结果决定是否续签聘约。

三、创新点

沈阳师范大学管理体制改革成果具有以下创新点。

①研究成果为全面践行党和国家关于高等教育管理体制改革，释放我国大学基层组织的活力进行了富有开拓性和成效的理论与实践探索。《国家中长期教育改革和发展规划纲要（2010—2020年）》中阐述了"深化教育体制改革，关键是更新教育观念，核心是改革人才培养体制"的重要思想。沈阳师范大学教育硕士独立学院制管理一定程度上改革了我国当下大学教育教学基层组织行政、学术分割管理制度，为增强我国大学基层组织的活力进行了富有开拓性和一定成效的理论与实践探索。

②研究成果构建出将我国大学现行基层教育教学组织的管理制度同欧美大学基层教育教学组织的学院制管理高度融合的新体制。我国当下大学基层教育教学组织通常采用的是校、院（或系）行政、学术分割管理制度，实践证明其易引发行政权力和学术权力形成相异的价值准则及行为规范，进

而对大学的教育教学质量产生严重的损害。学院制是欧美大学基层院系发展的内核，其要义主要包括：其一，实施委员会式集体管理，专业管理和行政管理高度融通；其二，对专业和管理人员实行以工作为核心的聘任（合同）制管理。教育硕士独立学院制管理模式吸取了欧美大学教育教学基层组织学院制管理的合理内核，实行项目制管理方式，既提高了管理的专业化，也增强了决策的民主性，有助于促进教育硕士培养工作的科学性与规范性。

③研究成果创设出扁平一体、活性强、效率高的教育硕士管理组织新体系。沈阳师范大学教育硕士独立学院制管理模式在学校教指委的指导下，以教育硕士研究生院为主体，按专业方向（领域）下设语文、英语、教育管理、现代教育技术、学前与初等教育、综合专业6个专业教学部。教育硕士研究生院负责全校教育硕士改革发展、培养方案、培养模式、课程标准、实践教学、学籍和财务等重要工作的规划与管理工作；学校教指委负责发展规划、任课及导师评聘、培养方案等重大事务的审议和指导工作，各专业教学部负责本专业（领域）教育硕士培养方案的具体落实工作。从整体上看，学校教育硕士管理的组织结构呈现高度的扁平化特征，决策的路径短，跨度适中，使管理的活性强，效率高。

④研究成果探索出以项目制为特色的大学内部组织之间工作关联的新机制。经过遴选确定负责人，委托其按照给定的培养方案，遴选、举荐任课教师和指导教师，组织常规的教学活动，并按照工作总量和标准，获得工作津贴，具有典型的项目制特征。项目制由于强化了工作的合理分工，有助于各个组织部门的专业化发展，进而能够提高工作质量与效率。

⑤研究成果开启了以契约为主导方式的大学教师管理新模式。我国大学教师目前实行鲜明的人事关系二级单位所属制，工作关系附属其中。这种人事制度决定了大学教师在不同事务上对所属两级单位表现出依赖性和受制性，一定程度上阻碍了大学教师校际和院系间的合理交流。沈阳师范大学教育硕士独立学院制对任课教师和导师实施以工作任务为基准的契约式管理，按需设岗，按劳付酬，注重对教师的教学实施全程管理与发展性评价，破解了校内外教师评价和聘任的制度性障碍，对挖掘和活化我国大学教育教学基

层组织的人力资源乃至对大学人事制度的改革均具有积极的借鉴意义。

第三节　沈阳师范大学培养模式改革实践❶

一、培养模式改革实践介绍

2009年，沈阳师范大学获批首批全日制教育硕士专业学位研究生学位授予权资格后，根据教育部当年下发的《关于做好全日制硕士专业学位研究生培养工作的若干意见》，在总结以往研究生教育经验的基础上，结合专业学位研究生教育的规律与特征，创设出全日制教育硕士专业学位研究生培养的"五以"模式，即：以特色化教育目标体系为导向，以专业理论和专业实践能力培养为重心，以网络教育和案例教育为"两翼"，以"三习"为牵引，以教师教育文化熏陶为保障。

具体内容包括以下五个方面。

①以特色化教育目标体系为导向，主要通过"创设'三维三级'教育目标体系""精心修订培养方案"和"实施'九个一'工程"来实现。

②以专业理论和专业实践能力培养为重心，主要通过"调整课程结构，拓展技能课程""研制课程标准，加强课程建设""改革教学方式，激发课堂活力"和"改革考核方式，提升实践能力"等措施实现。

③以网络教育和案例教育为"两翼"，网络教育即拓宽师生基础教育视野，案例教育即提升教育硕士反思与研究的能力。

④以教育"三习"为牵引，是指通过教育"三习"，促使学生贴近基础教育的实际，拓展视野，极大地促进自身观念、学习策略的改进和专业素养的全面提升。

⑤以教师教育文化熏陶为保障，是指通过物质文化、制度文化和精神文化等教师教育文化的熏陶，促进教育硕士形成先进的职业理念、树立崇高的敬业精神，激发其对未来教师职业的追求。

---

❶ 本节部分内容参考2015年9月沈阳师范大学《全日制教育硕士"五以"培养模式的理论与实践探索教学成果报告》，笔者略有改动。

2013年11月,《学位与研究生教育》对该项成果做了专题介绍;2015年12月,该成果获全国教指委会首届优秀教学成果二等奖。自2013年以来沈阳师范大学坚持对全日制教育硕士研究生进行"五以"模式的培养,至2018年已取得了一系列的推广应用成效。

二、主要解决的问题及其方法

(一) 主要解决的问题

沈阳师范大学创设的"五以"培养模式主要解决教育硕士专业学位研究生教育、教学3个方面的问题:

其一,培养目标,即教育硕士培养的总体质量和具体规格。

其二,课程结构与内容,即教育硕士培养的教学策略与基本内容。

其三,培养途径,即教育硕士培养的具体方式与方法。

(二) 解决问题的方法

通过构建"三维三级"总体质量和具体规格要求,明确教育硕士的培养目标。通过全面建设理论教学和实践教学课程体系,完善了教育硕士培养的课程结构与基本内容。通过探索网络、案例库、教育"三习"和教师教育文化建设,创新了教育硕士培养的具体方式和方法。

①通过构建"三维三级"总体质量和具体规格要求,明确教育硕士的培养目标。

从人才培养的常规认识出发,根据我国中小学和幼儿园教师的专业标准,按照教育硕士培养的目标定位,创设出学校教育硕士培养的"三维三级"目标体系。同时,通过创设并实施"九个一"工程,执行教育目标体系,落实培养方案,着力提升教育硕士的培养质量。

②通过全面建设理论教学和实践教学课程体系,完善了教育硕士培养的课程结构与基本内容。

其一,调整课程结构,拓展技能课程。在培养方案中设置了独具特色的"学位通识课程"模块,通过开设"基础教育改革与实践""现代教育技术""人文教育""科学教育""反思教学技能"等课程,提高学生的实践能力和加深学生对基础教育实践的认知程度。

其二，研制课程标准，加强课程建设。施行了由"课程标准与方案校内招标""教师团队集体负责教学"等措施构成的"课程与教材建设"系统工程，共完成25门课程招标和教学团队的审核工作。同时，承担全国教指委委托的全国教育硕士6门学位基础课课程标准的研制。

其三，改革教学方式，激发课堂活力。每门课程通过课程招标，组成教师团队，集体负责教学。教学组织形式上，强化实践教学环节，采用案例式教学、体验式教学、植入式教学、互动式教学、反思性教学。

其四，改革考核方式，提升实践能力。在课程考核方式上，学位课和专业必修课程加大对学生学习过程的考核力度，减少期末考试的比重，增加课程实践环节考核权重（占总成绩的30%）。学位通识课和专业选修课考核方式采取"调研报告、实验报告、案例评析报告、读书报告或课程论文等+平时表现"的形式。

③通过探索网络、案例库、教育"三习"和教师教育文化建设，明确了教育硕士培养的具体方式和方法。

其一，以网络教育和案例教育为"两翼"。通过网络教育，拓宽师生基础教育视野：通过设立教育硕士网站、增设网络课程（23门）、整合与联通学校教师教育网络资源等手段，为全日制教育硕士全面拓展视野、提高专业能力提供了有力的支持。通过案例教育，提升教育硕士反思与研究的能力：从试点改革初期就启动了教育硕士培养案例库建设工程，构建了多元化、特色化的教师教育案例库。

其二，以教育"三习"为牵引。每届学生通过参加教育"三习"的动员、实地锻炼、总结交流等活动，其专业知识与实践能力均得到了全面提升。

其三，以教师教育文化熏陶为保障。通过物质文化、制度文化、精神文化等教师教育文化的熏陶，促进教育硕士形成先进的职业理念、树立崇高的敬业精神，激发对未来教师职业的追求。

三、创新点

沈阳师范大学"五以"培养模式改革成果具有以下创新点。

①创设出我国新形势下教育硕士培养的"三维三级"目标体系，即以

"观念与意识""情感与态度""知识与技能"为三个基本维度,进行一级目标、二级目标和三级目标建设。

②总结出教育硕士专业学位研究生培养的"九个一"工程,即深入一所学校,熟悉一堂好课的标准,完成一个优秀教案的设计,完成一次高质量课堂教学,收集整理一个具有典型意义的教育(教学)案例,制订一个班主任专项工作计划,设计一个具有特色的主题班会活动方案,提交一份合格的基础教育实践调研报告,撰写一篇特色化的毕业论文。

③构建出具有教育硕士专业学位研究生教育鲜明特色的理论教学和实践教学课程体系。依据全国教育专业学位教育指导委员会的要求,在培养方案中设置了教育硕士各专业方向的"学位基础课程""学位通识课程""专业必修课程""专业选修课程"和"实践教学"五大课程模块。其中,"学位通识课程"模块是特色课程模块,主要目的是提高学生的实践能力、加深学生对基础教育实践的认知程度。在实践教学模块,除保证正常的教育"三习"外,还设置了教师教育讲堂、案例收集与评析等实践环节。

④系统探究并践行了教育硕士专业学位研究生教育教学的方式和方法。其一,通过设立教育硕士网站、增设网络课程、整合与联通学校教师教育网络资源等手段,为全日制教育硕士全面拓展视野、提高专业能力提供了有力支持;通过案例教育和教学,提升教育硕士反思与研究的能力,并且构建了多元化、特色化的教师教育案例库。并率先在全国探索出了案例教学的3种基本模式。其二,通过开展教育"三习"活动,促进教育硕士专业知识与实践能力的全面提高。尤其是通过教育研习,深入中小学、幼儿园及国外、境外学校研习访学,提升学生发现问题、分析问题、解决问题的意识与能力,重点完成硕士学位论文的选题、开题、调查数据的收集及毕业论文的写作等任务。目前已先后组织五批共73名学生分别到美国、中国台湾地区等地大学进行专业研习活动,学生收获颇丰。其三,通过物质、制度和精神等教师教育文化的熏陶,促进教育硕士形成先进的职业理念、树立崇高的敬业精神,激发其对未来教师职业的追求,极大地提升了学生的教育教学技能。目前,已经先后组织全日制教育硕士教育教学技能大赛七届13场比赛,成

功举办校级教师教育讲堂专题讲座 85 场。

第四节　沈阳师范大学实践教学模式改革实践❶

一、实践教学模式改革实践介绍

2009 年，沈阳师范大学获批首批全日制教育硕士专业学位研究生学位授予权资格后，根据教育部当年下发的《关于做好全日制硕士专业学位研究生培养工作的若干意见》，在总结以往研究生教育经验的基础上，结合专业学位研究生教育的规律与特征，创设出全日制教育硕士专业学位研究生培养的"五以"模式，即：以特色化教育目标体系为导向，以专业理论和专业实践能力培养为重心，以网络教育和案例教育为"两翼"，以"三习"为牵引，以教师教育文化熏陶为保障。而"三习"实践教学模式就是"五以"培养模式中的重要一环，贯穿整个学程，包括 3 个阶段的内容。通过"三习"实践教学的培养，极大地促进了学生自身观念、学习策略的改进和专业实践素养的全面提升。

具体内容包括以下三个方面。

①教育见习是实践教学的一个阶段，设在第一学期，为期 2 周，主要目的是通过观摩和参与，让学生初步了解当前基础教育和中等职业教育发展的情况，亲身感知基础教育和中等职业教育实践中的教学、管理等方面内容，熟悉各种工作规程，学习优秀教师的师德风范和教育教学方法，坚定学生热爱和从事教育事业的职业理想与信念。

②教育研习设在第二和第三学期，各为 1 个月，主要目的是通过深入中小学、幼儿园和中等职业学校，提升全日制教育硕士研究生发现问题、分析问题、解决问题的意识与能力，重点完成硕士学位论文的选题、开题、调查数据的收集及毕业论文的写作等任务。

③教育实习设在第三学期，为期 3 个月，主要目的是让学生通过全面践

---

❶ 本节部分内容参考 2018 年 5 月沈阳师范大学《全日制教育硕士"三习"实践教学模式的理论与实践探索教学成果报告》，笔者略有改动。

行教师职业角色，熟悉基础教育和中等职业教育阶段的教学、管理、研究等方面的内容与方法，思考教育的科学性与人文性，坚定学生从事教育事业的职业理想和信念，将学校学习的有关理论知识加以巩固、提高，并转化为实践能力和智慧，在实践中研究，在研究中实践，全面提升其教育教学、管理与研究水平。

2013年11月《学位与研究生教育》对含有该项成果的"五以"培养模式做了专题介绍；2015年12月"五以"培养模式成果获全国教指委首届优秀教学成果二等奖；2018年5月该成果获辽宁省研究生教学成果奖一等奖。沈阳师范大学由于8年来坚持对全日制教育硕士研究生进行"三习"实践教学模式的培养，至今已取得了一系列的推广应用成效。

二、主要解决的问题及其方法

（一）主要解决的问题

沈阳师范大学创设的"三习"实践教学模式主要解决教育硕士专业学位研究生实践教学4个方面的问题：

其一，实践教学的培养目标，即通过构建教育硕士实践能力指标，制订实践教学的总体质量和具体规格。

其二，实践教学的结构与内容，即通过建设实践教学方案，制订教育"三习"的具体要求与基本内容。

其三，实践教学的实施途径和方法，即通过建立教育硕士联合培养工作站具体实施教育"三习"，学生以"三习"手册为依据完成实践教学任务。

其四，实践教学质量的监控，即通过加强组织制度建设、明晰导师职责，坚持"三习"动员、总结、走访、座谈、反馈调查、测评、档案袋评价等相关措施，健全质量监控机制。

（二）解决问题的方法

①在构建教育硕士"三维三级"总体质量和具体规格要求基础上，创设出教育硕士的教育实践能力指标，并通过"九个一"工程予以践行。

在学校创设的教育硕士培养的"三维三级"目标体系基础上构建了《教育硕士教育实践能力指标》，共包括6个一级指标：基于学生学习的教学设计能力、基于能力发展的情境创设能力、基于多元的教学评价能力、基于全面发展的班级管理能力、基于深层反思的教研活动能力、基于文化建设的学校管理能力；以及13个具体能力指标及若干具体的观测细目。

同时，通过实施"九个一"工程，执行教育实践能力目标体系，着力提升教育硕士的实践能力。

②通过建设实践教学课程体系，完善了教育硕士实践能力培养的课程结构与基本内容。

在不断完善培养方案的基础上，研制了实践教学方案，规定了实践教学包括两大类：一是各门课程的实践教学环节和专题报告会；二是集中的实践教学。集中的实践教学主要包括"教育见习""教育研习"和"教育实习"三个方面内容。教育见习的主要内容以观摩为主，主要包括课堂教学、班主任工作、公开课、教育教研活动和主题班会观摩等。教育研习以学位论文写作为主，主要内容包访谈、调查问卷设计、调查报告、选题、开题及论文初稿写作等。教育实习以教学和管理实践为主，主要内容包括课堂教学设计、上课与讲评、作业批改、学习辅导、学业成绩评价、教育教研活动、课例分析、班主任工作计划、学生个别辅导、学生班队（团）活动设计方案与实施、教务管理等。

③通过建立沈阳师范大学教育硕士联合培养工作站，具体实施教育"三习"，学生以"三习"手册为依据完成实践教学任务。

学校教育硕士实践教学主要在教育硕士联合培养工作站或各专业教学部的实践基地进行。已建设校级联合培养工作站29个，2个"全国教育硕士专业学位研究生联合培养示范基地"。学校分别制定了《教育见习手册》《教育研习手册》和《教育实习手册》，学生以手册为依据完成实践教学任务。

④健全组织制度、明晰导师职责，坚持"三习"动员、总结、走访、座谈、反馈调查、测评、档案袋评价等相关措施，完善质量监控机制。

其一，健全组织制度。学校成立教育硕士研究生院（下设质量监测与评估部）和8个专业教学部，在教育硕士教学质量督导组和"三习"工作领导小组指导下，对"三习"相关工作进行质量监控。同时先后颁布相关制度和规定50余项，并分别编制了学生和教师手册。

其二，明晰导师职责。学校依据"专兼结合""分类聘任""聘约管理"等原则，研制和修订了《沈阳师范大学教育硕士指导教师聘任与考核办法》，明晰了校内导师和兼职实践导师的各自职责。同时，针对"三习"具体任务，又分别制订了实习和研习学校、校内各专业带队教师、校内指导教师、校内总带队教师、校外指导教师各自的具体工作职责。

其三，坚持"三习"动员、总结、走访、座谈、反馈调查、测评、档案袋评价等相关措施，监控实践教学质量。"三习"开始和结束后，分别召开动员会和经验交流会，并对每所实践基地进行走访、座谈及反馈调查，收集反馈信息。先后研制了全日制教育硕士研习和实习质量检测评价方案及评价表，开展了教育硕士研究生实践能力培养情况的多项调查研究。学生"三习"结果全部纳入学生发展档案袋评价中。每年提前做好"三习"的经费预算。

三、创新点

沈阳师范大学"五以""三习"实践教学模式改革成果具有以下创新点。

①以学校创设的"三维三级"培养目标体系为依据，创设出教育硕士实践能力指标体系，即以基于学生学习的教学设计能力、基于能力发展的情境创设能力、基于多元的教学评价能力、基于全面发展的班级管理能力、基于深层反思的教研活动能力、基于文化建设学校管理能力为出发点，构建了13个具体能力指标及若干观测点。

②构建了具有教育硕士专业学位研究生教育鲜明特色的实践教学体系。依据培养方案，规定了实践教学包括两大类：一是各门课程的实践教学环节和专题报告会；二是集中的实践教学，即教育见习、教育研习和教育实习。"三习"的具体内容各有侧重。

③系统探究并践行了教育硕士专业学位研究生实践教学的方式和方法。其一，建立教育硕士联合培养工作站，开展教育硕士实践教学。其二，学生通过学校独立研制的"三习"手册完成实践教学任务。

④构建了"三习"实践教学的质量监控机制。其一，建立健全"三习"

相关制度，建立专门的质量监控机构和组织。其二，明晰各类指导教师在"三习"过程中的职责。其三，定时召开"三习"动员及经验交流会，收集反馈信息。其四，开展专项调查与研究。其五，"三习"结果完全纳入学生档案袋评价中。

第五节　本章小结

沈阳师范大学于1998年成为第二批次在职教育硕士专业学位研究生培养试点院校，于2009年成为第一批次全日制教育硕士专业学位研究生培养院校。其创设的"五以"培养模式至今已取得了一系列的推广应用成效。2013年11月，《学位与研究生教育》对该项成果做了专题介绍；2015年12月，"五以"培养模式成果获全国教指委首届优秀教学成果二等奖；2018年5月该成果获辽宁省研究生教学成果奖一等奖。本章重点从管理体制改革、培养模式改革及实践教学模式改革三方面对沈阳师范大学的教育硕士培养质量保障进行介绍，三个模式的实践极大促进了教育硕士整体培养质量的提升。

①管理体制改革方面：沈阳师范大学形成了独特的委员会、院、部三级一体化管理，营造了分工科学、管理有序、运行高效的良好工作局面，教育硕士培养整体工作日趋凸显出"专业化、独立性、项目制、契约式"的管理特色。解决了教育硕士培养目标的科学性和过程的规范性问题，教育硕士培养的组织和个体的观念转变、工作责任心与工作效率问题，教育硕士管理制度的完备与机制的优化问题以及教育硕士师资的质量、数量及其质量意识4方面的问题。

②培养模式改革方面：沈阳师范大学创设出全日制教育硕士专业学位研究生培养的"五以"模式，即：以特色化教育目标体系为导向，以专业理论和专业实践能力培养为重心，以网络教育和案例教育为"两翼"，以教育"三习"为牵引，以教师教育文化熏陶为保障。其中，教育硕士培养的"三维三级"目标体系是我国新形式下的一个创新，同时，总结出教育硕士专业学位研究生培养的"九个一"工程并构建了具有教育硕士专业学位研究生教育鲜明特色的理论教学和实践教学课程体系，系统探究并践行了教育硕

士专业学位研究生教育教学的方式和方法。

③实践教学模式改革方面:"三习"实践教学模式是"五以"培养模式中的重要一环,贯穿整个学程,包括三个阶段的内容。通过"三习"实践教学的培养,促进教育硕士形成先进的职业理念、树立崇高的敬业精神,激发其对未来教师职业的追求,极大地促进了学生自身观念、学习策略的改进和专业实践素养的全面提升。

第十章　全日制教育硕士培养质量保障措施

第一节　教育硕士培养质量保障的国际视野

一、培养质量的外部保障措施

（一）美国教育硕士培养质量的外部保障❶

1. 联邦政府间接管理

在美国，联邦政府对高等教育无法行使直接的管理权力，由各个州政府自行负责管理相关事务。联邦政府对高等教育采取的手段是获得间接管理权力。法律的制定、经费的资助、政策的导向以及认证机构进行定期的审核等都是其间接进行管理的有效手段。除此之外，对于社会认证机构的审查的权力归属联邦政府拥有。现在，美国高等教育的专业认证机构非常之多，根据一般统计，大约有80个，区域性的认证机构有6个。在这里需要强调的是，在美国如果要建立起一个合理且合法的高等教育认证机构并不需要获得美国教育部（The U.S. Office of Education）的首肯。学生只要能够获得已经得到了教育部认可的机构所认证的高校的录取通知，就可以拿到联邦政府所给予的相应的经济支持。❷

---

❶ 刘春玲. 美国教育硕士专业学位教育质量保障措施研究 [D]. 沈阳：阳师范大学, 2017.

❷ UNESCO. Elaine EI-Khawas Accreditaition in the USA: origins, developments and future prospects[EB/OL]. http://www.unesco.Org/iiep.

第十章　全日制教育硕士培养质量保障措施

（1）通过立法，规范认证机构

在1952年，联邦政府则开始致力于审核认证机构是否具备认证的资格。1968年，美国教育部建立了一个认证院校的工作队伍，还设立了顾问委员会，两者互相合作共同完成对鉴定机构的认证工作，如果鉴定机构没有通过审核认证就无法拥有鉴定和评价的资格。如果要获得联邦政府的经济援助，那么被认证的鉴定机构还必须满足准鉴定资格、初始鉴定资格的候选资格以及鉴定资格三个条件。同时，美国教育部还设定了很多详细的规定来对认证机构进行一定的约束。例如，对认证委员会的成员设定了两项具体要求，明确指出其必须要达到规定的数量，同时更要具备一定高水平的质量。质量的硬性规定则是其成员必须是毕业于已经获得认证的学院或专业的优秀学生。[1] 另外，建立"州中学后教育评估机构"在1922年的高等教育的修正法案中被明确地提出，同时，在符合美国教育部规定的范围的前提下，设置相应的鉴定标准也在其中被重点指出。与此同时，为了更好地执行修正法案中的各项规定，美国教育部又围绕其制定了多条相关的执行原则。这也是从法律的角度出发，联邦政府为了限制一些民间组织过分的自主性，首次对认证机构运行过程中设定相应发展要求。[2]

（2）利用民间认证机构结果，保障民间认证机构的权威性

为了支持研究生教育，特别是对于实践性较强的教育硕士专业学位教育，从某种程度上说，联邦政府对其的重视度相对更高，经济资助也较多。在1958年美国的《国防教育法》中，第2条中明确规定可以给各个类型的研究生提供没有利息的助学贷款；并在第4条中规定在1959年向各种类型的研究生发放1000份奖学金，且选择以后的每三个财政年度发放1500份奖学金；在第6条中，还表明会发放一定比例的奖学金给社会尤为短缺的外语类硕士。[3] 在1964年，经过慎重的讨论研究，《国防教育法》的年限被延长

---

[1] EATON J. Accreditation and Recognition in the United States [EB/OL]. http://chea.org/international/OECD-EPaper0803.pdf.

[2] 毕加驹. 美国高等教育鉴定及其管理机制的变迁 [J]. 同济大学学报（人文社科版），1996（1）：114.

[3] 符娟明，迟恩莲. 国外研究生教育研究 [M]. 北京：人民教育出版社，1992：82.

了4年,至此国防奖学金数量也发生了明显的改变,由之前的1500名增至7500名。❶ 在这一时期,这个法案的颁布,无疑表明联邦政府对研究生资助的重视度越来越高,同时作为一个重要的转折点,在研究生教育的发展过程中影响深远。政府选择把社会评估机构对研究生教育的质量评估结果作为重要参考。针对各个学校和专业以及学生的资助,政府会直接采用社会认证机构的评估认证结果进行合理分配安排,这在一定程度上认可了社会评估机评估的权威性,同时也提高了高校学生的积极性。

2. 州政府直接管理

在美国,对高等教育的行使直接管理权力的是州政府,相较于联邦政府,州政府对教育硕士专业学位教育的管理权更加宽泛,州政府的责任体现则更加具体直接。每个州都设立自己的高等教育委员会是美国高等教育的一大特色。针对高校的管理,各个州的行政管理部门所拥有的权力限度也各有不同,但是他们也有共同的权力,如审批本州内的高等教育、审批高校学位计划等。另外,针对院校的具体发展方向、州政府所给予的资金拨款以及对政府与院校发展关系的处理,各州的主管部门也具备绝对的权力。最重要的一点是高校具有绝对的办学自主权。

(1) 州政府高等教育和有关学位计划进行审批

在美国,新成立的高校或者新开设的专业的合格证书都由各州政府颁发,各州以这样的手段来保证它们最低的办学质量标准,并以此来保证本州研究生教育的办学质量。各州的院校只要拿到了办学许可,就意味着可以在本州内授予学位和发放毕业证书给毕业生。然而在具体的实施的过程中,各州在颁发许可证的程序上会存在一些区别。例如,有些州需要进行财政和专业评估,而有些州只需要缴纳一定的费用就可以了。这与美国是一个地方分权制国家有关。各州的州政府在对高等教育的管理和有关学位计划的审批上都具有绝对的自主权。

(2) 州政府直接评价研究生教育质量

通过法律、法规等措施,州政府对教育硕士专业学位的质量进行一定的

---

❶ 陈庆华,沈跃进. 美国研究生教育的历史研究 [J]. 学位与研究生教育,1993 (1):39-40.

评估。评估的相关内容、使用的评价措施以及采用该措施的缘由通常都由州政府设定。州政府会重新定义相关的绩效任务，使得各个州政府将学生的产出（学生毕业时的成绩和业绩）以及其为未来工作所做的准备等作为关心的视点。同时州政府会把自己的拨款与各高等院校的绩效评估联系在一起，以此来保证高校自觉遵守各种规定、保障教育硕士的培养质量。

3. 民间组织的直接参与

尽管高等教育的评估政策由各个州政府独立自主制定，然而针对高校质量的具体评估，州政府的选择方式和美国联邦政府一样，都是以民间评估机构的评估结果作为参考依据，以此来保障高等教育的质量。这在一定程度上，也是对民间评估机构权威性的认可。由此可见，第三方评估机构在美国的社会认可度极高，且具有一定的社会影响力。

全美教学专业标准委员会（National Board for Professional Teaching Standard's，NBPTS）成立于1987年，它可以说是一个非官方的、非营利性的、不隶属于任何部门的组织，并且具有绝对的独立性。NBPTS的成员数一共有63人。成员的职业背景各不相同，一半以上都是在职的一线教师，另外还包括各高等院校的领导、政府的要员、企业的董事人员、州政府的立法委员等。❶

NBPTS的建立带有一定的发展目的性，所以其随后便制定出了两个明确的发展目标。一个目标是建立一个合理完善的评估、认证系统。其目的是对学校里的优秀教师进行认证，并且给他们发放高级证书，以此作为一种认可和鼓励；另一个目标是建立一个制定各种标准的委员会，目的在于制定教学标准给独立的教学领域以及专业。需要强调的是NBPTS的建立目标性明确，即"推进教师的专业发展，提高专业教学的地位和美国教育的力量"❷。

---

❶ NBPTS. Milestone. [EB/OL]. (2003-06-02)[2014-04-01]. http://www.nbpts.org/aboutus/background/milestones.

❷ SERAFINI F. Possibilities and challenges—The National Board for Professional Teaching Standards[J]. Journal of Teacher Education. 2002. 53(4):316-327.

（二）英国教育硕士培养质量的外部保障[1]

英国的政府、社会、大学特别重视研究生教育质量，高校的教育质量也被各国高度认可。其外部保障机构相对独立、手段多样化，主要包括高等教育质量保障署（QAA）、研究考核评估小组（RAE）、英国研究生教育协会（UK Council for Graduate Education）、国家学位授予委员会（CNAA）、高等教育学会（The Higher Education Academy）、社会团体等。

1. 高等教育质量保障署

高等教育质量保障署（The Quality Assurance Agency for Higher Education, QAA）成立于1997年，是一个独立的、非隶属于英国政府的机构。它是由英国高等教育学院签署授权的独立基金组织，并且和英国主流高等教育基金组织签署合作协议。QAA在2008年通过欧洲高等教育质量保障委员会进行的第一次审核，是其正式成员之一。QAA最高管理部门是董事会，负责发展和监督战略方向、政策制定和财务状况等，它是根据最佳实践准则（Code of Best Practice）来进行运作。董事会由14名人员组成，其中4名由英国代表机构（常务会议、苏格兰大学、英国大学和威尔士大学）联合指定，另外4名由英国高等教育资助机构共同指定，剩余6名由工商业界等领域、英国大学理事会、全国学生联合会和曾有工作经验的人员构成，分别负责高校的教育评估工作、行政管理以及政策研究。[2]

QAA主要工作内容：QAA的任务就是要为杜伦大学的教师、学生、教育管理人员及家长提供高质量的教育和有关教育质量相关信息，其核心是对杜伦大学教育硕士内部培养质量保障进行有效性的评估，并提出相关改善意见或建议。主要工作为：制定和维护教育硕士教育的质量保障标准。QAA联合英国研究生教育协会、研究协会等机构共同制定了教育质量保障的规则和制度。包括英国高等教育制度框架（Frameworks for Higher Education Qualifications England）、专业课程规范（Programme Specification）、学科基本

---

[1] 李楠楠.英国杜伦大学教育硕士教育质量保障研究［D］.沈阳：沈阳师范大学，2018.

[2] 祁品伟，常金生.英国高等学校的学术评估制度［J］.世界教育信息，2009（01）：49-51.

准则（Subject Benchmark）等，形成了较为完整的研究生教育质量外部保障框架和质量评估体系；评估并审查高等教育外部质量保障机构。制定对高校高等教育质量保障有效的评估机制和审核方案；对学科专业水平和标准进行调查和监督；积极调动学生、家长及其他社会人员参与到教育质量保障中来，便于为他们提供与高等教育质量标准相关的信息。❶

QAA评估的参考标准：①实施准则（Code of Practice）。实施准则将会进行相关学术标准和质量的管理。其每个部分都有各高等教育机构必须遵循的规则以及各高校应达到的要求。当前已发布的规则包括：研究生教育研究课程、合作办学、学生评估方法、残疾学生办法、外部考核评估办法、学术和学位申请相关事宜、课程管理评估、职业教育信息和指导、就业和招生指导。这些规则对英国高校组织的各种活动都做出了规定。每所大学或学院都要遵照所规定的标准来进行。②学科基准（Subject Benchmark Statement）。学科基准规定了教育硕士在其学科领域中达到的学位要求、制定一系列学科领域的学位标准，定义了毕业生在其专业领域学到多少知识和达到什么程度的理解能力和实践能力。③课程规范（Programme Specification）。课程规范要求了高校学生在毕业之前要掌握多少知识，拥有哪些实践技能，理解能力如何。课程规范还为教育硕士提供了学习和教学方法、评估意见、考试相关公告和就业相关信息。

QAA的筹资来源主要是：①英国的大学及学院的资助。英国的大学和学院会在规定的时间内向QAA上缴会费（但一些高校是不公开公布的）；②和高等教育基金委员会签署资助协议；③英国边境管理局（UKBA）提供资助（资助费用通过QAA满足边境管理局查询境外移民的受教育程度和经历的需求而获得）。

高等教育评审机制（Review of Higher Education）是QAA为保障高等教育各机构的学科基准能够达到被要求的标准而进行的评估。高等教育评审是以实证为基础而进行的同行评审，评审人员主要是由其他高校老师和学生构成，它主要针对的是英国高等教育资格框架中4~8级的学位课程学习。其

---

❶ Our main areas of work. QAA. [EB/OL]. (2017-08-11) [2020-10-20]. http://www.qaa.ac.uk/about-us.

主要目的是通过对高校内部教育教学质量保障制度的检查，保障各个高校内部教育质量保障制度的有效运行，确保其有效性、合理性。即对高校内部教育质量保障机制有效性的审核。❶ 高等教育评审有风险性和灵活性的特点。一个有着高质量标准的大学，它被评审的几率会相对较小，另外一些教育质量评审较差的高校抽查的几率反而较大。高等教育评审机制要求评审人员由其他大学或学院的导师和学生进行参与，其标准需要依据《英国高等教育质量准则》进行评估。高等教育评审机制主要针对教学质量、学生的学习和未来的就业机会等方面进行评估。

"以生为本"是高等教育评审机制的核心部分，评审小组的重要成员就是由学生组成。学生不仅可以充当评审小组的主要成员，也可以在高校内部参与到审议过程中，如在审查期间可以与其他评审小组沟通。高等教育评审的结果最终会公开发布。❷

2. 研究考核评估小组

研究考核评估小组（Research Assessment Exercise，RAE）是评估高校教学和科研质量的机构，是教育外部质量保障机制重要组成部分之一，与高等教育基金会（HEFC）有直接的联系，包括英格兰高等教育基金会（HEFCE）、苏格兰高等教育基金会（SHEFC）、威尔士高等教育基金委员会（HEFCW）和北爱尔兰就业与学习部（DEL）。

RAE成立的目的是对高校的教育质量和水平进行排名和评估，然后根据评估结果和排名来分配科研经费，其分配标准会根据国家制定的标准作为参考，秉承着公平、公正、公开的原则给出结果，来维护每个学生的利益，保障学校的教育发展。RAE的评估结果不仅可为高等教育基金委员会分配经费的决定做出参考，还对工商业、慈善机构等其他组织活动也有很大的研究意义。以下以HEFCE为例进行说明。

HEFCE成立于1992年，在这之前，大学基金委员会（UFC）会向各个高校发放教育经费，HEFCE和其他三个教育基金会，以及专业团体一起实

---

❶ 方鸿琴. 评估新模式：英国院校审计[J]. 高教发展与评估, 2010（5）：11-17.

❷ QAA. Higher Education Review[R]. Gloucester：The Quality Assurance for Higher Education, 2014.

第十章 全日制教育硕士培养质量保障措施

施和维护高校教育质量保障工作，其中包括学校教育质量、科研评估和其他相关活动。英国各高校不能直接控制和领导 HEFCE。HEFCE 的主要职责有：①向英国各个高校及高等教育机构分配经费；②监管和控制高校及高等教育机构的经费分配；③向高校及高等教育机构提供相关教育教学信息和服务咨询。通过这种经费分配制度，可以促进英国高等教育机构和高校的教学、科研的进步与发展和国际竞争力；提高和增强高等教育对国家的科技和经济实力的助力。

HEFCE 的拨款制度和经费分配标准如下。

①HEFCE 拨款制度。在每年 12 月左右，英国政府会向 HEFCE 宣布拨款明细，次年 3 月，HEFCE 会公布将分配给英国各高校的款项明细，第一次会按照大学或学院的人数比进行分配，随后会根据各个高校的排名情况进一步进行拨款。例如 HEFC 在 2018 年 1 月公布了对英国各高校的经费分配情况，在 2019 年 3 月份会根据实际情况有所调整，HEFCE 在 2018 年给英国超过 30 所学院和大学拨款 51.42 亿英镑，其中教学部分 24.33 亿英镑，研究部分 21.01 亿英镑，3.28 亿英镑用于资助创新与知识交流，2.80 亿英镑用于其他专项基金。HEFCE 在 2018 年的经费分配情况如图 10-1-1 所示。

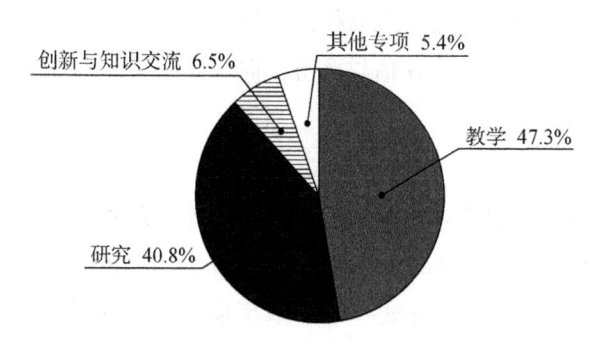

图 10-1-1 2018 年 HEFCE 经费分配比例❶

②HEFCE 经费分配标准。HEFCE 经费分配主要取决两个方面：科研和教学基金。其中教学基金占比例较大，大约占总数的 50% 以上。

---

❶ Higher Education Funding Council for England[EB/OL]. (2017-10-09)[2020-09-25]. http://www.hefce.ac.uk/news/newsarchive.

QAA 受 HEFCE 委托对高校教学和拨款情况进行调查和评估。主要包括以下几个方面：①课程设置；②教学质量与管理；③学生的成绩；④对学生的指导和支持；⑤学习资源；⑥学习、教学、评估。评估专家的评定结果依据完成的学科教学目标的实施情况，如果高校未达到规定的标准将会被削减经费额度。

3. 英国研究生教育协会

英国研究生教育协会（UK Council for Graduate Education）是专门负责研究生教育的组织，负责制定高校研究生相关制度和政策，目的是提高和促进研究生教育质量及发展。研究生教育委员会的职责包括：保证各学科研究生的教育的利益；保障高等院校开展的研究生教育质量；确保研究生有效的管理和领导；确保研究生教育能够成为高等教育中的重要组成部分；保障研究生的地位和教学培训；保障每个研究生在受教育的过程中机会平等、公平对待；为研究生提供有效的基础教学设施。

4. 国家学位授予委员会

国家学位授予委员会（Council for National Academic Awards，CNAA）是英国自治的学位授予机构。其目的是保障高校教育教学质量和学位文凭的授予和发放，学位授予委员会对高校的招生、课程设置、教学目标、师资情况、考试等多方面进行质量评估与监督，向学生、家长以及社会用人单位保障其教育教学质量。

5. 高等教育学会

为了确保研究生教育教学的质量，英国高等教育基金组织会全权授予英国高等教育学会（The Higher Education Academy）提出了一种"以研究生为主"的教育教学质量保障方式——学术型研究生经验调查（Postgraduate Research Experience Survey，PRES）和授课型研究生经验调查（Postgraduate Taught Experience Survey，PTES）。授课型研究生每年都会进行一次经验调查。[1]

①研究生经验调查内容。研究生经验调查内容主要是以问卷方式进行

---

[1] The Higher Education Academy. Postgraduate Research Experience Survey (PRES) [EB/OL]. (2017-06-15)[2020-10-22]. http://www.bris.ac.uk/ilrt/people/project/1027.

的，问卷主要由不可更改的核心问卷部分、人口统计学部分、高校根据本校实际自主设置问题部分组成。其中，PTES不可更改的核心问卷部分包括：a. 授课型研究生对教学质量、学业评价与反馈、论文或研究项目所获得的指导、教学的组织与管理、学习资源、各种技能提高、职业与专业发展七方面的就读体验；b. 授课型研究生在上述各方面的期望被满足的程度及整体满意度；c. 对所学专业人才培养的进一步评论与建议；人口统计部分的内容包括：年龄、性别、族群、学习方式（面对面还是远程）、学费状况、入学前经历、院系等。[1]

②研究生经验调查过程。研究生经验调查每项工作都是由各高校负责，并指派高校中专业管理人员进行考察。研究生学业的经验调查利用布里斯托在线调查来进行改正、发放和整理并分析问卷。学校在进行研究生经验调查时可分成以下几个阶段：a. 学校与高等教育学会签订合作协议，并确保学生的个人信息和全校的资源信息的安全性；b. 购买BOS账户和调查对象进入控制（Survey Access Control，SAC），为了方便高校调查的目标对象的统计和避免有重复问卷的出现；c. 对研究生经验调查电子模板结果的修改。由于研究生学业经验调查的最重要的内容是不能变的，各高校可以参照英国高等教育学会提供的年度模板对其进行改正；d. 确定调查对象。依据学生信息分类来确定调查对象的类型和范围；e. 邀请研究生参与经验调查。完成以上工作后，学校要进行本校研究生调查工作，向调查对象发送电子邮件，让学生参与调查；f. 统计、整理、分析数据。

③研究生经验调查目的。研究生经验调查的目的主要是帮助英国高校提高研究生的教育质量，为高校提供研究生学习体验的想法和标准。研究生经验调查具有灵活性，以学生为中心，会根据学生的要求、想法和期望来进行，更多地关注学生的学习态度。

6. 社会团体

英国的一些社会团体和传媒机构每年都会对英国各高校进行排名，这不仅监督了英国各高校的教育质量，也为学生报考哪所适合自己的高校提供了

---

[1] PARK C,HANBURY A,KULEJ M. Postgraduate research experience survey[J]. Higher Education Academy,2007:8-11.

相对的参考标准，并且越来越受到社会和政府的高度重视。例如，《泰晤士报》和《金融时报》等媒介每年都会根据相关指标和数据对英国各个高校的综合情况进行排名。排在前面的一般都是具有历史悠久的高等学府，注重理论研究；排在相对较后的学校大部分是新兴的技术学校，注重培养实用型人才。《泰晤士报》具有较高的社会认同度，因为其评价指标合理、数据信息来源可信度高，对各个高校提高教育质量标准发挥了很大的促进和积极作用。

一般社会团体会根据以下几个方面的指标来进行排名：入学标准、教育质量评估、生师比、图书资源、教学设备数量、就业率、学生完成毕业的时限等。这些指标在每年都会进行相应的变动，每一项亦作加权处理，换算成等值分后排名。2017年《泰晤士报》评比的英国大学教育学专业排名的前6所院校见表10-1-1。

表10-1-1　2017年《泰晤士报》评比的英国大学教育学专业排名[1]

专业排名	院校名称	学生满意度/%	录取成绩	排名得分
1	剑桥大学	83.3	544	100.0
2	杜伦大学	89.1	429	98.3
3	伯明翰大学	91.4	378	97.5
4	格拉斯哥大学	86.9	430	96.6
5	斯特林大学	83.3	438	95.7
6	邓迪大学	87.6	425	95.2

（三）日本教育硕士培养质量的外部保障[2]

1. 文部科学省设立教职大学院

1976年以后，日本开始进行研究生阶段的教师培养，设立新的师范大学对在职教师进行再教育。现存的大学以相同的目的开设硕士课程，以提高教师水平。但是，日本的研究生院制度在对学术型人才和高度专门应用型人才的培养方面功能区分不明确。在实际情况中，对于培养高度专门人才的教

---

[1] Rankings. Times [EB/OL]. (2017-11-12) [2020-10-24]. http://rankings.betteredu.net/times/university-rankings-subjects/education/2017.html.

[2] 李程. 日本教育硕士专业学位教育质量保障措施研究 [D]. 沈阳：沈阳师范大学，2017.

育也不充分。在教师培养过程中，过于注重个别领域知识的学习能力，而忽视了培养学生在学校实践中的应用能力。因此，文部科学省设立教职大学院❶对教育硕士专业学位学生进行培养，并颁布多项法律政策对其进行保障。

21世纪以来，日本社会发生了重大变革，各行各业对于拥有硕士学历的高精尖专门人才的需求日益增加。在教师培养领域，学术型人才和应用型人才的培养功能不明确，因此，政府想通过专门职大学院制度来改善教师教育，从而创立了以专门培养高端应用型教师的"教职大学院"制度。教职大学院招收两类学生，一类是培养在大学期间已修得基本能力，想要具备更高的实践指导能力并成为新学校组织中强有力的新人教师。另一类是以在职教师为对象，培养其在学校等地方的指导性能力和不可或缺的理论知识及实践能力，是以培养学校的领导为目标。

文部科学省会定期对教职大学院进行审查。例如，对教职大学院的发展状况、入学选拔、实习、就业等情况进行调查，并撰写研究报告，以便文部科学省掌握教职大学院的发展情况。

2. 第三方评价机构的参与

文部科学省规定设立一所第三方评价机构对所有教职大学院进行评价，这所评价机构是教师培养评价机构。该机构主要对教职大学院进行认证评价。实施评价主要依据的法律是日本学校教育法，评价的时间为教职大学院开设后5年内进行第一次认证评价，从第一次评价之后3~5年接受下一次评价。评价的方法是对教职大学院根据已制定好的评价标准撰写的自我评价书和其他基础数据等资料进行书面调查，之后还会进行访问调查。评价标准根据教职大学院等各自情况而制定。教师培养评价机构为了对教职大学院等实施认证评价，设置了评价委员会。评价委员会为了能够对教职大学院等实施具体的认证评价，会在评价委员会下设评价专门部门。

作为教育质量外部保障中重要的一环，第三方评价机构在教育质量保障措施中起到了重要作用。第三方评价机构从评价时间到评价标准都进行了具体规定，标准要求更加详细，而作为唯一审查教育硕士专业学位教育的第三

---

❶ "教职大学院"是日本开设的专门培养教育硕士的机构。

方评价机构——教师培养评价机构,其具备专门性,可以根据学校统一存在的问题,针对评价标准进行具体调整,使学生的培养质量得到提升。第三方评价机构对于个别学校也可以起到监督作用,督促其对于自身存在的问题进行改善,从招生选拔、教师队伍到就业情况;对于评价不合格的学校,进行定期整改,如还未达标,则取消教职大学院设立资格,不允许其再招生,以此保证教职大学院的培养质量。

二、培养质量的内部保障措施

（一）美国教育硕士培养质量内部保障个案❶

在当今世界范围内的硕士生教育的培养中,作为教育最为先进的国家之一,美国对于硕士培养有着自己独特的培养理念和一套高质量的人才标准的培养模式,使其成为了世界各国纷纷效仿与学习的对象。据2011年"美国最佳大学"排名统计显示,美国密歇根州立大学中小学教师教育专业研究生连续17年排名第一。该校教育学院硕士层次对于中小学教师的培养主要有三个方案,即课程与教学专业硕士（Masters Arts in Teaching and Curriculum, MATC）、教育文科硕士（Master of Arts in Education, MAE）和读写教学文科硕士（Master of Arts of Literacy Instruction, MALI）,主要是培养中小学教师及相关管理人员。这三种不同类型的教育硕士在招收对象、课程设置、教学方式等方面各有不同。由于课程与教学专业硕士与我国教育硕士的招收在某些方面上较为相似,因此本部分以密歇根州立大学课程与教学专业硕士为例进行细致分析。密歇根州立大学课程与教学专业硕士培养质量的内部保障措施在实施过程中十分细致具体,值得我国借鉴。本部分从培养条件、培养过程和培养结果三个角度出发,对密歇根州立大学的课程与教学专业硕士培养质量的内部保障措施进行细致分析,希望能找出其优势所在,从而完善我国教育硕士培养质量的内部保障机制。

---

❶ 刘春玲. 美国教育硕士专业学位教育质量保障措施研究 [D]. 沈阳：沈阳师范大学, 2017.

1. 培养条件：高质量的生源和高水平的师资队伍

（1）高质量的生源

美国的教育硕士研究生与我国的教育硕士研究生无论是在入学的选拔程序，还是招生制度上，都存在一定的差异。在我国，教育硕士是近几年在国家政策大力推行的情况下才被重视的专业型学位，受制于原有的思想观念，人们往往认为教育硕士的含金量不如学术型硕士，所以无论是生源的报考率还是招生考试的分数，教育硕士都远远低于学术型硕士。正是因为考虑到教育硕士的难度远低于学术型硕士，所以人们往往会先入为主，在社会招聘中有时会不认可其学位。但是教育硕士在美国的高等教育结构中处于一个非常重要的位置，且发展得较为成熟，人们对于教育硕士学位的认可度非常高。美国各个州的高校会直接根据各州的市场经济发展情况、中小学校的师资规模、各行业企业的专业型人才需求等现实条件，进行自主招生。无论是专业的具体设置、招考的学生人数，还是具体课程的安排等，美国的高校都可以自己根据实际情况决定，不需要政府的把控。这和我国的情况不大相同，虽然近几年我国教育部大力支持高校进行教育硕士招生，甚至扩大范畴、增大比例，但是能够进行自主招生的学校还是少数，而且必须接受相关部门的监督。美国的高校对于教育硕士均进行自主招生，并没有统一的考试，然而其培养质量却很高，这与生源质量有着密不可分的关系。

①招生对象。与中国不同，美国对于教育硕士的招生范畴更加广泛，中国的教育硕士需要具有大学本科学历或者是达到大学本科的同等学力才可以报考，即大学本科的毕业生或者同等学力的毕业生。而美国的教育硕士除了像我国一样招考高校毕业生，同时也允许高校在读的学生报考。不仅如此，美国的教育硕士也允许两年制的学院毕业生报考，对于与教育相关部门的人员（如教育管理或咨询等部门）来说，教育硕士也是很好的报考选择。由此不难看出，美国高校教育硕士的招生对象可选择范畴更多。

②录取标准。教育硕士与学术型硕士最主要的区别就是强调培养学生的专业能力，区别在于学术型硕士注重科研能力的特点，教育硕士需要具有更强的实践技能和解决实际问题的能力。在我国，招考和录取教育硕士主要是基于学生的考研分数，并不会特别重视学生的综合能力。美国的教育硕士在

招生的录取标准上与我国有很大不同，因为美国各州的高校都是自主招生，并没有统一的考试题，所以各个学校的标准也并不相同。但是他们的共同点就是重视学生的综合能力，在不同专业的招生过程中，会考虑学生是否具有该专业基本的实践能力。美国高校对于教育硕士的招生并没有统一的入学条件，他们会根据该地区的市场需求确定开设的专业与录取标准。

③生源选拔程序。美国在高校招生中向来都不是"唯成绩论"，不需要"一考定终身"，中学时段的所有成绩会呈现出一个较为公平客观的结果，高校可以根据学生此综合评价的结果进行招生，与此同时，美国的很多学生也可以通过发展自己的特长、爱好进入大学。这无疑为美国的学生创造了一个相对轻松而舒适的升学环境，虽然我国也有部分高校提前录取特长生，但是绝大多数的学生还是要通过高考这条途径。美国的教育硕士招生考试也是如此，学生考试成绩并不是唯一的标准，还有许多其他的选拔程序。具体的生源选拔程序包括：首先，申报教育硕士的学生必须满足基本条件，包括学位要求、GRE成绩要求等；其次，学生必须慎重填写该校的入学申请书，同时要得到两到三位专家的推荐信，将这些申请材料交由学校审查；然后，由学校的评审小组对学生的申请资料进行具体审查并依据评分标准打出分数，根据分数排序，按照一定的比例，得出有机会参与面试的人选，并通知这些学生进入面试环节；最后，由导师直接面试，一般情况下，进入面试的学生都会被录取，极少数的学生会止步于面试。在面试这个环节，导师一般是通过交谈的方式与学生进行一定的互动，了解学生的实际情况。通常包括学生的科学素养、反应能力以及家庭生活状况。基于面谈的这种交流方式，导师可以进一步为学生制定具有针对性的培养方案。

因此，选拔优秀的生源质量是保障教育硕士培养质量的前提条件，在密歇根州立大学，教育硕士培养质量的内部保障措施实施的第一步就是选拔一定的优秀生源。密歇根州立大学的MATC的入学招生对象是已经获得教师资格证书，在此基础上希望通过专业训练获得更多知识和技能的本科毕业生，或者是已经拿到相应学历及获得一定资质的中小学教师等。除此之外，申请者还必须提交获得国家认可的学历和学位证书、本科最后两年的平均成绩单、表明申请者申请此专业动机的申请表、三封教授推荐信以及GRE成绩（非必须）。事实上，密歇根州立大学的 MATC 在具有严格的录取程序的同时又兼具相对的灵活性。突出特色之一是十分重视申请者的学习动机，以便确保申请者对所选专业的热爱和学习的主动性，最后录取小组将根据申请者的具体情况来决定是否被录取。

(2) 高水平的师资队伍

①教师选聘。在美国，教师只有具备十分全面的综合能力才能成为研究生的导师，这不仅要求其具备一定的理论知识、学术发展能力，更重要的是要求其具备高水平的对研究生的指导能力。因为教育硕士强调学生的应用能力，所以教育硕士的导师必须具有相应的对于应用实践技能的指导能力。只有相同的教育实践背景和实践经验积累，教育硕士的导师才具备指导学生专业能力的实力。我国的教育硕士因为起步和重视的时间较晚，所以目前在教育硕士师资队伍建设方面还存在许多亟待改善和优化的地方。而美国在这方面做得很好，在教育硕士导师的选聘过程中，他们设定了一定的基本条件，只有符合这些条件的导师才具有指导教育硕士的资格。具体的资格审查内容包括：相应的学历和学位要求、相应的专业实践经验的要求、一定的研究成果等。其中学历和学位要求虽然是一个很重要的指标，但是也有例外的情况，那就是在该专业领域具备高超的实践研究能力，这需要丰富的研究成果证明，或是行业企业的业内人士的高度评价，如果能够在同行特别是十分有威望和声誉的同行中获得认可的话，也代表这位教师具有指导教育硕士的能力，当然也就不需要考虑学历学位这种外在的硬性指标。不过即使这类无学历但是有能力的教师能够被选聘近高校的教师队伍，也不一定能确定成为教育硕士的导师，他们也需要经过申请，才能作为高校教育硕士的导师候选人，教师学生的双向选择机制是这类教师能否成为导师的关键所在。美国的高校很多，招收教育硕士的高校也有很多所，各个州的高校在教育硕士的培养方面差异很大，这是由地区市场经济发展情况所决定的，所以每所大学在教育硕士导师的招聘中，要求大不相同。不仅如此，教育硕士的专业分类决定了导师分类的复杂，而所有的导师也会因为他们自身特点的不同承担不同的职责，所以美国不同的高校在教育硕士导师的选聘中，都有不同的要求。

②教师管理。美国大学通常会规定：管理研究工作和研究生学习的院长必须对导师的课程教学情况和研究的成果进行定期或者不定期的评估。如果导师在教育研究成果的评估中成绩被认定为不合格的话，院长有权利直接取消导师的资格，禁止其指导教育硕士，这不仅影响导师的职称评定、薪资待遇，甚至可能会终止一个老师的职业生涯。这也是为什么美国的教师格外关注导师评估的结果。美国高度严格监控教育硕士研究生导师的队伍，在一定程度上也保证了导师队伍的质量。美国高校有三种形式的评估对于教师十分重要，分别是教师的年度整体评估（包括教学、科研、行政、实践、指导等），申请终身职位评估和职称晋升评估。其中，申请终身职位评估和职称晋升评估都与教师的职业生涯发展直接相关，所以这两项评估对于教师的要求也非常高，教师必须拥有丰富的科研及教学的成果，且要充分保证这些成果的质量，评审委员会对于成果质量的把控会随着时间、经历的增加越来越高，评审也会越来越难。在评估方式上，无论是美国还是中国都是比较相似的，对于教师的评估通常是从三个方面来进行的：首先是学生。通过对某个教师教授的学生进行问卷调查，了解教师的教学能力、教学方法、教学效果等，以计分的方式让学生对教师进行打分评价。虽然学生对于教师的评价结果会受到许多外在因素的影响，如学生的主观学习态度会影响他们对于教师的打分，但是绝大多数学生会真实反映出教师的教学效果。其次是教师本人。教师需要通过写总结报告或者个人评价，给自己一年的工作进行总结和评价。教学科研成果是最直观的总结素材，反映教师这一学年的工作绩效。最后是领导和同事。领导和同事通过日常观察、听课评课等形式对教师进行评价。将这三方的评价结果汇总就会得到对教师的整体评估结果。这是当前对教师评估相对来说最准确的评估方式。

综上所述，密歇根州立大学导师的选聘制度十分严格，要求导师同时要具有较高的理论知识、学术能力、丰富经验以及实践指导能力。严格的教师管理制度也是密歇根州立大学师资队伍质量的有力保障，教育管理部门也会对教师进行定期或者不定期的评估，评估内容不仅是导师自己的科研成果，同时还要有学生的专业发展成绩以及科研成果，一旦发现学生在科研或者专业实践上没有取得明显进步，导师将会面临被取消导师资格的处境。优质的师资队伍不仅能够促进学生理论知识水平的提高，还能够对学生的实践活动提供针对性的指导，这些在教育硕士培养中均发挥着至关重要的导向作用。

2. 培养过程：以实践能力为主的培养目标和灵活多样的培养方式

（1）培养目标

培养目标在教育硕士培养中起重要的导向作用，定位准确的培养目标是密歇根州立大学 MATC 取得成功的关键。其培养目标可以概括为以下三方面：教师的教育学专业知识的能力和专业实践能力；教师的批判性探究能力；教师的专业发展和发挥教学骨干作用的能力。这些培养目标从某种程度上体现出密歇根州立大学高度注重教师的专业实践和专业发展能力培养，并为学生未来的职业发展提供了一定的基础保障。从人的全面发展理论上来看，对于学生各项能力的培养十分均衡又保证了侧重点。同时，密歇根州立大学为了能够准确定位其培养目标，围绕培养目标又制定了对其进行检测的"六标准"，分别为学会理解（理解学生多样性）、学会教学、学会运用（运用理论知识解决实际问题）、学会反思、学会提高（提高自己文化素养）、学会创新。❶

密歇根州立大学通过对教师三种能力培养的监控，准确把握其正确的发展方向，有效地推动 MATC 的发展更贴近于实践型、应用型的培养目标。不同于其他院校只是单独制定培养目标的情况，MATC"六标准"则十分重视学生专业技能的训练和解决实际问题的能力，培养目标定位清晰明确，MATC 的培养效果显著，能使学生能力的培养按照设定好的目标方向推进，从而保证教育硕士的培养质量。

（2）培养方式

①灵活的课程设置。美国高校的教育硕士课程设置并没有固定的、统一的标准。每个州的高校教育硕士培养工作会根据学校的特色、区域的经济走向、产业企业的发展情况，进行不同的课程设置。所以美国各州高校教育硕

---

❶ Michigan State University. MACT Program Goals/Standards Reference Form[EB/OL]. (2010-12-05)[2020-03-02]. http://www.educ.msu.edu/te/MATC/documents/MATC_Prog_Goals_Standards.pdf.

士的课程结构具有很大的差别,同时又各具特色。美国各高校结合学生们以往的学习、工作经历,综合各种不同的背景对教育硕士课程的安排进行设置和调整。但是各个高校都坚持将以教师职业需要为核心理念作为课程设置的出发点,再综合学校的实际情况进行课程设置,具有很大的灵活性。另外,美国高校教育硕士课程设置不只考虑课程的类别,还要充分考虑学生的个性差异,以及在学习时间上科学安排,并且需要对各门课程的学习目标、内容等进行简要计划。需要平衡不同类别课程之间的权重,保证课程设置能够帮助教育硕士形成相对平衡的知识和能力结构。这样不只有利于教育硕士综合能力的提升,也有利于各高校的教育硕士培养具有不同的特色。[1] 美国高校教育硕士的课程一共分为两种:一是主修课程,也就是我国高校中的核心课程或是必修课程,学校要求教育硕士要在规定时间内修满20~26学分;二是辅修课程,对应我国高校中的选修课程,这类课程主要集中在学生日后教学的学科范围,美国教育硕士专业学位教育所涉及的领域广泛、种类繁多,学分要求是6~12分。由此可见美国高校对于教育硕士核心课程和辅修课程的重视程度。除此之外,美国教育硕士课程设置的另一大特色就是注重实践环节的开展,在辅修课程中,学生可以根据自己的爱好选择喜欢的课程进行学习。[2]

这里要强调的是,密歇根州立大学MATC的培养目标十分明确,即培养优秀的中小学教师,另外其课程设置灵活多样,这也侧面显示了教育硕士培养的应用性与实践性特点,同时完善了MATC的培养过程。MATC的课程设置要求学生在5年内修满30学分,课程类型一共三种:专业发展和探究核心课程(Professional Development and Inquiry Core)(9分)、专业方向课程(Concentration)(9分)和选修课程(Electives)(12分)(见表10-1-2)。

---

[1] 时花玲. 教育硕士专业学位研究生教学质量保证体系研究[D]. 上海:华东师范大学, 2008.

[2] 傅松涛,王俊景,郑丽君等. 中美教育硕士专业学位研究生教育比较研究[J]. 学位与研究生教育, 2004 (4): 58.

表 10-1-2 密歇根州立大学课程与教学专业硕士课程设置

课程类型	课程名称	备注
专业发展和探究核心课程（Professional Development and Inquiry Core）（9学分）	TE 807 专业发展和探究（Professional Development and Inquiry）（3学分）	任选一门
	TE 808 课堂教学（Inquiry into Classroom Teaching and Learning）（3学分）	
	TE 801 专业角色（Professional Roles and Teaching Practice）（3学分）	任选一门
	TE 818 社会背景课程（Curriculum in its Social Context）（3学分）	
	TE 870 学校课程设计、开发及审议（Curriculum Design, Development, and Deliberation in Schools）（3学分）	任选一门
	TE 872 教师作为教师教育者（Teachers as Teacher Educators）（3学分）	
专业方向课程（Concentration）（9学分）	6个研究方向课程的名称和可供选修的课程门数是：教育技术（9门）；K-12 教育心理（9门）；K-12 教育管理（12门）；文学与语言教学（9门）；教学的社会文化视野（4门）；数学与科学教育（4门）。还可以通过学习相关课程获取教育技术证书和英语作为第二外语（ELS）教学的证书	选修3门
选修课程（Electives）（12学分）	供学生选修的课程有：1. 美国教育史；2. 哲学研究与当代教育问题；3. 教育的社会学研究；4. 教育实践的比较分析；5. 社会转型中的教育；6. 学校实践中的权力与多元化；7. 美国的竞争与教育政策；8. 课堂与课程中的文化问题等	选修4门

资料来源：Michigan State University. College of Education. Master of Arts in Education [EB/OL]. (2014-07-25). http://www.educ.msu.edu/te/matc/Prospective-Students/Program-Requirements.asp.

密歇根州立大学灵活多样的课程设置与其培养目标相一致，尤其重视培养学生的实践能力，围绕实践性和应用型的特点，将教师的专业发展和解决实际问题的能力贯穿于整个课程设置之中。课程专业发展和探究、课堂教学目的在于培养学生批判性的探究能力；学校课程设计、开发、审议的目的是培养学生专业发展和发挥教学骨干作用的能力；专业角色、教学实践和社会背景课程的目的则是培养学生的专业实践和拓展教育学专业知识的能力。另外，密歇根州立大学 MATC 课程中专业发展和探究类核心课程、专业方向课程与选修课程在课程学分的比例中分别为30%、30%和40%。由此可见，选修课程所占比例最大，这种课程设置形式十分利于激发学生们的学习兴趣，从而促进了学生的专业知识与技能学习。二选一模式的专业发展和探究类核心课程的设置也尤为出彩，虽然是设定两种不同的学习课程，但实际上能力的培养目标是一致的。因此，学生们可以根据自身的发展需求和兴趣爱好选择相应的修习课程。密歇根州立大学 MATC 灵活多样且尤为合理的课程设置彰显了其重视对学生应用性和实践能力的培养的特点，同时也从培养过程的环节保证了 MATC 的质量。

②多样的教学方式。为了培养高质量的教育硕士，即面向中小学教育事业的骨干力量，实现教育硕士培养的目标，美国各个高等教育院校采用的教学方式多种多样。针对课堂教学的组织形式可谓是灵活多样。例如，案例分析、专题讲座、班级研讨、模拟教学和实践考察等都是其教学当中常用的组织形式。需要强调的是，无论采用何种教学组织形式，其目的都是一致的，即鼓励学生积极参与课堂的教学，发表个人的意见，从而使学生在掌握了理论知识的同时，获得解决实际问题的实践能力，从而保障教育硕士专业学位研究生的培养质量。

密歇根州立大学 MATC 的教学方式不是传统的"灌输式"的讲授法，而是灵活地采用案例教学、研讨、实地调研等教学方法来锻炼学生的实践能力。教师会在课堂上结合社会相关热点教育问题，引导学生以问题为切入点，进行广泛且具有针对性的讨论，从而提高学生的积极性，拓展学生的思维发展。另外，MATC 的培养还可以应用网络学习的模式，通过资源共享，学生除了在校学习外，还可以通过网络进行远程学习。美国的教师教育正朝着"临床实践型"培养目标发展[1]，密歇根州立大学在这方面成效非常显著。在此基础上，密歇根州立大学还为学生提供了良好的实践基地，鼓励学生勇敢尝试，通过亲身实践，发现实际问题，提出及时有效的解决方案

---

[1] NCATE. Transforming Teacher Education through Clinical Practice：A National Strategy to Prepare Effective Teachers [R]. Washington, D. C.：National Council for Accreditation of Teacher Education,2010.

以提高学生实际的教学能力。

3. 培养效果：注重学生实际应用能力的质量监控机制

教育硕士培养质量保障的最后一个环节就是质量监控。密歇根州立大学MATC学位的获得，不仅在于是否在五年内完成30学分的课程修习，还包括综合论文（Synthesis Paper）以及专业学习档案袋（Professional Portfolio）两项重要考核内容。学校要求学生在完成了相关的课程后提交综合论文，并接受学生考核委员会的审核。综合论文规定学生要以第一人称的形式来表述教学实践中经历的事情，同时还可以写自己对所参与的实践活动的感受和意见以及在实践活动中获得的反馈或启示等内容；而专业学习档案袋主要存放的是能够展现自己在MATC学习过程中参与的专业技能项目、证明自己在学习期间取得进步的资料和部分同行的评价等。专业学习档案袋最终要经过两个专业老师的共同审核，如果两位老师的审核意见无法统一，则需要请第三位老师进行最后的审核。密歇根州立大学MATC学生成绩的综合评定标准是结合平时成绩、综合论文和专业学习档案，MATC学位授予依照这三项标准严格审核每一位学生。密歇根州立大学对MATC学位授予的严格监控，为其教育硕士培养质量的内部保障提供了最后一道坚实门槛。不同于传统意义上的学业论文，综合论文和专业学习档案袋更加注重学生的专业技能和实际能力。密歇根州立大学MATC的学位授予形式，在一定程度上体现了教育硕士的培养以实践为主的价值取向，突出了培养学生实践能力的特色。

（二）英国教育硕士培养质量内部保障个案❶

杜伦大学于1832年成立，是英国第一批成立的大学之一，杜伦大学在英国《泰晤士报》评选的众多大学综合排名中位列第5，所有学科排名均列前10。在校学生人数约为17500人，研究生约为4000人，有25个系/学院，开设了200多门本科生课程、130多个课程硕士培养计划。其中教育硕士相关专业包括：教育文学、跨文化交流与教育、教育研究方法、教育评估、信息技术教育、教育实践（Practice of Education，PCert）、中小学教育。杜伦大学非常注重学生自由发展，学院根据自身发展的特点和逻辑来对教育硕士

---

❶ 李楠楠. 英国杜伦大学教育硕士教育质量保障研究 [D]. 沈阳：沈阳师范大学，2018.

进行培养，培养教育硕士的鉴赏能力和灵活、冷静的头脑。杜伦大学既继承了教育传统，又具有先进的教育创新理念。特别重视将知识理论与实践教学相结合，培养出既具有扎实理论知识基础，又掌握教育基本技能进行实践教学的人才。杜伦大学注重加强教育硕士的教师专业素质和专业能力的培养，特别注重加强学生的操作能力，提高批判性思维能力。由于杜伦大学的教育专业在英国著名高校中有着显著影响力，因此本部分以杜伦大学为例从教育硕士教育质量内部保障机构、保障内容和保障方法来对英国的教育硕士教育质量保障进行分析与阐述。

1. 教育硕士培养质量的内部保障机构

（1）高校参议会

杜伦大学教育硕士教育内部保障由参议会负责。主要负责和管理教育硕士的教学工作，保障和提高教育硕士的教学质量标准。参议会由教育组织部、研究组织部、上诉组织部和纪律组织部组成。

教育组织部是学校进行内部教育质量保障的最重要的组织机构，其成员主要包括副校长、负责学生经验调查的主管、副主管等。主要负责的工作如下：提高和完善学校的教育教学相关条例；保证教育硕士的教学、实践活动的发展；监督和反馈上级所规定的教育教学政策和实施的教育战略状况；监督并检查学生学习和实践的环境和设施；决定教育硕士的学位与课程的建立与取消；汇报学生的学习成绩和学业成就。

杜伦大学对教育硕士质量的内部保障除了由各个组织部进行评估保障外，也成立研究院来对研究生进行教育教学的质量保障，其中包括对教育硕士教育工作的管理——入学政策、招生、培养、课程、毕业、就业等，保障教育硕士的入学、培养过程以及输出质量。

（2）研究生教育组织部

杜伦大学在各个学院内都设立了专门负责研究生的部门——研究生教育组织部。主要负责的工作包括：与本科生教育组织会一起建立学院的教育教学发展实施策略；宣传和讨论学院中教育硕士学位和课程教学实践工作；保障和促进教育硕士教育的质量管理，并向上级监管和汇报相关工作；支持学校下发的各种教育教学政策，保障教育硕士教学质量和教学实践与规定的政

第十章 全日制教育硕士培养质量保障措施

策相符。❶

(3) 师生询问理事会

负责管理杜伦大学教育系的工作人员主要职责包括：提高和促进教育硕士的学习、保证每个教育硕士在其导师的指导下进行教学实践。学院还建立了师生询问理事会，由学生和教师组成，对于在教学和实践中遇到的各种问题，学生和教师会通过师生询问理事会来反映和解决。师生询问理事会对教师和学生的教学和实践起了很大的作用。

2. 教育硕士质量内部保障内容

(1) 教育硕士培养条件

①招生情况。

a. 入学标准。杜伦大学要求申请者是本大学或符合规定条件的其他大学的本科毕业生以及有一定教学经验的学员；或者荣获 CNAA 授予的二级荣誉、成功获取教育学研究生课程证书（PGCE）、QAA 认证组颁发的满足招生委员会条件的其他特别的教育资格认证或证明；或者申请者的工作经历达到三年及以上也可破格入学。除了应具备以上条件，申请者还应通过信件或电子邮件提交两份相关材料，一份是学术计划，另一份是推荐信（包括个人信息、学历、将要报考的专业以及推荐人的姓名和通讯地址）。最终考察学生对教育研究、从事教育工作是否有兴趣。但是，中小学教育教师发展专业的学生必须获得学院要求的相应学位，通过普通中等教育证书（GCSE）并主修英语或数学，同时考试成绩要达到 C 级以上；或者必须通过合格教师资格（QTS）的专业技能测试；对英语成绩也有要求，雅思成绩不能低于 7.0 分（单科不能低于 6.5 分）；或者申请者有三年或三年以上的工作经历，可根据情况，考虑破格录取。总之，对教育硕士申请者的录取要求是要根据学生的自身实现价值和总体变现。对满足申请教育硕士条件的学生，学院的教委会向合格学生发放录取信件。❷

---

❶ Faculty of Science Education Committee. Postgraduate [EB/OL]. (2017-11-24) [2020-08-15]. https://www.dur.ac.uk/committees/science_education_postgraduate/.

❷ Admissions Process [EB/OL]. (2016-11-13) [2020-01-10]. https://www.dur.ac.uk/courses/info/?id=13167&title=Education&code=X9K907&type=MA&year=2017#admissions.

b. 招生原则。杜伦大学会在招生过程中持有公正、公平、公开的态度，面向全世界招收有能力和有才华的研究生，但只有符合学校指定的入学标准，方可被录取。杜伦大学的教学管理实施政策与战略规划（2010—2020）是相统一的，遵循 QAA 和一系列的法律条文所规定的教育教学质量标准。

c. 招生管理。高校参议会是杜伦大学有关教育硕士管理的最高领导部门，负责规范教育硕士课程。在杜伦大学，参议会指派教育组织部（EC）为代表，负责对有关招生事宜的支持与管理。主要负责的工作包括：制定教育硕士招生政策；监管和评估这些招生政策方针和基准的实施；保证对教育硕士招生的工作人员的相关专业培训，并获取足够的支持和服务来做好招生工作；要遵从残疾人歧视法案、种族关系法案以及相关的法律法规，符合 QAA 提供的质量标准框架；监督、审批招生的政策和招生条例，并向机构内的主体和相关管理人员提出建议并反馈。同时，参议院要求教育委员会最终要将研究生招生、管理及实施政策的结果，推荐和上报给参议院和议会。

②师资队伍。

a. 指导方式。在英国，教育硕士的指导教师一般由所攻读院系的学术研究人员担任。根据指导教师责任与分工情况，指导学生方式可以概括为两种形式：单一导师制和双导师制形式。[1]

b. 指导教师。杜伦大学教育硕士的指导方式采用的是双导师制，学院会分配给学生一名有着丰富教育理论知识和科研成果的教授或副教授来做他们的导师，监督、指导学生的论文部分，对教育硕士进行面对面的指导，在确定论文题目及研究方向时，导师会根据学生的个人情况和爱好来进行选择，并提供论文的题目、相关书籍和参考文献的目录，教育硕士要在规定时间内完成阅读并撰写论文，然后与导师共同参加论文研讨会，相互交流学习心得、提出在写论文时遇到的困难和疑问，导师会做出相应的解答并提出建议。教育硕士的教学实践工作由与教育学院有合作关系的中小学部门的培训中心协调员和班主任负责。杜伦大学设置的双导师制目的是将理论教学和实

---

[1] 周世厚. 英国教育硕士专业学位教育：现状、特色与经验 [J]. 学位与研究生教育，2009：63-68.

践更好地融合，为教育硕士提供专业性的建议和指导。

杜伦大学教育硕士的实践教学指导教师由与其有合作关系的中小学班主任或教育管理人员（副校长）担任，他们与学校导师联系密切，对教育硕士的实践教学情况进行管理和监督。主要负责以下几方面的工作：负责制定教育硕士在中小学教学的时间安排和课程的安排；亲自对学生进行示范教学和指导；考察教育硕士的课堂应变能力和与中小学生交流与沟通的能力；在一定时期内，向学校的导师反映教育硕士在实践教学期间进行的培训、评估、反馈情况。

c. 导师标准与管理。杜伦大学要求教育硕士的导师，无论是教授还是副教授都必须获得博士学位，学院特别重视导师的教学能力和科研能力，这些教授或副教授在成为导师之前，需要提交申请材料，包括个人信息、学历、科研成果证明材料等。对其实践教学导师，要求具有丰富的教学经验，杜伦大学每年都会对这些教师进行一到两次的培训，有效改善对教育硕士教学指导的方法，从而提高教育硕士教育教学质量。

杜伦大学对教师的管理涉及多个方面，如人力资源部会给新教师提供教师培训课程、新教师指导，帮助新教师能够快速地适应学校生活、教学、管理等工作。教务处作为校级管理机构，在教师管理中扮演重要角色。教务处下设的学术研究发展中心为所有大学教师提供持续性专业发展，包括新教师专业发展、持续性专业发展等机会。在教师管理过程中，对教师教学进行监督和评估。另外，通过大组教学和同伴教学观察、小组教学等形式提高教师教学能力。学校内部设立卓越教学奖、卓越博士导师奖和学生学习经验提高奖。❶通过对优秀教师的提名和评选，激励教师不断提升自身能力，提高学生教育质量，保障学生的利益。❷

（2）教育硕士培养过程

①培养目标。杜伦大学教育硕士的培养目标定位是培养高级应用型人

---

❶ Durham University. Professional Development Opportunities[EB/OL]. (2016-11-13)[2020-05-04]. https//www. dur. ac. uk/academic. office/card/academicdevelopment/profdevopp/.

❷ 高雪. 英国研究生教育质量保障体系研究［D］. 重庆：西南大学，2015.

才，主要是为了满足即将成为教师的教育硕士、在职教师以及相关教育教学的管理人员对教育专业的发展需要，重点培养学生的能力和思维，而不是科研和学术水平；使学生在学习理论和学科专业知识的基础上，能灵活运用这些知识解决实际中遇到的问题和困难。

具体体现为：通过进行相关的教育教学，指导学生进一步认识和了解教育相关指示，并要求学生对其进行解释、归纳和阐述；对自己修习的专业要深入了解，从而能够让学生运用适当的方式、方法去应对在论文写作时遇到的问题；发展学生对教育相关内容有批判性思维，并运用跨文化国际化视角去理解教育内容。鼓励学生自己寻找教育的知识和经验；向学生讲解教育评估知识，让教育硕士参与辩论会，这样学生在遇到有关教育评估的问题时能做出及时应对，有助于他们在所学领域做进一步研究甚至获得更多收获；为学生提供实践教学平台，让学生充分利用在校时间来提升自己的实践教学能力，为未来从事教师岗位的教育硕士奠定实践基础。

②课程设置。英国研究生课程采取学分制（Credit System）模块式（Modular Structure）。模块分必修模块（Core Modules）和选修模块（Optional Modules）两个部分，所学课程的结构、顺序可与负责老师协商确定。❶ 必修模块是英国教育硕士非常重视的学习内容，比如教育研究理论、从教技能培训、专业实践、创新与技能教育等一系列模块；选修模块是根据学生自己的爱好与兴趣所选择的，选修课程的设置可以实现不同学科之间的关联整合，使学生在学习基础教育专业课程的同时，能够了解并掌握其他专业的知识和技能，可以对学到的知识深入思考并加以融会贯通，学会用联系发展的观点看待问题的方法。❷

a. 课程结构。如表10-1-3所示，杜伦大学教育硕士需要学习4~5门课程，不同专业对核心课程和选修课程以及修习的学分的要求不同，教育研究方法和论文是每个专业都必须学习和完成的内容，其中必修课程占学分的

---

❶ 袁锐锷. 中英教育硕士专业学位教育的比较研究 [J]. 比较教育研究, 2000 (3): 26-29.

❷ 李琦. 中外数学教育硕士培养模式的比较研究 [D]. 武汉：华中师范大学, 2014.

比重较大。而中小学教育专业的在校学习包括：在校教学和阅读；教学讲座和研讨会；教学和学习会议；专业学习；作业（论文）。该专业一共有3个学期，其中学生在校学习的部分需要完成350小时的课程，使学生了解初级教育的目标和背景，通过"教"和"学"学会在不同的课堂组织中遇到困难时如何应对。

表10-1-3 杜伦大学教育硕士的课程设置及学分一览

项目	教育文学	跨文化交流教育	研究方法教育	教育评估教育	信息技术教育
公共课程	教育研究方法（30学分）				
专业必修	·教育的批判视角(30学分)	·跨文化国际教育(30学分) ·跨文化交流教育(30学分)	·研究设计与过程(15学分) ·实验教学(15学分) ·社会研究视角（15学分） ·统计应用(30学分)	·标准化考核测试(30学分) ·课堂评估(30学分) ·基于判断的评估(30学分)	·技术强化教学（30学分）
专业选修	从艺术教育、课程分析等10门选修课选出2门课程（共60学分）	从政策教学、艺术教育等10门选修课中选出1门课程(30学分)	从社会科学哲学、SPSS和R的分类数据分析2门选修课中选出1门课程（30学分）	无	·21世纪科技教学(30学分) ·计算机教学(30学分)
课程门数	4门	4门	5门	4门	4门
课程学分	60学分	60学分	45学分	60学分	60学分
学分总计	180学分				

注：此表根据杜伦大学教育硕士的课程结构绘制。参见：https://www.dur.ac.uk/education/postgraduate/taught/programmes/.

b. 实践教学。杜伦大学中小学教育专业的实践教学在教育学院较有特色，它是整个课程设置中最重要的一部分，包括家庭学校体验（HASE）、系列访问和初步教学实践、系列访问和主要的实践教学。

（a）家庭学校体验（HASE）。学生在每年的6—9月将被安排到英国当地的主流中小学进行实践教学，在实习教学过程中，了解国家课程关键阶段（Key Stage）1阶段和2阶段的概念和技能，并根据早期阶段儿童的需要、动机、成就和行为水平，使学生对儿童有充分的了解，这样更有利于学生的教学。

（b）系列访问和初步教学实践。在第一学期中每周的周四、周五（共4周），学生要去与教育学院有合作关系的中小学部门学习、观察、研究教学活动，并熟悉学校各部门组织（学生团体、教师员工、课程资源、学校设施、课程规划、时间安排、教学评估和考试等），还要接受所在中小学的培训中心协调员（STCC）和班主任的监督和指导。这种访问和实践教学相结合，可以使学生提高教学专长和教学能力，在和儿童建立良好关系的基础上，亲身体验一系列教学实践活动。

（c）系列访问和主要的实践教学。在第二学期，学生将会被分配到另外一所学校进行主要的实践教学，它是中小学教育专业中时间最长、最重要的一部分，共11周。

③培养方式。杜伦大学教育硕士的培养方式分为全日制、部分时间制和国际暑期研究生策略（International Summer Postgraduate Institute）。其中全日制学习者需要在一年内完成所有的教学模块，并用一年以上的时间完成论文，部分时间制的学生则需用一到两年的时间完成4个教学模块，最后一年来完成论文。而国际暑期研究生策略的培养方式是针对那些希望继续参加非全日制学习的学生，它的学习结构也特别适合国际范围的学生在英国找到一个可以代替全日制硕士水平的学位，前两年需要学习两个模块，最后一年完成论文。但是教育实践专业培养方式较为特殊，只设立部分时间制，而且时间只需一年，完成本专业所规定课程的一个模块即可。

④学位授予。英国的教育硕士研究生教育根据学分多少、修习年限和课程难易程度分为研究生证书（PgCert）、研究生文凭（PgDip）和硕士学位3个不同的层次。其中研究生文凭和研究生证书只有文凭，没有学位。英国的教育硕士学位高于研究生证书和研究生文凭（教育硕士学位＞研究生文凭＞研究生证书），教育硕士研究生证书和研究生文凭是英国高校为那些有学习

愿望但又不能直接攻读教育硕士的教育从业人员依据教师教育独立的项目或阶段性硕士课程进行学习而作出的证明。❶ 从学分上看，教育硕士研究生证书学分要求相当于教育硕士学位学分要求的1/3以上，教育硕士研究生文凭学分要求相当于教育硕士学位学分要求的2/3以上。

杜伦大学教育学院的小学、中学教育硕士（PGCE Primary/Secondary）专业，主要为在职教师或将要成为教师的学员进行专业与学术培训，杜伦大学与英国的中小学形成了合作伙伴关系，学生在校学习期间，同时可以到中小学进行实践教学（课堂教学、实习教师）。当学生完成一年的学业，学校会提供给学生合格教师资格证书（QTS），并授予教育学研究证书（PGCE），这相当于完成教育硕士（MA Education）一年的学业课程。完成PGCE之后，如果想继续深造攻读教育硕士，学生可以先攻读研究生文凭，然后学习教育硕士的部分时间制的最后一年的课程，再根据个人情况，方可被教育硕士专业录取。

（3）教育硕士培养成效

①毕业论文。杜伦大学教育硕士的课程学习和毕业论文是相结合的。学生想要获得教育硕士学位，课程学习成绩要达到120分和完成不少于15000字的毕业论文。学生可以通过复杂的信息检索和管理系统筛选他们所需的文献，导师也会根据学生的专业及兴趣提出论文建议。

杜伦大学教育学院对提交论文方面有较严格的要求。学生需要向学院和审查人员提交两份纸质版的毕业论文（包括封皮、摘要），在之后的3个月内，学院任命的审查员将指导毕业论文格式，并提出修正意见，每位学生的审查员将会互相讨论并给出相应的建议，最后还需要把论文的复印件发给学术支持办公室（Academic Support Office）。如果论文通过，学生还需要进行口试答辩，答辩内容与毕业论文内容相关，包括论文的主要论点。在答辩期间，考官会努力让学生放轻松，避免因为紧张而影响答辩。如果学生遇到不

---

❶ Durham University. Professional Development Opportunities [EB/OL]. (2016-11-13) [2020-05-04]. https//www. dur. ac. uk/academic. office/card/academicdevelopment/profdevopp/.

懂的问题或未听清问题，要说清原因或让考官再复述一遍。❶ 学生的毕业论文如果审核通过，学院将会给学生发通知，需要学生论文的电子版，最后将会授予硕士学位。如果导师对教育硕士的论文有很大的修改意见（不合格），学生要重新提交论文和答辩。杜伦大学教育学院实行严格的淘汰制，如果学生论文经过二次审查仍未通过，学院会进行劝退。❷

②就业前景。杜伦大学每年都会举行一次职业与实习年会，为学生未来的职业生涯提供良好的就业支持。职业能力培训中心将提供一系列就业支持和指导计划，满足教育硕士就业的个人需求，为毕业生在激烈的就业竞争中提供良好的机会。学生的就业方向广泛，其中涉及的岗位包括教师、档案管理员、音乐治疗师、慈善发展官员、心理咨询师、助产士、相关教育机构领导以及教育政策制定的管理人员等，就业率为87.0%。❸ 教育学院会根据学生个人情况和兴趣给他们提供支持和帮助，从而为他们选择适合自己的职业，帮助每一名学员在教育事业上开启完美的人生之路；杜伦大学的理论知识和生活经验相结合的观念，也正是教育行业所追求的理念。

3. 教育硕士质量内部保障方法

杜伦大学对教育硕士教育质量的内部保障采取一系列相关措施，其中包括专业审查机制、年度审批机制、校外督查员机制。

（1）专业审查机制

QAA对教育硕士教育质量提出了有关专业审查的一系列管理制度，高校内的专业审查机制也对应有一套相应的管理措施。杜伦大学的教育硕士教育专业审查机制由学科基准相关组织团体来负责，同时参考同行专家的评审意见，专业审查需符合标准后再进行确定和实施。专业审查的内容包括，专业设计能否达到学科标准、教学以及学习的适度性、专业预期目标、专业的监管与评价、专业实施内容、专业提供的学习与就业机会、专业审查的时

---

❶ Durham University. Thesis Submission [EB/OL]. (2016-11-13) [2020-06-12]. https://www.dur.ac.uk/graduate.school/research.students/submissionandbeyond/.

❷ University Calendar[EB/OL]. (2017-03-08) [2020-10-03]. https://www.dur.ac.uk/university.calendar/volumeii/postgraduate.programmes/.

❸ Durham University. Post graduate taught[EB/OL]. (2016-05-10) [2020-01-07]. https://www.dur.ac.uk/education/postgraduate/taught/.

间、学科课程开展的过程情况。

（2）年度审批机制

杜伦大学教育硕士的年度审批机制的建立主要考察学校开设的专业是否达到规定的标准，学生的学习成效是否达到预期目标；同时还需要了解教师教学和学生学习的整体情况和课程实施情况，审查学科和教学标准是否和英国教学发展总战略相符合。教育硕士年度审批的内容主要包括：学位课程的专业学科准则、学生学习和教师教学的成果、课程设置情况、入学招生情况、学生学业进展情况等问题。

（3）校外督查员机制

英国高校内部在保障教育硕士教育质量方面制定了很多的标准与措施，其中校外督查员机制是最重要的制度之一。1832年，杜伦大学在英国最先建立了校外督察员机制。校外督察员机制是聘请校外具有高学历高经验的教师或相关教育行业专家和学者来担任高校考试组织部的成员，并且对学校的学位授予、课程设置、培养目标等问题提出必要的建议和意见；并对教育硕士能否达到学校规定的学业标准进行评估；监督学校给学生评定成绩和给予学位时，是否对学生公平、公正。

校外督察员需要参与到高校内部的学位授予过程中，对学科课程的实施和评估等方面提出合理意见，督促学校进行改进，使得杜伦大学在学位授予方面得到有效管理与监控，保障学校的学位授予标准与其他同等水平的高校相符合。校外督察员要在每年的固定时期向主管学位授予情况的副校长递交一份年度报告。

（三）日本教育硕士培养质量内部保障个案❶

以日本国立大学兵库教育大学教职大学院为例，计划招收100名教职院研究生，是全部教职大学院中计划招收人数最多的学校，其在2016年实际招收86人，入学率为86%。❷另外，还选取了私立大学进行分析。到2016

---

❶ 李程. 日本教育硕士专业学位教育质量保障措施研究［D］. 沈阳：沈阳师范大学，2017.

❷ 専門職大学院制度の概要［EB/OL］.（2017-02-28）［2020-11-12］. http://www.mext.go.jp/a_menu/koutou/senmonshoku/_icsFiles/afieldfile/2016/01/06/1236743_1_1.pdf.

年4月，日本开设教职大学院的私立大学共6所。以早稻田大学教职大学院为例，早稻田大学作为知名的私立大学，其教职大学院计划招生人数也是私立大学中最多的，并且2016年6月接受了第三方评价机构的评价且通过了评价。

1. 招生选拔

兵库教育大学教职大学院在2016—2017年共有三次考试时间，分别是2016年8月、2016年11月和2017年3月，都是选择周末进行考试。在2016年8月的选拔考试预计招收100人，在8月和11月的选拔中，合格人数未达到计划招收人数时，会在2017年3月份时进行补录。兵库教育大学教职大学院共有6个专业方向，其中教育政策专业以招收在地方教育行政机构任职的人，或在教育机关、政府部门、民间企业等地方工作10年以上者为主。推进教育全球化专业招收在教育相关单位任职3年以上的人员。学校经营专业招收在职学生，要求在教育相关职业中工作3年以上，此专业有日间和夜间两种课程，夜间课程只招收在职学生。授课开发专业及学生指导专业也招收有教职经验者和应届毕业生及取得教师资格证者（教师资格证需在2017年3月前取得），此专业有日间和夜间两种课程，夜间课程只招收在职学生。小学教师培养专业是在未取得教师资格证的应届毕业生和社会人士中进行招生，该专业课程学习年限为3年。

兵库教育大学的学校经营、授课开发及学生指导专业的选拔方式为提交专业志愿书和口述考试。专业志愿书是基于专业相关的内容，详细地计划出入学后希望深入研究的内容。口述考试是以专业志愿书为基础，提问报考专业相关的问题。其他3个专业的选拔方式为笔试和口述考试，授课开发专业及学生指导专业的笔试是考查报考专业相关内容和教育基础内容，考试内容是关于教育方法、教育课程、教授、学习过程、教育评价等内容及与报考专业相关的新闻事件。在职学生考试时无须参加笔试，仅参加口述考试。口述考试也是根据提交的志愿书提问报考专业相关问题。小学教师培养专业笔试内容为小论文和教育基本问题的考试。口述考试主要提问报考的动机和目的等问题。

早稻田大学教职大学院的入学选拔主要招收两种学制：一年制和两年制。一年制在招收考试中是小论文和面试考试结合的特别选考方式；两年制的考试形式为一般考试和特别选考相结合，共考 2 回，第一次考试内容为笔试和小论文，笔试内容是与教育职业素养相关的问题，小论文是考查对教育课题的深入思考与理解能力和论文的撰写能力，第二次考试为面试。一年制的招生考试每年 2 回，两年制每年 1 回，而第二次的考试要根据当年合格人数的情况或入学情况进行实施。为了保证入学考试的公正性、平等性，学校每年一次，学院每年 6 次在入学方针基础上通过大学说明会向考生说明入学考试要求，以此不断完善入学考试条件。学校从 2009 年开始在推荐考试中，会另召开 3 次说明会议，向教育·综合科学学术院全体教师说明招生的重要事项以保证招生的公开与透明。学校会设置对招生进行负责的考试部门，并且会在实施招生考试时根据学校考试中心的入学考试要求进行事前检查。在面试时有个人面试，内容主要是对基础及应用方面的知识，曾经的教育活动、报考动机、入学后想研究的课题等进行提问。还有集体面试，形式是对共同的课题进行讨论，在此过程中判断个人在集体中的协调能力、领导能力等。

从招生选拔角度分析国立大学和私立大学的教职大学院可以发现，日本的教职大学院在招生时都采取错开时间招生的方式。但是，不同学校根据自身学校所开设专业方向的不同，设定不同的招生方案，来招收在该方面有才能之人。在招收条件上，是否有教师资格证，是否有工作经验等是衡量的标准。在招生考试形式上也有区别，兵库教育大学根据招收专业不同，设置了不同的招生限制，有 3 个专业招收在职人员。另外 3 个专业招收人员类型比较复杂，区别为是否取得教师资格证，并且没有教育相关领域工作的年限要求。早稻田大学教职大学院的两种招生形式基本上分为笔试和面试，面试分为两种形式，个人面试和集体面试。与其他学校的招生考试相比，集体面试是该校特有的形式，主要考查学生是否具有协调和领导能力，对于招收培养学校领导的专业来说，该项能力是必备的。并且，该学校重视考试的公平性，特别是召开多次会议，以保障考试的开放性。

2. 教师队伍

要求研究型与实践型教师共同担任课程。兵库教育大学教职大学院的教师人数至 2016 年为 39 人，其中在教育一线有 20 年以上经验的实践型教师有12人（见表10-1-4）。在该教职大学院，为了融合理论与实践内容，原则上全部课程由研究型教师与实践型教师共同担任。全部学生学习的共同基础科目是由全部教师担任，而各专业的专门科目、实习科目由具有高度专业知识、富有经验的实践型教师担任。2015年共开设了155个科目，一部分是由兼职讲师担任，但基本所有的科目都配备了专职的教授或副教授。对于教师的升职标准主要根据研究业绩、教育业绩、社会贡献及大学运营这4个项目进行衡量。实践型教师的聘用主要衡量标准是具备丰富的教职经验，并且有研究学术相关的资质，该类型教师的升职标准和研究型教师的不同之处在于其重点在于教育业绩方面。

表10-1-4　兵库教育大学教职大学院教师构成[1]　　　　单位：人

专业	教授	特聘教授	副教授	讲师	助教	总计	实践型教师
学校经营	1	0	4	0	0	5	1
授课实践开发	8	0	2	2	0	12	3
学生指导实践开发	5	1	4	0	0	10	4
小学教师特别培养	5	0	7	0	0	12	4
总计	19	1	17	2	0	39	12

兵库教育大学在师资配备方面主要注重研究型教师与实践型教师授课比例的问题，希望全部课程由两种类型教师共同担任，通过两种类型教师的授课，培养学生理论与实践相结合的能力。并且，在教师晋升方面也体现出理论与实践相结合的理念，要求具有研究、教学等多方面的业绩才能晋升。

3. 课程设置

兵库教育大学教职大学院的教育课程设置主要分为3类，共通基础科目、专门科目和实习科目。共通基础科目是培养学生作为教师的核心、必要基础性科目。共通基础科目是全部学生必修的科目，科目有2类6个方向的内容（见表10-1-5）。专门科目是培养学生实践研究能力的科目，专门课程的

---

[1] 兵库教育大学教职大学院自我评价书［EB/OL］.（2017-03-07）［2020-10-01］. http://www.iete.jp/project/h27/jiko/hyogokyouiku.pdf.

特色是根据培养教师的专门性设计课程；根据每个专业需要的学校教育实践课题而设定其实践开发研究科目；重视与实习科目的联系（见表10-1-6）。实习科目是为了强化学生的实践能力，在实习合作学校内进行综合体验的科目。

表 10-1-5　兵库教育大学教职大学院共通基础科目[1]

科目分类	领域	授课科目
Ⅰ 作为教师必备知识（必修）	教育课程的编制、实施	·特色化课程设计的理论与实践
	实践教学指导方法	·教学指导计划与教材研究设计 ·教学指导方法的案例分析 ·教学评价标准与学习能力评价方法
	学生指导、教育咨询	·学龄儿童问题行为的案例研究 ·学校心理健康教育的实践研究
	年级、学校经营管理相关	·学校组织经营管理实训 ·年级管理方法实训
	学校教育和教师的状况	·教师的社会作用和自我启发 ·教师的人权教育理论和方法
Ⅱ 实践能力与现代教育课题（选修）	其他	·促进人的成长的教育理论与实践 ·学校特殊教育的应对与方法 ·教师信息处理能力实训

表 10-1-6　兵库教育大学教职大学院主要的专门科目[2]

专业	科目
学校经营	学校改善·教育行政实践课题研究Ⅰ·Ⅱ
授课实践开发	教育实践课题解决研究
学生指导实践开发	学龄儿童帮助的实践研究Ⅰ·Ⅱ
小学教师特别培养	教育实践研究

---

[1] 兵库教育大学教职大学院自我评价书［EB/OL］.（2017-03-07）［2020-10-01］. http://www.iete.jp/project/h27/jiko/hyogokyouiku.pdf.

[2] 同[1]。

早稻田大学教职大学院在参照教职大学院制度的基础上，为了使理论与实践相结合，课程设置除了国家规定的基础课程及实习外，学校根据4个领域设置了"领域特别选择科目"和本校的特色课程"自由选择科目"。基础课程共涉及5个领域，从2008年设置开始，每个领域有2个科目，共10个科目。第一个领域是"教育课程的编成及实施"，该领域内课程没有设置实践型教师，但是从2010年开始，领域内科目开始逐渐由学术型教师和实践型教师共同授课。第二领域的课程为"授课技巧的理论与实践"，从2010年开始，为了提高教育效果，增加了授课教师。第四领域的"年级经营及学校经营相关领域"，根据签订协议关系的东京都教育委员会的要求，领域内新设了"教育行政·计划研究"科目。自由选择科目主要是传授专门且理论性的知识。

早稻田大学从2010年开始新设教职相关的能力开发内容，2011年开始，新设提高教育指导能力、私立学校的经营和运营。另外，为了充实该学院的专门性，作为其他专业的旁听科目，可以学习"教科教育特论"课程。该学校的课程设置主要是培养学生理论与实践相结合的能力，该学校的实习安排为每周一次，到指定的实习学校进行体验，应用理论知识。

日本教职大学院的课程设置都是由共通基础课程、特色课程和实习课程构成，兵库教育大学的特色课程主要放在专门课程中，将实践内容与理论内容相结合，并通过专门教师的设计，培养具有该教职大学院特点的学生，使其适应社会的需求。早稻田大学的实习课程为每周一次，每次实习的时间短，但持续的时间长，这样可以使学生时刻带着问题进行实习，发现问题后回到学校能够及时解决，得到老师的辅导。

4. 实习情况

作为教职大学院教育课程的一大特色，兵库教育大学在实习时间方面是进行长时间实习，实习内容包括实习指导、学生指导、学校经营、年级管理等，学生根据自己在学校的课题自主进行选择。兵库教育大学教职大学院是在第二年前期完成个人实习计划，之后进行实习。该专业实习是从第二年9月到12月，进行最少2个月的实习。学生会在第一年后期确定实习项目、研究课题等内容。实习指导教师是在教育一线教师或教育委员会中选择。

兵库教育大学教职大学院和兵库县内的206所合作学校签订协议，可以通过实习机会让学生到合作学校内实践、研究相关课题。学生可以根据自己喜欢的课题与实习学校共同研究，学校提供课题相关信息和资源，把学生的研究课题与合作学校的教育课题相结合，促进学生和学校的发展。兵库教育大学还会根据各专业方向的不同，教授特色的实习科目。例如学校经营专业，该专业是为了锻炼学生掌握学校经营、教育行政实务，其实习内容是在校长或副校长身边观察其实际职务内容，并撰写实习日志。在实习前后或同时，学校会组织研讨会，对各自的实地体验、成果、深化课题进行统合和发表，让大家能共享资源。教育委员会和实习学校之间进行沟通，并且协调学校内的教师与实习学校、教育委员会等机构的指导老师，使之通力合作，促进学生在专业内容和实践方面迅速发展，大学和实习学校对实习生每年的实习内容、共同研究课题做出了明确规定。学校会选择与各专业实习内容相匹配的实习学校，并且，对各专业的学生进行充分的事前、事后指导，有详细的实习指导计划。在实习期间活用教职大学院的系统，让学校充分掌握实习学生的困难、研究的进展情况等，并给予适当帮助。

早稻田大学教职大学院为实现锻炼学生的授课能力、综合培养教师能力以及形成各自的教师能力的目的，设定了3种实习形式（见表10-1-7）。学校实践实习Ⅰ的内容集中在一年级时进行实习，主要是让学生综合体验教育课程、教学指导、年级经营、学校经营、学生指导、毕业指导等教育活动，并且在实习学校找到适合自己的课题，为之后完成学校的实习课题打下坚实基础。对于本科应届毕业学生，在进行学校实践实习Ⅰ之前，会进行充分的事前指导，还会在实习前召开特别讲座，积累一些理论基础。之前该教职大学院的学校实践实习Ⅰ和学校实践实习Ⅱ是连续进行的，但是从2015年开始，学校实践实习Ⅱ挪到了二年级，可以让学生有充足的时间对学校实践实习Ⅰ进行总结和选择适合的课题，之后再进行学校实践实习Ⅱ。实习指导教师会进行事前、事后和实习中的指导，以及实时指导。并汇总学生的实习效果，作成实习报告书，并作为事后指导的一环在实习报告会上进行发表，把结果和意见提交给该教职大学院。实习的事前、事后指导等每年会进行改善，实习手册每年也会进行修订。在选择学生的实习学校时也要综合考虑距离、实习课题、配置等问题。2 年制的学生在一年级时，12 月会填写学校给出的实习意向调查书，学校会根据学生的实习题目、志愿实习学校、居住地等因素配置适当的实习学校，会听取学生和实习学校的意见进行决定。为了防止学生到学校实习时只做一些杂事，会把实习主旨明确地记录到实习手册中，并要求实习学校做出事前、事后报告。

表 10-1-7　早稻田大学教职大学院实习安排❶

科目名	学分	实习时长	实习时间
学校实践实习Ⅰ	5	集中型（25 天以上）	4—10 月
学校实践实习Ⅱ	2	集中型或全年型（10 天以上）	9—10 月（集中型） 4—12 月（全年型）
学校实践实习Ⅲ	3	集中型或全年型（15 日以上）	9—10 月（集中型） 4—12 月（全年型）

兵库教育大学的实习准备时间较充足，统一进行为期 2 个月的长时间实习。早稻田大学的实习形式有 3 种，分别安排到每个学年内，学校希望通过理论学习之后，可以在实习学校中得到实践。经过前两次的实习，学生对于自身需要锻炼的能力和课题的选择都已经明确，最后一次的实习就可以进行完整的实践。

5. 教育成果反馈

兵库教育大学教职大学院为了改善教育课程和授课内容，对教职大学院的教学成果及毕业后在所就职单位是否能活用所学知识会进行调查。兵库教育大学专门成立了组织机构以便调查毕业生工作效果，对两届毕业生的情况进行了调查。为了能够清楚了解学生的工作状况，学校会召开报告会，组织就业单位领导、教育委员会人员和学生对于毕业效果进行讨论，希望给予学校改善的意见。对于毕业生的学习成果及效果调查是通过问卷发放的形式，通过分析问卷可以发现兵库教育大学的教职大学院在培养学生沟通协作方面有很好的效果，在学生自我反省与社交礼仪方面还需要加强，毕业效果反馈

---

❶ 早稻田大学教职大学院自我评价书［EB/OL］.（2017-03-07）［2020-10-15］. http://www.iete.jp/project/h23/jiko/waseda.pdf.

可以促进学校进行自我改善，促进教职大学院的发展。

早稻田大学和京都教育委员会对第一届毕业生进行了"教职大学院学习情况"的调查，调查结果得到了毕业生就职单位领导和教育委员会的好评。并且，早稻田大学于2010年8月成立了"学校教育学会"，该学会是促进毕业生之间以及毕业生与学生之间交流、研究的组织。学生们可以进行研究的发表和意见的交换等。对教职大学院的毕业生就业情况进行调查发现，2008年的一年制毕业生13人，全部是在职学生，毕业后或者到原单位复职，或者到教育委员会任职；2009年的一年制毕业生12人，全部回到原单位就职，岗位为主管学校教学的教育委员会职员。两年制学生基本在公立或私立学校任职；2010年的毕业生或回到原单位就职，或找到公立或私立学校任职。该学校为了保障实习效果，会召开两次报告会，组织合作学校的老师和教育委员会人员参加，对实习成果提出客观的意见。在报告会上全部的学生可以听取其他学生的感想，交换意见，也能听到老师对于实习的客观评价，以便改善自身情况。

三、启示

（一）教育硕士培养质量外部保障的多主体参与

纵观美英日三国的教育硕士培养质量的外部保障，均是多主体参与。如美国的外部保障主体包括：①联邦政府宏观调控。联邦政府对教育硕士的管理是在宏观上进行有效的调控，例如政策的导向和经费的支持等。联邦政府责令已经获得认证资格的认证机构对其进行定期的审核评估，并利用评估的结果对其提供一定的经费支持，具体的形式包括学生的助学贷款或给予一定数量的奖学金。这在某种程度上认可了第三方评估机构评估结果的权威性，同时也把一定的权限下放给密歇根州立大学自身，使课程与教学专业硕士的培养在自主性和积极性方面得到了一定的提高。联邦政府的不直接干预，给了高校更大的发展空间和可能性。从全面质量管理的角度上说，这是美国教育硕士培养质量外部保障的第一关，也是至关重要的一关。②州政府直接参与。相较于联邦政府，州政府对于教育硕士的管理权更加直接。州政府通过高等教育委员会对其进行一定的管理。高等教育委员会会对课程与教学专业硕士的学位计划进行严格的审批。另外针对其发展的方向，州政府也会给予一定的管理和建议，但是也会通过资金拨款的方式对课程与教学硕士进行有力的支持。州政府对高校的这种形式的支持，从高校办学的角度来说，无疑是最直接且有帮助的。需要强调的是，州政府的选择与联邦政府一致，承认第三方评估机构的评估结果，但是绝不会干涉高校教育硕士的具体办学事宜。针对课程与教学硕士的具体实施过程，大学有绝对的自主权。例如，对培养目标的设定、课程的具体安排和教师的管理等。从全面质量管理的角度来看，这毫无疑问是美国教育硕士培养质量外部保障的第二道重要关卡。③第三方机构的评估结果认可度高。作为民间组织的第三方评估机构，其在教育硕士培养过程中的角色及其关键。首先，第三方评估机构必须得到联邦政府和州政府的认可和支持。美国的民间组织是绝对的非营利组织，并不需要美国政府的经费支持，具有绝对的独立自主性。所以民间组织的评估结果在某种程度上说更加客观直接，以至于评估的结果会被联邦政府和州政府直接采用，并作为资金支持的依据，给予教育硕士培养一定的拨款。民间组织作为外部保障监督的主体，对教育硕士培养质量的保障是最为关键的。因为作为利益相关者的社会、市场和民众对非营利的民间评估组织评估结果的认可度更高，这在某种程度上更体现了大学教育硕士培养的自主性。

英国政府、社会团体、传媒机构等外部保障机构多方位的参与主体是教育硕士教育质量保障的重要特征。政府、传媒机构和社会团体等则对教育硕士培养的质量保障起到非常重要的管理和监督作用。教育硕士教育质量保障的外部机构相互作用、有序地参与到质量保障的整个过程中。QAA在教育硕士教育质量保障过程中起了重要的评价和监督的作用。QAA制定了一系列相关政策文本，明确了培养教育硕士一定要达到的预期的目标和要提高教育质量标准，并明确了高校培养教育硕士的导师指导、课程考核、实践能力、教学评估等方面的内容，为高校内部研究生的培养、评估和监督程序等确立了基本标准，为教育硕士培养质量内部保障制度的建立指明了道路。社会团体、传媒机构及其他专业认证团体也在教育硕士教育质量保障中发挥了非常重要的作用。英国《泰晤士报》《金融时报》等每年都会对高校教育质量进行综合排名，逐渐被政府、社会公众所关注，从而使得学校必须专注研究生教育质量来提高竞争力。此外，一些专门职业协会会通过鉴定、审批等方式对本行业和专业内的一些特定学科和专业进行评估，以保障本行业的基本标准。

日本教育硕士培养质量的外部保障除了依靠文部科学省的认可外，还设立了非官方性质的评估机构，这样不仅能加强高校之间的竞争，还能增加评价主体的参与力度，从而使教育硕士培养质量保障评估体系走向良性发展。并且，日本有专门针对教职大学院开设的第三方评价机构——教师培养评价机构，该机构针对教职大学院的特质及文部科学省颁布的教职大学院设置标准而设置特定的评价标准，评价的委员构成也是选取教育硕士专业领域内有理论与实践能力的专业人士，评价委员对于教职大学院的审查也会根据其自身特点进行评价。

(二) 教育硕士培养质量标准及监控制度的完善

为了有效实施教育硕士培养质量的外部保障，必须要建立相应的质量标准并完善监控制度。如英国的 QAA 和高等教育机构联合制定了研究生培养质量保障的具体标准。根据研究生培养质量保障标准，根据学校自身办学特色、经济状况、发展水平等来制定大学教育硕士教育质量保障的具体标准。《高等教育资格框架》在硕士和博士两个学位层次分别制定了详细的教育质量保障标准，对学位授予情况和学生在某一层次获得的实践能力情况都进行了详细的描述。《资格特征说明》作为《高等教育资格框架》的补充，更详细地确立了硕士在培养目标、课程设置与评估、学位授予、实践能力等方面的内容。《学分资格框架》规定了硕士的学分标准，为杜伦大学制定教育硕士的课程学习内容提供了重要的参考价值。《学科基准说明》制定了硕士学位层次应该达到的质量标准；为学校招生、教学、评估、监督、外部审查等 11 个方面应达到的标准提供参考，高校着重关注涉及研究生教育质量的院校设置、入学标准、导师职责、实践能力、反馈机制、学生满意度等内容。在制定具体的高校教育质量保障标准时，要根据合格的学术标准来作参考。杜伦大学为保障教育硕士达到合格学术标准，编写了《教与学》手册，依据《高等教育资格框架》《资格特征说明》《学分资格框架》《学科基准说明》等规定制定了"培养条件—培养过程—培养结果"的具体标准，确保教育硕士在入学标准、教学设置、师资情况、质量考核等方面能达到指定的要求。QAA 对杜伦大学教育硕士教育质量保障机制进行监督、审查。研究生经验调查为杜伦大学提供了研究生经验调查的标准；同时以学生为主，重视教育硕士的学习态度和想法；通过采用问卷调查、进一步审查和质量标准反馈等方式对教育硕士学业情况进行监督，保证了教育硕士教育质量在规定的时间内达到预期效果。

而日本教职大学院的规模发展如此之快，与政府出台完善的法律法规有很大的关系。文部科学省通过设置完善的法律和补充条款，规范了教职大学院的设置情况和申请学校的资格。学校通过严格的学校申请条件，构建完善的培养教育硕士的"硬件和软件"，促进其快速发展。日本教职大学院的相关法律补充条款随着教职大学院的发展在不断地进行完善，以期快速地助力日本成为世界顶尖培养教育硕士的国家。

(三) 教育硕士培养质量内部保障措施的体系化

1. 招生选拔机制灵活，生源质量高

美国采取的是能力为先入学要求。密歇根州立大学课程与教学专业硕士的招生目标在足够清晰明确的同时，招生的范围更为广泛，但对于招生最看重的就是能力。能力为先的入学要求是其培养质量保障的第一把关口，受到密歇根州立大学课程与教学专业硕士培养的重视。对于招生条件，事实上密歇根州立大学并没有统一的标准，但对课程与教学专业硕士的入学还是做出了几条明确规定，这无疑体现出密歇根州立大学的宽严结合的培养机制，有利于课程与教学专业硕士质量的提高。

英国教育硕士的招生标准有一定的灵活性，杜伦大学特别重视学生已有的教学经验，学校会结合本校的实际情况和特色制定一套有个性的考试方案，其招生标准会根据本学校的办学理念来进行，特别注重考查学生的个人兴趣。学校没有统一的考试，对学生的理论知识和实践能力会以不同的方式呈现并对其进行考查，但是，对考查结果不合格的学生，可以看他是否有丰富的教学经验、是否获得过较高荣誉，甚至可以通过考查其实践能力和应变能力，来考虑是否可以被破格录取。这样确保了在实施招生计划过程中的公平性和透明性。

日本教职大学院的考试内容和形式各不相同。每个学校根据自身的需求，设定不同的考试形式，会侧重加强笔试或者面试内容，需要考生具备的能力和拥有的证书也各不相同。通过设置不同的考试模式，选拔出所需的学生，构建具有特色的教职大学院，确保招生选拔过程中招录具有实际才能的人才。

2. 导师遴选标准明晰，双导师分工明确

美国密歇根州立大学的导师选聘制度，既要保证所聘导师真正具有深厚的专业理论知识，又要求导师具有一定的实践经验和专业技能，能切实有效地在教育硕士实践能力的培养过程中起到一定的指导作用。

英国杜伦大学实行的双导师制中一名老师进行论文与课程指导，另一名进行实践教学指导。这样学生不仅学到了理论知识，对实践教学的开展也得到了保障，这有利于提高教育硕士在现实生活中解决实际问题的能力，教育硕士进行的家庭校园体验、系列访问和教学实践都有利于学生未来在学校实施班级管理工作、课程的开发与组织工作、教学方法的实施等工作，这有利于教育硕士学习和实践的全面发展，从而使他们不仅能学习到扎实的理论基础，又具有丰富的教育教学实践经验。

日本教职大学院很重视对于学生实践能力的培养，所以在师资配备方面，提倡研究型教师与实践型教师相结合进行授课，在课程教授过程中培养学生的实践意识，提高学生理论与实践相结合的能力。通过对两所教职大学院进行分析，可以发现在各教职大学院的教师队伍中，实践型教师人数都超过学术型教师。兵库教育大学教职大学院中拥有一线工作经验超过20年的教师就占1/3，可见日本教职大学院对于实践型教师的重视。

3. 灵活多样的课程设置，与实践性培养目标相吻合

美国密歇根州立大学课程与教学专业硕士的目标十分明确。实践性的培养目标是密歇根州立大学课程与教学硕士的一大特色。密歇根州立大学课程与教学专业硕士的培养过程中，始终贯彻这一培养目标，力图将课程与教学硕士培养成富有解决实际问题能力的教学型人才，符合人的全面发展理论。为满足社会和市场的需要，实用性的培养目标无疑是培养最具竞争力的专业型人才最好的指导思想。

英国杜伦大学教育硕士的培养目标很明确，主要培养能力和实践相结合的应用型人才，特别注重培养教育硕士的思维和实践能力，让学生在学习理论课的同时，还能将这些理论知识有效地运用在实践课程中，对教育相关内容要有批判性思维，发挥他们的主体性与能动性，突出学生的主体地位。尊重学生、重视学生参与度，将学生作为整个体系的主体，这有利于教育硕士在所学领域及教学实践中有更多的收获。

日本早稻田大学教职大学院特别开设自由选择科目，该科目以传授专门知识为主，学生可以在该科目内自由选择自己需要的培养科目。加强理论知识的培养或促进实践与理论相结合的能力，都是通过学生自身的选择及教师的帮助而进行的，学生根据自己的研究课题选择所需的科目，从而在该研究范围内有所收获。早稻田大学教职大学院通过尝试，开设了自由选择科目，增强了学生的自主选择性，形成了该学校的特色课程，吸引了更多的优秀学生来该校就学，促进了该校教职大学院的发展。

4. 注重毕业生质量，建立有效反馈途径

英国杜伦大学会对毕业生提供就业相关的技能培训和服务，帮助学生以雇主期望的技能和素质达到毕业要求。杜伦大学热衷于让雇主支持教育硕士提供互动式研讨会和演示、模拟采访等。帮助教育硕士提高与人沟通能力、团队合作技能、领导能力、自主创业能力等，制作一份合格的简历，进行相关的心理测试，以及在不同的工作环境发展相应的技能、如何更好地把拥有的能力展现给雇主。这些都是杜伦大学在教育硕士就业问题中所考虑的。

日本在教职大学院创建初期就考虑到教育成果反馈情况的问题，从招收第一届学生开始，就对学生建立了一套完善的教育成果反馈系统，详细地记录毕业学生的就业单位、家庭住址和联系电话等信息，并且每隔一段时间会联系学生，了解学生近期情况和取得的教育成果。了解学生教育成果的途径也多种多样，问卷调查作为了解学生近况的主要途径，通过邮箱和网站发布给学生。教职大学院还通过访问就业单位的领导人员，了解学生在工作中的情况，收集领导对于教职大学院的培养效果的反馈意见，总结学生培养结束后存在的优势和劣势。教职大学院还通过定期召开学校举办的学术沙龙等活动召集毕业生来学校作报告，了解毕业生的就业感受和领悟，使在校学生可

以提前了解就业情况和需要提升的方面。学校通过多种途径联系学生,了解学生的培养状况,并对学校的培养模式等进行改善,促进教职大学院的快速发展。

第二节 我国全日制教育硕士培养质量的保障措施

全日制教育硕士培养质量的提升需要各级政府部门、全国教指委、高校、实践基地、教师、学生等多层面的联动,共同构建多维立体的质量监控和保障体系。

一、加强各级政府部门的宏观调控

(一) 国家层面应加强顶层设计

1. 加大经费的投入

经费是当前影响全日制教育硕士发展的一大主要因素,笔者在访谈中了解到,目前各校在全日制教育硕士的培养条件的共性问题上,多数被访谈者认为经费不足制约着全日制教育硕士的发展。而教育硕士培养目标定位是基础教育阶段的师资,其培养过程需要建立大量的实训和实践基地等,因此经费需求远大于学术型硕士,因而需要国家加大对教育专业学位教育的投入,尤其应重点加大对教学资源(实践基地、案例库等)和实训平台建设的投入,建议可以采取以奖代投的方式进行补贴。例如,教育部已经设立了案例库,但对收录入库的案例只奖励个人,且奖励费用不高,建议对已有入库案例的院校给予奖励或者免费开放,这样可以让更多的教师受益。

2. 改革现有招生录取政策

现有的招生录取政策是 2017 年开始实行的全日制和非全日制研究生统一招生并轨的政策,由于统一考试、统一录取,致使原来可以单独报考在职教育硕士的中小学、幼儿园等一线教师上线率明显降低,而据统计,全国中小学教师研究生学历达标率非常低(见表 10-2-1、图 10-2-1),有很大的提升空间,那么针对如此庞大的教师需求群体,国家是否可以出台相应的特殊招生录取政策,如针对一线优秀教师是否可以采取免试审核方式攻读全日制教育硕士，他们只须通过一年的专业学习，且论文通过答辩即可授予学位，因为其实践教学能力不用考核，这样一方面缓解了应届毕业生就业的压力，另一方面也为基础教育阶段培养了更加优秀的师资。

表 10-2-1　全国中小学专任教师研究生学历情况

学校	2013年 人数	占比/%	2014年 人数	占比/%	2015年 人数	占比/%	2016年 人数	占比/%	2017年 人数	占比/%
小学	20228	0.4	27125	0.5	35417	0.6	44914	0.8	56460	1.0
初中	45138	1.3	54775	1.6	65193	1.9	76857	2.2	92411	2.6
高中	93703	5.8	105740	6.4	121289	7.2	137689	8.0	158550	8.9

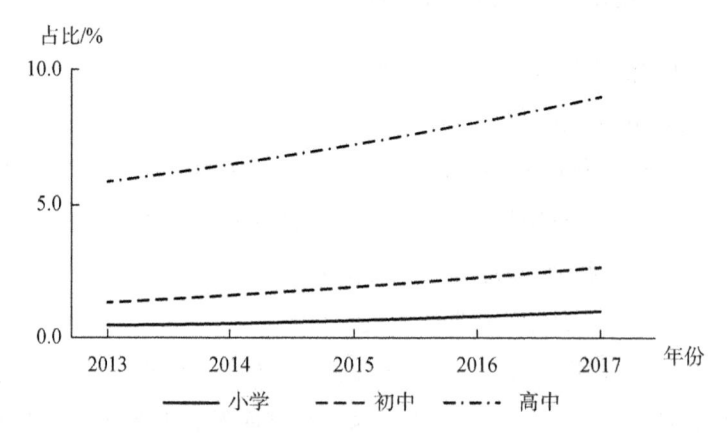

图 10-2-1　全国中小学专任教师研究生学历情况

（二）地方政府层面应加强政策引领

1. 以经费投入引领质量提升

在全国教育硕士培养院校中，省属和市属院校占绝大多数，以 2017 年统计数字为例，省属院校 106 所，市属院校 9 所，而部属院校仅 25 所。可见，全国教育硕士培养院校中有 82.1% 的院校隶属于地方政府部门所管辖。而办学经费紧张是这些院校的共性问题，因此，地方政府部门也应该增加对教育硕士培养经费的投入，也可以采取以奖代投的方式拨付。例如，可以对参加教育部水平评估成绩优秀的院校，入选国家级案例库、获得全国教指委评选的全国教育硕士联合培养基地认定、获评优秀学位论文、优秀教学成果奖等的院校增加经费拨付，激励地方院校在教育硕士培养的诸多方面提升质量。

2. 制定高校与基础教育联动机制

地方政府部门应该加强对教育专业学位教育的管理，积极采取有力措施，建立高校与基础教育的联动机制。在实践基地建立、实践导师选拔与考核方面实行统一管理，把实践基地和实践导师参与教育硕士研究培养工作纳入单位绩效考核和个人评职晋级的范围内，充分调动基础教育一线学校和教师参与教育硕士培养的积极性。同时出台实践基地和高校联动的相关考核标准，保障高校与基础教育联合培养教育硕士的质量。

3. 积极开展省级各类评选

近年来专业学位教育在研究生教育中所占比重逐渐提升，因此若想有效地提升研究生培养质量，专业学位教育质量不容忽视，教育硕士也是如此。建议各省积极开展适合教育硕士培养的各类评审，或者以国家举办的各类评选为基准，进行诸如优秀案例、基地、论文、导师、课程、教材等多方面评选，举办各专业教学技能大赛，以活动和评选引领各院校教育硕士研究生培养质量的提升。

二、全国教指委应继续发挥统领作用

多年来全国教指委在全国教育硕士培养工作中充分行使了指导、监督、培训、评比等各项职能，规范了各教育硕士培养院校的办学行为及培养目标定位，在新增院校培训、各专业方向导师培训、案例教学和实践教学培训、不同类型学位论文撰写标准与规范培训、国家级实践基地评选、优秀案例评选、优秀学位论文评选等方面制定了详细的标准与规则，使各培养院校尤其是新增院校能够在高起点上开展教育硕士研究生的培养，这些做法受到了各培养院校的广泛赞誉。在未来的工作中，期待全国教指委可以继续在以下方面发挥更大的引领作用。

（一）进一步研制实践基地和实践导师的遴选和考核标准

目前，各培养院校普遍反映与实践基地脱节，无法约束和考核实践导师，导致实践教学流于形式，建议全国教指委研制统一的实践基地和实践导师的遴选和考核标准，规范实践基地和实践导师的行为，使各培养院校尤其是新增院校和综合性大学能够清晰地明确今后实践基地建设和实践导师选拔的工作目标与标准。

（二）研制规范的实践教学内容体系

教育硕士研究生实践教学内容体系缺乏统一规定，尤其是新增院校和综合性大学由于前期没有培养教育硕士甚至师范生的经历，因此对教育硕士应该进行的"三习"实践教学内容不了解，不清楚应该进行哪些活动，在具体的实践中只是凭着感觉或者让学生自己去完成任务，缺乏统一的指导。建议全国教指委统一研制规范的实践教学内容体系，或者委托优秀样本院校进行统一培训，进而提升学生的综合实践能力。

（三）加强案例教学在实际教学中的推广应用

全国教指委近年来一直非常重视案例教学，先后举办过2次全国规模的案例教学培训，同时每年也都评选优秀案例并推荐入选国家级案例库。但是笔者调查发现，尽管教师对案例教学都比较了解，但是在实际教学中使用的频率却比较低。因此，建议全国教指委采取有效措施，如可以分学科举办案例教学培训，以加强对案例教学的推广应用。

（四）加强对培养方案的个性化研制

当前各院校使用的培养方案是以全国教指委颁发的指导性培养方案为模板进行制定的，统一性和规范性比较好，但相对而言各院校和各专业的特色体现稍显不足。因此，建议全国教指委以各专业为基准，结合不同类型院校（老牌师范院校、综合大学、新增院校）的特点，允许增加一定的灵活性，使不同类型院校、不同专业的培养方案能够更加凸显自己的特色。

（五）因地制宜引导高校实行弹性学制

目前，绝大多数培养院校全日制教育硕士研究生实行的是全国教指委公布的两年制学制，但是通过实际调查发现，很多高校的教师和学生认为时间不足，希望改为2年半或者3年。当然，由于专业不同、院校不同、地区不同，大家的诉求也存在差异。建议全国教指委可以根据实际情况引导各培养院校甚至不同专业灵活采取不同的学制，以达到最大限度高效率、高质量地培养教育硕士。

（六）加强对学位论文质量的审核

目前，全国教指委每年都要举行优秀学位论文评审，以此激励和引导培养院校重视学位论文质量。但是通过调查发现，有相当一部分教师和学生自身对学位论文的质量不满意，说明学位论文存在问题。因此，建议全国教指委除了评选优秀论文外，应该加大对学位论文质量的合格审查，发现问题，及时纠正，同时要加大对优秀学位论文的宣传力度，按专业分享指导和撰写经验，进而达到全面提升学位论文质量的目的。

三、高校应完善培养质量内部保障体系

教育硕士培养院校应该各自构建多层级（学校、学院、专业）管理，多主体（管理者、教师、学生）参与，多维度（培养条件、培养过程及培养成效）监控的培养质量内部保障体系，切实提高教育硕士的培养质量。

（一）多层级管理

1. 设置学校层级的统一管理机构

教育硕士培养工作涉及全校各个专业领域，单靠一两个二级学院难以形成合力，要建立学校层面的统一管理机构，如由研究生院（或下设专业学位办）统管，全面协调教育硕士研究生培养的各项工作和环节。

2. 学院层级管理机构密切配合

在学校层级的管理机构管理下，各学院也应加强管理，紧密配合学校颁布的各项工作，做到分工合理，任务明确，保证教育硕士培养的每个环节都有人负责。

3. 专业层级的具体落实

教育硕士培养工作最后均要落实到每一个具体的专业层面，因此要遴选出具有权威性、执行力强的专业带头人具体负责落实与部署校院两级的工作指令，保证高效、高质量地完成相关任务。

（二）多主体参与

在教育硕士培养院校中，涉及的主体包括管理者、教师和学生。

1. 管理者负责制定相关制度、条例等并监督实施

作为管理部门，要负责起草制定有关教育硕士培养工作的各项规则、制

度、条件等。诸如：理论导师和实践导师遴选与考核标准、实践教学方案、学生管理规定、教学考核标准、学位论文标准与规范、实践基地建设方案等，使教育硕士研究生培养工作有遵循的依据与标准，并在实施过程中定期监督和检查。

2. 导师应转变观念，明晰职责

全日制教育硕士是以培养应用型人才为目标的，也是培养未来中小学教师队伍的主力军，因此若要保证教育硕士培养质量必须有符合教育硕士培养需求的导师队伍。高校教师要主动转变观念，做好从学术型导师向专业型导师的转型。同时要进一步明晰导师职责，加强对学生实践能力的培养，理论导师应主动与实践导师沟通，定期到基础教育一线去了解教育教学现状及师生状态，努力提升自身素养，这样才能培养出合格的教育硕士。

3. 学生应该加强自我管理

学生自身应该注重实践能力的提升，不断发挥自身的主观能动性，尤其是跨专业及调剂学生，由于其前置专业与现专业有差异，会造成其学习压力较大，学习效果不显著等情况。因此，要主动增强自身学习动机，找到学习动力，提升自身专业能力。同时，要不断提升专业认同度，通过在专业学习中认知专业，培养自身对于专业的浓厚情感，在认同中产生共鸣，在认同中不断地提升自身的专业以及实践等各方面能力。

（三）多维度监控

1. 培养条件

（1）加强导师队伍建设，实施有效的遴选及考核机制

培养院校要推行对教育硕士导师进行分类评价与考核，改革过去的评价体系，出台相应的鼓励政策，支持导师从事教育硕士的实践能力培养。调动导师在工作中的积极性和专注度。改革激励机制（职称评定、绩效工作鉴定）。同时加大对实践导师的聘用及监管力度，加强实践导师对教育硕士研究生的指导力度和积极性，完善实践导师与校内导师协调指导的机制。构建"高校-实践基地"的联合培养模式，实现师资互补。

（2）加强对教学资源的开发与利用

一方面应加大对全日制教育硕士教学资源的投入，用于建立微格教室、教学研讨室、实践基地及图书、电子资料的购买等。另一方面提高教学资源

的利用率，避免教育资源的浪费，提高图书、电子资料的有效利用，督促学生进行广泛阅读，积累知识。

（3）合理使用经费

各培养院校普遍存在经费不足的情况，除了应该加大经费投入外，更应制定相应的政策，对经费的支出进行严格审计，解决经费乱用（不够用和花不完）的情况，实现专款专用。

2. 培养过程

（1）严格自律，提高生源质量

从访谈和调查中发现，现阶段全日制教育硕士生源跨专业的比例较高，对教育学相关内容了解不够深入，造成在培养方面出现困难。招生时，高校应该根据具体情况有所取舍，严格录取条件，适度控制招生规模，不能单纯为了完成招生任务而不顾学生的学业背景，应招收具有一定相关专业背景和职业背景的跨专业考生，使其能够发挥自身专业的优势，更快、更好地融入学习与实践中。

（2）明晰培养目标定位，提高培养方案针对性

培养院校应该明晰教育硕士研究生的培养目标定位，应区别于全日制教育学硕士的培养目标定位，使其更具有专业学位的独有特性。同时，以全国教指委修订的新版培养方案为模板，适当加入体现各培养院校特点的课程设置，使其更有针对性，更加的多元化，避免出现培养院校间的大范围雷同情况。适当增加实践教学的内容，给予学生更多的时间进行自主学习和实践创新。

（3）改革课程教学方式，提高课程内容的实践性和规范性

课程教学方式不要仅采用讲授，应该尝试加入翻转课堂、案例教学、小组合作等多元化的教学方式。课堂教学内容要进一步增强实践性，与实践教学紧密联系。同时，应该加强课程教学大纲的研制，对各门课程进行规范，避免课程内容的重复。

（4）加强案例库建设，推进案例教学的实施

各培养院校要大力推进教学案例的编写工作，应该以项目的形式加大案例库的建设，以政策的形式支持案例教学的实施，鼓励授课教师积极使用案例教学。

（5）加强对实践教学和实践基地的管理

应该做好实践基地的建设，应建设一批稳固并有一定承载力的优秀实践基地，保证研究生的实践教学工作顺利实施，同时也要注重对教育硕士实践基地建设的管理，使学生能够在教学资源丰富的学校和实践基地中提高自己的能力。应将实践贯穿到整个培养过程中，构建"体验—提升实践—反思"全程贯通一体化的培养模式，加强教学实践的制度性保障。对学生的实践成果给予严格评价，使其更加重视实践环节的培养。

3. 培养成效

（1）提升学位论文质量

学校应规范教育硕士学位论文的标准和写作规范，应与学术型硕士的学位论文区分开，选题要紧跟当前基础教育的形式和方向。加强导师对学生的论文指导。制定教育硕士研究生论文分类评审标准，建立教育硕士学位论文评审专家库。严把学位论文质量关，主要从论文规范性、研究问题的准确性与重要度、对文献的阅读理解、研究的方法与结果的可靠性等方面审核。

（2）提升学生的综合素养

加强教育硕士研究生就业指导性服务和职业生涯规划课程建设，提高学生职业规划能力，进一步夯实学生的实践能力和教育教学能力及管理实践能力，使毕业生走上工作岗位后能够与用人单位实现无缝对接。

（3）加强毕业生就业成果反馈

加强对毕业生就业状况的调查，完善就业信息网络平台，利用多种方式收集毕业学生的信息。联系学生的方式可以采用多种途径，可以建立微信群、定期召开会议促进毕业生增进自身能力；还可以联系就业单位，联合建立一套体系，让毕业生到所在学校进行学术汇报等，建立学校与毕业生的联系；在以后遇到工作更换的情况，学生也能够及时联系学校，对于自身情况进行沟通，以增加教育成果的反馈途径。

第三节 本章小结

本章从国际经验视角切入，分别对美国、英国、日本三个国家在教育硕士培养质量保障方面所采取的措施进行分析，归纳其特点，进而为提高我国的教育硕士培养质量保障提供启示。

美国是一个分权制国家，作为最高权力者的中央政府不具备对高等教育的直接管理权，高度自我治理和自我管理是美国高等教育的最大特点之一。从外部保障来看，美国教育硕士的外部保障由联邦政府、州政府和第三方机构的"三元"（Triad）式的机制组成，三者相互牵制有机地组合在一起，共同发挥作用。具体来看，联邦政府通过立法，规范认证机构以及利用民间认证机构结果，保障民间认证机构的权威性两种措施来间接参与高等教育的管理。州政府和民间组织则直接参与高等教育的管理，州政府对高等教育和有关学位计划进行审批，并直接评价研究生教育质量，全美教学专业标准委员会（NBPTS）是美国最具权威性的高等教育民间评价组织。从内部保障来看，以密歇根州立大学课程与教学专业为例，在培养条件方面，拥有高质量的生源和高水平的师资队伍；在培养过程方面，有以实践能力为主的培养目标和灵活多样的培养方式；在培养效果方面，建设注重学生实际应用能力的质量监控机制。总的看来，美国教育硕士专业学位教育的内外部培养质量保障的制度相对完善，呈现出联邦政府的宏观调控、州政府的直接参与、第三方机构评估结果认可度高的外部质量保障特点，以及能力为先的入学要求、注重实践的培养目标、课程设置灵活多样的内部质量保障特点。

从英国教育硕士教育质量的外部保障来看，高等教育质量保障署（QAA）、研究考核评估小组（RAE）、英国研究生教育协会、国家学位授予委员会（CNAA）以及一些社会团体（如《泰晤士报》和《金融时报》等媒介）共同组成了英国的教育硕士教育质量外部保障机制。同时，英国采取高等教育评审机制、研究生经验调查等方法来保障和提升教育硕士教育质量，进而保障高校的教育质量管理，增强社会信任度和认可度。从内部保障来看，以杜伦大学为例，高校参议会、研究生教育组织部、师生询问理事会是其教育硕士教育质量内部保障的主要机构。教育硕士培养条件（招生情况、师资队伍），教育硕士培养过程（培养目标、课程设置、培养方式、学位授予），教育硕士培养成效（毕业论文、就业前景）是其内部保障的主要内容。在方法上，杜伦大学采取专业审查机制、年度审批机制、校外督查员机制等一系列相关办法。总体来讲，高校、政府、舆论媒介等机构的多方位参与主体，多层次的质量标准，专业审查、年度审查、校外督察员制度等多样的保障方式，以及全方位的质量保障机构，全过程的质量保障方法是英国教育硕士培养质量保障的主要特征。

日本的文部科学省和第三方评价机构的评价是培养质量外部保障的重要环节。文部科学省为创建教职大学院进行了充分探讨，召开多次会议对教职大学院的培养目标、具体的制度设计、审核申请学校资质、学校运营等一系列问题进行设计，最后颁布教职大学院设置标准，为教职大学院的建立提供法律依据。与此同时，作为教育质量外部保障中重要的一环，第三方评价机构也在教育质量保障措施中起到了重要的监督作用。从教育质量内部保障来看，以国立学校兵库教育大学教职大学院和早稻田大学教职大学院为例，重点从招生选拔、教师队伍、课程设置、实习情况、教育成果反馈5方面进行分析和论述。总体看来，在政府层面，日本有完善的教育硕士相关法律，并建立了专门的第三方评价机构；在学校方面，日本高校有一套完善的招生选拔机制、研究型和实践型相结合的教师队伍、有特色的课程、完备的教育硕士实习形式以及有效的毕业生教育成果反馈途径。

反观国内的教育硕士培养质量保障现状，首先，急需加强各级政府部门的宏观调控。国家层面应加强顶层设计，地方政府层面应加强政策引领。其次，要继续发挥全国教指委的统领作用，进一步研制实践基地和实践导师的遴选及考核标准、研制规范的实践教学内容体系、加强案例教学在实际教学中的推广应用、加强对培养方案的个性化研制、因地制宜引导高校实行弹性学制并加强对学位论文质量的审核。最后，具体到各教育硕士培养院校，应各自构建多层级（学校、学院、专业）管理，多主体（管理者、教师、学生）参与，多维度（培养条件、培养过程及培养成效）监控的培养质量内部保障体系，切实提高教育硕士的培养质量。总之，全日制教育硕士培养质量的提升，需要各级政府部门、全国教指委、高校、实践基地、教师、学生等多层面的联动，共同构建多维立体的质量监控和保障体系。

参考文献

著作类：

[1]胡赤弟.教育产权与现代大学制度构建[M].广州:广东高等教育出版社,2008.

[2]尹晓敏.利益相关者参与逻辑下的大学治理研究[M].杭州:浙江大学出版社,2010.

[3]刘宇.顾客满意度测评[M].北京:社会科学文献出版社,2003.

[4]洛丝特.全面质量管理[M].北京:中国人民大学出版社,2000.

[5]熊志翔.高等教育质量保障体系研究[M].长沙:湖南人民出版社,2002.

[6]张桂春,唐卫民.高等教育学[M].大连:辽宁师范大学出版社,2011.

[7]符娟明,迟恩莲.国外研究生教育研究[M],北京:人民教育出版社,1992.

期刊与学位论文类：

[8]周其国,张朝光,周淑芳.农村教育硕士政策分析[J].教育与职业,2008(15):13-15.

[9]刘建银.我国教育硕士培养模式多样化问题的政策思考[J].学位与研究生教育,2011(1):29-34.

[10]陈丹宇,严从根,万林华.全程·融合·协同:全日制教育硕士专业学位研究生培养体系改革探索[J].学位与研究生教育,2020(3):35-38.

[11]李炎芳,但昭彬.我国教育硕士专业学位师资队伍建设研究[J].教育研究,2002(12):65-69.

[12]袁芳,刘涛.基于"双导师制"的全日制教育硕士专业学位研究生实践教学模式的探索研究[J].教育观察,2017(21):131-133.

[13]刘丽艳,秦春生.协同与融合:全日制教育硕士研究生培养中的双导师制研究[J].学位与研究生教育,2016(12):54-58.

[14]张怀斌,孙二军,海春花.专业学位教育培养实践基地建设探析——以全日制教育硕士为例[J].中国高校科技,2018(Z1):66-67.

[15]丁爽.教育硕士培养案例资源库的资源跟踪评价研究[D].沈阳:沈阳师范大学,2013.

[16]刘猷洁.普通高校全日制教育硕士培养调查研究[D].长沙:湖南师范大学,2014.

[17]张慧,王洪松.对我国开展教育硕士专业学位试点工作的认识与思考[J].山东教育科研,1999(9):42-45.

[18]刘合荣.略论教育硕士培养目标[J].湖北第二师范学院学报,2011,28(4):81-84.

[19]徐鑫.教育硕士研究生实践教学模式的研究[D].武汉:武汉工程大学,2017.

[20]苏丹,王光明.全日制教育硕士实践教学体系的构建研究——以天津师范大学为例[J].教育探索,2014(5):32-33.

[21]牛晓瑞.广西全日制教育硕士专业学位研究生实践教学问题研究[D].桂林:广西师范大学,2018.

[22]冯茹.面向教育硕士的教学案例开发研究[D].长春:东北师范大学,2019.

[23]才亚楠,裴云红.教育硕士专业学位研究生培养中的案例教学解析[J].继续教育研究,2018(11):110-113.

[24]孙鸣.综合性大学全日制教育硕士课程设置与实施研究[D].扬州:扬州大学,2016.

[25]卢万合,孔肖肖,王鹏.全日制教育硕士专业学位研究生"零课时"课程教学模式研究[J].高等农业教育,2016(3):113-116.

[26]魏灿欣.我国教育硕士学位论文质量现状及提升对策研究[D].长春:东北师范大学,2009.

[27]陈芳.学科教学(生物)教育硕士学位论文选题分析[D].南充:西华师范大学,2016.

[28]齐子惠.辽宁省全日制教育硕士综合素质现状及提升对策研究[D].沈阳:沈阳师范大学,2020.

[29]张琼.全日制教育硕士TPACK现状及其提升策略研究[D].开封:河南大学,2016.

[30]焦晶.辽宁省全日制教育硕士实践能力培养质量认知现状研究[D].沈阳:沈阳师范大学,2018.

[31]王慧.全日制教育硕士实践能力培养研究[D].长春:吉林大学,2015.

[32]张欣韵.全日制专业学位研究生教育质量内部保障研究[D].扬州:扬州大学,2014.

[33]赵悦.教育硕士研究生教育质量保障体系构建研究[D].长春:吉林大学,2007.

[34]苏春景.教育硕士学位论文质量保障初探[J].中国高等教育,2012(6):54-55.

[35]任路伟.全日制教育硕士课程质量问题研究[D].保定:河北大学,2014.

[36]魏华,刘晓华.全日制教育硕士实践教学质量的保障与提升[J].航海教育研究,2013(2):89-90.

[37]李程.日本教育硕士专业学位教育质量保障措施研究[D].沈阳:沈阳师范大学,2017.

[38]李楠楠.英国杜伦大学教育硕士教育质量保障研究[D].沈阳:沈阳师范大学,2018.

[39]曾夏芳.中美比较视野下我国教育硕士培养质量保障体系研究[D].金华:浙江师范大学,2010.

[40]韩冬梅.教育学本科专业学生课堂教学满意度调查研究[D].沈阳:沈阳师范大学,2015.

[41]李红玫.辽宁省普通高等院校学生满意度研究[D].沈阳:沈阳师范大学,2011.

[42]马万民,张美文.高等教育服务过程的顾客满意度模型[J].知识丛林,2006(5).

[43]曹礼和.顾客满意度理论模型与测评体系研究[J].湖北经济学院学报,2007(1):115-119.

[44]郑山.中雅机电实业公司顾客满意度测评及改善对策研究[D].南昌:南昌大学,2009.

[45]华娜.我国民办高校可持续发展研究[D].沈阳:沈阳师范大学,2011.

[46]黄中华.湖北地区民办高校大学生满意度调查研究[D].武汉:华中农业大学,2009.

[47]银淑秋,顾平.基于卡诺模型的医疗行业顾客满意影响因素分析[J].江苏科技大学学报(社会科学版),2005(2):52-55.

[48]刘坤.顾客满意度理论综述[J].山东通信技术,2005(4):36-39.

[49]韩玉志.美国大学生满意度调查方法评介[J].比较教育研究,2006(6):60-64.

[50]高锋,肖诗顺.服务质量评价理论研究综述[J].商业时代,2009(6):16-17.

[51]孙晓川,刘继杰,刘梦萝,等.基于全面质量管理理论的高等院校教学质量管理研究[J].山东教育学院学报,2010(6):89-91.

[52]黎克林.构建我国基础教育质量监控与评价体系探析[J].教育导刊,2008(8):13-16.

[53]于跃.辽宁省全日制教育硕士研究生培养质量认知现状研究[D].沈阳:沈阳师范大学,2018.

[54]刘春玲.美国教育硕士专业学位教育质量保障措施研究[D].沈阳:沈阳师范大学,2017.

[55]毕加驹.美国高等教育鉴定及其管理机制的变迁[J].同济大学学报(人文社科版),1996(1):114.

[56]陈庆华,沈跃进.美国研究生教育的历史研究[J].学位与研究生教育,1993(1):39-40.

[57]吴姗.美国教师资格认证机构研究——美国国家专业标准委员会和美国优质教师证书委员会认证制度比较[D].福州:福建师范大学,2007.

[58]时花玲.教育硕士专业学位研究生教学质量保证体系研究[D].上海:华东师范大学,2008.

[59]傅松涛,王俊景,郑丽君,等.中美教育硕士专业学位研究生教育比较研究[J].学位与研究生教育,2004(04):58.

[60]方鸿琴.评估新模式:英国院校审计[J].高教发展与评估,2010(5):11-17.

[61]周世厚.英国教育硕士专业学位教育:现状、特色与经验[J].学位与研究生教育,2009:63-68.

[62]高雪.英国研究生教育质量保障体系研究[D].重庆:西南大学,2015.

[63]袁锐锷.中英教育硕士专业学位教育的比较研究[J].比较教育研究,2000(3):26-29.

[64]李琦.中外数学教育硕士培养模式的比较研究[D].武汉:华中师范大学,2014.

[65]祁品伟,常金生.英国高等学校的学术评估制度[J].世界教育信息,2009(1):49-51.

政策报告类：

[66]沈阳师范大学.学位授权点自我评估总结报告[Z].2018.

[67]沈阳师范大学.教育硕士独立学院制管理模式的理论与实践探索教学成果报告[Z].2015.

[68]沈阳师范大学.全日制教育硕士"五以"培养模式的理论与实践探索教学成果报告[Z].2015.

[69]沈阳师范大学.全日制教育硕士"三习"实践教学模式的理论与实践探索教学成果报告[Z].2018.

[70]教育硕士研究生院.沈阳师范大学教育硕士教师手册[Z].沈阳师范大学,2011:67-69.

[71]教育硕士研究生院.沈阳师范大学教育硕士研究生手册[Z].沈阳师范大学,2016:46-49.

参考文献

外文类：

[72] CARDOZO R N. An Experimental Study of Consumer Effort, Expectation and Satisfaction[J]. Journal of Marketing Research, 1965, (2):244-249.

[73] US Department of Education[EB/OL]. http://www.ed.gov/index.jhtml.

[74] UNESCO. Elaine EI-Khawas Accreditaition in the USA: origins, developments and future prospects[EB/OL]. http://www.unesco.Org/iiep.

[75] EATON J. Accreditation and Recognition in the United States[EB/OL]. http://chea.org/international/OECD-EPaper0803.pdf.

[76] NBPTS. Milestone[EB/OL]. http://www.nbpts.org/aboutus/background/milestones.

[77] FRANK S. possibilities and challenges-The National Board For Professional Teaching Standards[J]. Journal of Teacher Education. 2002,53(4):316-327.

[78] Michigan State University. MACT Program Goals/Standards Reference Form[EB/OL]. http://www.educ.msu.edu/te/MATC/documents/MATC_Prog_Goals_Standards.pdf.

[79] NCATE. Transforming Teacher Education through Clinical Practice: A National Strategy to Prepare Effective Teachers[R]. Washington, D.C.: National Council for Accreditation of Teacher Education, 2010.

[80] BLACKWELL, PEGY J, DIEZ M. Toward a new vision of master's education for teachers[J]. National of Council for Accreditation of Teacher Education, 1998:88.

[81] QAA. Our main areas of work[EB/OL]. http://www.qaa.ac.uk/about-us.

[82] Higher Education Funding Council for England[EB/OL]. (2017-10-09). http://www.hefce.ac.uk/news/newsarchive.

[83] Times Rankings. [EB/OL]. http://rankings.betteredu.net/times/university-rankings-subjects/education/2017.html.

[84] QAA. Higher Education Review[R]. Gloucester: The Quality Assurance for Higher Education, 2014.

[85] The Higher Education Academy. Postgraduate Research Experience Survey(PRES) [EB/OL]. http://www.bris.ac.uk/ilrt/people/project/1027.

[86] PARK C, HANBURY A, KULEJ M. Postgraduate research experience survey[J]. Higher Education Academy, 2007:8-11.

[87] Faculty of Science Education Committee. Postgraduate[EB/OL]. https://www.dur.ac.uk/committees/science_education_postgraduate/.

[88] Admissions Process [EB/OL]. https://www.dur.ac.uk/courses/info/? id =

13167&title = Education&code = X9K907&type = MA&year = 2017#admissions.

[89]Durham University. Professional Development Opportunities[EB/OL]. (2016-11-13)[2020-05-04]. https//www. dur. ac. uk/academic. office/card/academicdevelopment/profdevopp/.

[90]Durham University. Thesis Submission[EB/OL]. https://www. dur. ac. uk/graduate. school/research. students/submissionandbeyond/.

[91] University Calendar [EB/OL]. https://www. dur. ac. uk/university. calendar/volumeii/postgraduate. programmes/.

[92]Durham University. Post graduate taught[EB/OL]. https://www. dur. ac. uk/education/postgraduate/taught/.

[93]今後の教職大学院における カリキュラムイメージに関する調査研究[EB/OL]. https://www. mext. go. jp/a_menu/koutou/itaku/1347639. htm.

[94]評価作業マニュアル[EB/OL]. http://www. mext. go. jp/a_menu/koutou/houjin/detail/1314100. htm.

[95]専門職大学院制度の概要[EB/OL]. http://www. mext. go. jp/a_menu/koutou/senmonshoku/_icsFiles/afieldfile/2016/01/06/1236743_1_1. pdf.

[96]玉川大学大学院教育学研究科教職専攻自己評価書[EB/OL]. http://www. iete. jp/project/h27/jiko/tamagawa. pdf.

[97]東京学芸大学教職大学院学生募集要項[EB/OL]. http://www. u-gakugei. ac. jp/~graduate/kyosyoku/.

[98]兵庫教育大学教职大学院自我评价书[EB/OL]. http://www. iete. jp/project/h27/jiko/hyogokyouiku. pdf.

[99]早稻田大学教职大学院自我评价书[EB/OL]. http://www. iete. jp/project/h23/jiko/waseda. pdf.

[100]玉川大学教职大学院自我评价书[EB/OL]. http://www. iete. jp/project/h27/jiko/tamagawa. pdf.

[101]东京学艺大学教职大学院自我评价书[EB/OL]. http://www. iete. jp/project/h24/jiko/tokyogakugei. pdf.

[102]東京学芸大学大学院教育学研究科教職大学院認証評価自己評価書[EB/OL]. http://www. iete. jp/project/h24/jiko/tokyogakugei. pdf.

后记

本书系沈阳师范大学教育硕士研究生院唐卫民教授主持的国家社科基金教育学一般项目"教育硕士专业学位研究生培养质量现状及保障措施研究"（BIA150112）结题成果。

课题主持人一直从事教育硕士研究生的培养工作，并且把工作与自己的科研方向紧密结合，从工作中寻找研究课题，在课题研究中提炼经验、促进工作，至今取得了一定的成果，共获批国家级、省级相关课题4项，获得省级哲学社科科学成果奖二等奖1项、省级教学成果奖一等奖1项，全国教育专业学位优秀成果奖特等奖1项，发表相关学术论文近10篇，从而为本书的出版提供了一定的学术积累。

本书的完成离不开课题组成员周润智教授、卢彩晨教授、包水梅教授、杨玉副教授，以及杨蕊梦、李程、刘春玲、李楠楠等老师的辛勤付出和密切合作。同时，高等教育学专业硕士研究生许多、苏成宇、于姗姗、李焕、倩红、刘媛媛、侯俊行、蔡红卫、吴泽坤、王丰、林利民、田美娟等人，参与了大量的数据分析和校对工作。

感谢全国教指委对本书的出版给予的经费和调研方面的大力支持。

沈阳师范大学学科处和教育学部为本书的出版提供了一定的经费资助，在此深表谢意。

对本书调研及撰写过程中参考的和未能逐一明确注释成果的各位专家和学者表示诚挚的歉意和谢意！

由于笔者的知识、能力所限，书中难免存在不足，敬请各位读者包涵与指正。

彭万英　唐卫民
2020 年 11 月